Dead or Disabled: The North Carolina Confederate Pensions 1885 Series

Abstracted and Compiled
By Laura C. Edwards, Ph.D.
2010

Wake Forest, NC

Dead or Disabled: The North Carolina Confederate Pensions, 1885 Series

© 2010 Laura C. Edwards, Ph.D.
Raleigh, NC

First Printing

The Scuppernong Press
PO Box 1724
Wake Forest, NC 27588

www.scuppernongpress.com

Cover and book design by Frank B. Powell, III

All rights reserved. Printed in the United States of America.

No part of this book maybe reproduced or transmitted in any form or by any means, electronic or mechanical, including photocopying, recording, or by any information and storage and retrieval system, without written permission from the publisher.

International Standard Book Number ISBN 978-0-9845529-3-1

Library of Congress Control Number: 2010939790

Acknowledgements: I would like to thank everyone who works in the Search Room at the North Carolina State Archives for all their help and patience with this project. I would also like to thank Charlotte Carrere for suggesting this project and helping me get started.

Table of Contents:

Introduction: iii

Section 1: Widow's applications 1

Section 2: Disabled soldier applications 121

Section 3: Other applications 181

Introduction

Approximately one million men served in the Confederate army between 1861 and 1865. In that four year period, it is estimated about 360,000 of those men died either in battle or from disease. At least another 200,000 suffered wounds that did not kill them, but in many cases disabled them. At least 20,600 of these dead and wounded men served in North Carolina units.[1]

Almost as soon as the war ended, the former Confederate states began trying to care for their maimed soldiers. Initially, states provided artificial limbs to replace missing arms and legs. By 1900 most states had passed laws authorizing cash payments to severely disabled veterans and to the widows of the men who had died in service.

In North Carolina, the first pension acts focused on veterans who were blind or missing limbs. Most of these acts were actually resolutions passed by the General Assembly. Not until 1885 did the state pass a general pension law that set out qualifications for assistance and provided for cash payments on a regular basis.[2] The 1885 act expanded the disability definition to include not just the blind and those missing limbs but also any veteran in the state who could not work because of a war-related injury. This act also provided benefits to the widows of men who had died in battle, provided they had not remarried. In 1887, widow's benefits were also extended to women whose husbands had died of disease while in service. With other slight modifications, the 1885 act governed pension eligibility in the state until it was completely rewritten in 1901.

The North Carolina State archives currently holds more than 4,600 files relating to pension claims that were filed between 1885 and 1901 — the so-called "1885 series." These files contain information on nearly 3,100 men who died during the war and on more than 1,500 men who suffered disabling wounds. In this book, pertinent information from these files has been extracted and collated, to help researchers locate service records and other details on North Carolina Confederate troops.

Why Search Pensions?

Searching pensions is often done as a first step toward locating a suspected soldier's compiled service record. Even if the man in question is not in the pension lists, they can still be used to eliminate other men of the same or similar names. Additionally, many names in the compiled service records only show initials and while some pension records only show initials, most show at least a full first name. Thus, it is usually easier to begin with pensions when trying to locate a Confederate military record.

Pensions can also be used to "flesh out" details in an already located military record. Confederate military records are often incomplete. Many records did not survive the war and it appears that many regiments may have stopped keeping records near the end of the war. Too many Confederate records do not show whether the soldier actually survived the war. A pension application by the soldier can confirm his survival, while a widow's application can provide a date and place of death. Pension applications may also detail injuries that aren't shown in the military record, either because the soldier never went to a hospital or because the hospital records did not survive the war.

Information found in pensions

Information found in pensions can vary from state to state and even between applications in the same state. In North Carolina, pensions filed under the 1885 and 1887 acts were fairly uniform. Applicants were required to provide the company and regiment of service. Widows had to provide the date, place and cause of their husband's death and were also required to prove the validity of their marriage to the soldier. Disabled soldiers had to state when and where they received the injury that caused their disability and describe that disability. They also had to provide verification of disability from a physician. Applications were filed at the county level and forwarded to the State Auditor's Office. There, the name and unit were checked against the muster rolls held by the state government. If the information agreed, the application would be approved. If it did not, the application would be held and more information (or more accurate information) would be requested. In these cases, applicants might submit affidavits testifying to the disputed information. Apparently, there were problems verifying marriages in Wilkes County NC, as many of the widow applications from that county contain affidavits testifying to the validity of the applicant's marriage. Other affidavits often came from men who had served with the soldier, verifying his service or giving details about his death or injury.

The 1885 series also contains files for some soldiers who were already receiving benefits, mostly men who were blind or were missing multiple limbs. These files usually consist of annual statements from local officials verifying the pensioner was still living. For the most part there is no other information in these files. Only a few show the soldier's company and regiment.

The 1885 pension act restricted pensions on the basis of property and at least some disabled soldiers were denied solely on this basis. Others were denied because they could not prove their service or could not prove that their injury was war-related. In 1897, the state legislature passed a series of "private" bills that provided pensions for many of these otherwise-ineligible men. Files related to these men usually contain copies of the legislative act and occasionally petitions from neighbors or the soldier. The amount of military and personal information given varies widely.

(Footnotes)

[1] *The Civil War, Strange and Fascinating Facts* by Burke Davis (1988)
[2] North Carolina State Archives description of 1885 pension act

Section 1: Widow Applications

Surname and First Name: The names shown are those of the soldier and are reproduced as they are found on the file folder labels.

County: This was the applicant's legal residency. If an applicant moved during the process, she had to file a new application in her new county of residence.

Date of application: the date the application was filed; in case of multiple applications, the date of the first application.

Company and regiment: unless otherwise specified, all regiments are units of the regular North Carolina infantry. Reserve units, cavalry, and artillery are shown by the words Sr. Reserves, Jr. Reserves, cavalry, and artillery. Infantry regiments from other states are shown by that state's postal abbreviation.

Death information: date, place and cause of death are given, provided they are found in the file; in many cases cause of death is not explicit but can be inferred from the date and place of death; in many folders there are multiple applications and affidavits, often with conflicting information; the information that appeared to be most accurate was chosen. In several places the date and place of death do not agree (ex. the Battle of Chancellorsville was in 1863, not 1862). These instances are indicated by (sic). Dates are given as shown, but the spelling of place names has been corrected to agree with the accepted modern spellings of towns and battlefield.

Causes of death:

Disease: this term is used generically. Many applications did not specify what disease a soldier died from, others only gave symptoms such as fever or diarrhea. 19th century soldiers died from a wide variety of ailments, some—such as measles—were simply common at that time, while others—such as dysentery—were caused by the poor sanitation and crowded conditions of army camps. Disease was probably the top killer of the men confined in prisoner-of-war camps.

KIA: killed in action, including men who were wounded and died within the same day.

Wounds: this term pertains to any man who died more than one day after being injured on the battlefield.

Other: any other pertinent information, including exact dates of marriage if given and any mention of relatives of the soldier or widow.

MIA: missing in action; when combined with KIA, indicates that the soldier went into battle and was never seen or heard from again.

POW: prisoner-of-war; a number of applications stated that the soldier died after being captured, but does not specify a prison camp. Federal POW camps were horrible places to be. Men were confined in cramped quarters, with poor sanitation, and—by the deliberate policy of the War Department—were denied adequate food and shelter from the weather. North Carolina Confederates were imprisoned in a number of federal POW camps, including Point Lookout MD, Elmyra NY, Fort Delaware DE, Fortress Monroe VA, Camp Chase OH, Rock Island IL, and Camp Douglas IL. Near the end of the war, Confederates were also confined in Southern port cities that the federals had captured, such as Newport News VA.

Surname	Soldier's First Name	Widow's First Name	County of application	Date of application	Company & regiment
Abbott	Macon	Maranda	Warren	25 Jun 1885	Co B 30th
Abee	Daniel	Mary	Burke	02 Jul 1885	Co K 35th
Abel	Andrew	Jane	Burke	02 Jul 1885	Co E 16th
Abernatha	Calvin H.	Matilda	Chatham	22 May 1885	Co G 48th
Abernathey	G. W.	Amy	Burke	02 Jul 1885	Co K 35th
Abernathey	Robert T.	Martha Ann	Nash	08 Jun 1885	Co A 47th
Abernathy	Wiford	Polly	Catawba	16 Jun 1885	Co C 48th
Adams	E. W.	M. C.	Gaston	09 May 1885	Co H 49th
Adams	Jacob	Julia B.	Alamance	04 Jul 1885	Co I 57th
Adams	Martin	Rhoda	Cleveland	2 Jun 1885	Co H 34th
Adams	Nelson	Mary	Wautuga	2 Jun 1885	Co E 37th
Adams	Squire Jr.	Aseneth	Wautuga	18 Jun 1885	Co E 37th
Adcock	Wyatt	Jane	Anson	30 Jun 1885	Co F 2nd
Addison	John H.	Elizabeth	Durham	20 Jun 1885	Co I 47th
Adkins	D. W.	Mary	Surry	26 Nov 1896	Co B 2nd
Aikens	Littleton M.	Nancy B.	Transylvania	29 May 1885	Co H 14th
Albright	William S.	Nancy E.	Randolph	13 Jun 1885	Co D 11th
Aldridge	H. D. (David G.)	Prucia	Stanly	1 Jul 1885	Co B 5th
Alexander	J. L.	Nancy W.	Gaston	24 Sep 1885	Co H 35th
Alexander	James H.	Mira E.	Mecklenburg	20 Jun 1885	Co C 37th
Alexander	W. H.	Margaret	Cabarrus	4 Jul 1885	Co H 7th
Alford	Robert	Susan	Halifax	26 Jun 1885	Co F 43rd
Algood	R. H.	Eliza	Stokes	1 Jul 1885	Co I 21st
Allegood	James	Caroline	Beaufort	13 Jun 1885	Co C 40th
Allegood	Major J.	Drusilla	Beaufort	2 Jun 1885	Co K 40th
Allen	Andrew Jackson "Jack"	Eliza	Stokes	25 Jun 1885	Co D 52nd
Allen	Clark	Agnes	Gaston/ Cleveland	1 Jul 1885	Do H 34th
Allen	George W.	Tempy	Forsyth/ Stokes	5 Jun 1885	Co F 21st
Allen	James P.	Emily M.	Wake	6 Jun 1885	Co D 30th
Allen	Robert H.	Martha	Buncombe	18 May 1885	Co B 64th
Allen	W. L.	Lucy	Rutherford	20 May 1885	Co G 16th
Allgood	Arthur	Margaret L.	Rowan	28 Aug 1885	Co F 7th
Allgood	William	Margaret L.	Davie	30 Jun 1885	Co G 66th
Allison	James	Mary Jane	Buncombe	3 Jul 1885	Co K 60th
Allison	Joseph	Mary Ann	Iredell	17 Feb 1887	Co D 42nd
Allman	Green D.	Susan	Cabarrus	4 Jul 1885	Co B 7th
Allman	Leonard	Maryann C.	Cabarrus	3 Jul 1885	Co B 7th
Allridge	John A.	Victoria	Randolph	10 Jun 1885	Co G 46th
Almond	Calvin	Dolly	Stanly	1 Jan 1885	Co H 42nd
Almond	Martin	Nancy	Stanly	26 Jun 1886	Co F 5th
Alphin	Daniel J.	Sarah E.	Duplin	13 Jul 1887	Co C 51st
Alred	Barham	Elizabeth	Guilford	4 Jun 1885	Co C 47th
Alwran	Jacob	Nancy W.	Cleveland	13 Jun 1885	Co I 11th
Aman	Thomas	Mary	Onslow	15 Jun 1885	Co G 3rd
Amos	James M.	Melissa	Rockingham	6 Jul 1885	Co L 21st
Anders	James M.	Mary Ann	Alleghany	4 Jul 1885	Co I 61st
Anderson	Burl	Mary	Burke	25 May 1885	Co F 58th
Anderson	Elbert	Annie	Wilkes	30 Jun 1885	Co D 23rd
Anderson	Eli	Almanie	Craven	30 Jun 1885	Co K 31st
Anderson	Jesse	Mary Ann	Wilkes	30 Jun 1885	Co B 55th
Anderson	Noah	Sally	Craven	2 Jul 1885	Co A 67th
Anderson	Q. A.	Mary A.	Caswell	15 Jul 1885	Co H 6th
Anderson	Thomas F.	V. A.	Clay	2 Jun 1885	Co E Thomas' Legion

date of soldier's death	Place of death	Cause of death	Other details
2 May 1863	VA	KIA	
1864	VA	disease	
Feb 1865	Richmond VA	disease	name also given as Andy
15 Jun 1865	VA	KIA	
Mar 1865	Richmond VA	disease	
3 Mar 1865	VA	disease	
17 Sep 1862	MD	KIA	
10 Aug 1862	Gaston Co NC	wounds	wounded Malvern Hill VA
4 May 1863	VA	KIA	
Oct 1862	MD hospital	disease	
28 Mar 1863	not stated	disease	
12 Dec 1863	not stated	disease	
10 Sep 1863	VA	KIA	
28 Aug 1862	Petersburg VA	disease	
18 Apr 1884	Surry Co NC	disease	contracted TB in service
15 Dec 1864	Transylvania Co NC	disease	
4 Oct 1864	VA	KIA	
15 nov 1862	VA	disease	
13 Dec 1862	VA	KIA	
12 Aug 1863	VA	KIA	
2 Jun 1862	Richmond VA	KIA	
17 Sep 1864	MD	wounds	
16 Nov 1863	Richmond VA	disease	
Jul 1865	Beaufort Co NC	disease	POW at Point Lookout
May 1862	Fort Fisher NC		
12 May 1864	Spotsylvania Court House VA	KIA	
9 Sep 1862	VA	wounds	wounded Manassas VA
21 Jul 1864	Winchester VA	KIA	
1 Jul 1862	Malvern Hill VA	KIA	
1 Dec 1864	Camp Douglas IL		captured Cumberland Gap TN Sep 1863
31 May 1862	VA	KIA	
21 Jul 1864	VA	KIA	
10 Jul 1864	Petersburg VA	KIA	
Jan 1863	TN	wounds	wounded Dec 1862 Murfreesboro
10 Sep 1864	near Petersburg VA	disease	
Aug 1864	VA	KIA	
after Jul 1863	Point Lookout MD		captured Jul 1863
6 Aug 1862	Farmville VA	KIA	
15 Aug 1864	VA	KIA	
12 May 1864	VA	KIA	
Mar 1865	Petersburg VA	KIA	
		disease	application mentions an affadavit that is not present in file
25 May 1864	VA	wounds	
25 Jan 1862	VA	disease	
5 May 1863 (sic)	Williamsport MD	wounds	affadavit says wounded at Gettysburg
28 Aug 1863	SC		
Aug 1863	TN	disease	
2 May 1863	VA	KIA	couple married Feb 1854 Wilkes Co NC
			captured Fort Harrison VA; took oath 22 Jun 1865; no date or place of death given
1 May 1863	Wilderness VA (sic)	KIA	couple married 22 Jan 1854 Wilkes Co NC
after 22 Apr 1864	Point Lookout MD		captured 22 Apr 1864
1 Apr 1862	VA	disease	
8 Jul 1863	Linden TN	disease	

Section I — Widow Applications

Surname	Soldier's First Name	Widow's First Name	County of application	Date of application	Company & regiment
Anderson	Wesley	Marilda	Wilkes	2 Jul 1885	Co F 37th
Anderson	William	Martha	Wilkes	16 May 1885	Co K 30th
Anderson	William A.	Sarah N.	Burke	30 May 1885	Co I 40th
Andrews	John	Piety	Chatham	27 Jun 1885	Co E 44th
Andrews	Rufus A.	Isabella	Orange	11 Jun 1885	Co G 28th
Andrews	Westley	Susan F	Orange	6 Jul 1885	Co G 11th
Angle	John F.	D. S.	Rockingham	2 Jul 1885	Co D 45th
Anglin	William	Sarah C.	Yancey	30 May 1885	Co G 58th
Armstrong	John	Mary	Sampson	30 May 1885	Co B 51st
Armsworthy	John Wesley	Edna J.	Davie	5 Jul 1885	Co H 54th
Arnett	Henry	Caroline	Cumberland	15 Jun 1885	Co B 13th
Arrowood	Gilbert	Amanda	Catawba	22 Jun 1885	Co F 3rd
Arrowood	John J.	Elizabeth E.	Rutherford	30 Jul 1885	Co I 18th
Asbury	James T.	S. A.	Wilkes	2 Jun 1885	Co K 7th
Ashburn	Issac W.	Faitha S.	Surry	4 Jul 1887	Co B 2nd
Askew	Archibald	Lucy	Franklin	16 Jun 1885	Co E 8th
Askew	Jasper	Adline	Hertford	6 Jul 1885	Co D 57th
Athon	Asbury	Mary	Davie	27 Jun 1885	Co G 40th
Auberry	George	Angelletta	Surry	15 May 1885	Co I 21st
Auldrege	David G.	Precia	Stanly		
Austin	Jacob W.	M. L.	Union	1 Apr 1881	C A 48th
Autry	Duncan	Sallie	Cumberland	13 Jun 1885	Co I 51st
Avery	Furney	Holland A.	Craven	3 Jun 1885	Co E 4th
Axsom	Israel	Jenette	Surry	8 Jul 1885	Co H 21st
Aycock	John W.	Mary A. E.	Halifax	25 Jun 1885	Co D 24th
Aycock	Samuel	Sally Ann	Warren	19 May 1885	Co K 12th
Ayres	Mashac	Biddy	Yancey	4 Jul 1887	Co G 29th
Ayscue	William S.	Elizabeth	Granville	5 Jul 1885	Co F 17th
Bagwell	James A.	Martha C.	Transylvania	12 Jun 1885	Co K 62nd
Bailey	Harvey	Aldecka	Yancey	20 Jun 1885	Co G 29th
Bailey	Henry	Crissy	Martin	3 Jul 1885	Co H 61st
Bailey	W. B.	Rachel	Rutherford	19 May 1885	Co F 62nd
Baine	W. M.	Lochie	Yancey	15 Jun 1885	Co K 29th
Baird	James H.	Anna	Caldwell	13 May 1887	Co C 18th
Baity	David Washington	Elizabeth	Yadkin	6 Jul 1885	Co A 21st
Baker	Eli	Mary	Gaston	6 Jul 1885	Co C 38th
Baker	Elijah	Mary J.	Gates	3 Jun 1885	Co C 52nd
Baker	Israel	Margarett	Mecklenburg	12 Jun 1885	Co A 48th
Baker	J. Sitten	T.M.A.	Alexander	1 Jul 1885	Co K 47th
Baker	John Henry	Elizabeth	Randolph	4 Jul 1885	Co B 22nd
Baker	Martin	Turley	Catawba	1 Jun 1885	Co F 38th
Baker	Neill A.	Sarah J.	Chatham	18 Jun 1885	Co F 50th
Baker	William	Emeline	Caldwell	18 Jun 1885	Co E 58th
Baker	William	Pennie	Cumberland	31 Aug 1885	Capt William Sutton's Co
Baldwin	David W.	Martha A.	Randolph	6 Jul 1885	Co G 2nd
Baldwin	William	Maony	Orange	6 Aug 1888	Co D 1st
Balentine	W. P.	Elizabeth	Nash	11 Jul 1887	Co D
Balkcum	Lemuel	Jeminia	Sampson	5 May 1885	Co E 30th
Ball	William Erasmus	Ann	Granville	2 Jun 1885	Navy
Ballance	Aaron	Sallie	Johnston	15 Jun 1885	Co C 50th
Banks	Jackson	Margaret A.	Buncombe	6 Jul 1885	Co C 60th

date of soldier's death	Place of death	Cause of death	Other details
27 May 1862	Hanover Courthouse VA	KIA	
28 Jan 1864	Orange Courthouse VA	disease	originally enlisted in Co B 55th
4 Dec 1864	Wilmington NC	disease	
14 Dec 1863	Orange Courthouse VA	KIA	
Jun 1862	Huguenot Springs VA	disease	
	PA	KIA	his father was Adley Andrews and her maiden name was Blackwood; date of death not given letter says Westley died before war and Susan was wife of H. C. Andrews
4 Oct 1862	Petersburg VA	disease	
Sep 1863	Chickamauga	wounds	
30 Sep 1864	MD	disease	
3 Feb 1864	Lincoln General Hospital Washington DC	wounds	wounded and captured 6 Dec 1863; Sgt
Jan 1865	Kinston NC	disease	
Jul 1863	Gettysburg	KIA	
3 May 1864	Wilderness	KIA	
Aug 1862	Richmond VA	wounds	wounded Cold Harbor VA
Jun 1863	Raleigh NC	disease	
Oct 1861	Roanoke Island NC	disease	
22 Jun 1863	Upperville VA	KIA	
1866	Davie Co NC	wounds	wounded 15 May 1864 Winchester VA
Nov 1861	Manassas VA	disease	
			empty folder
25 Nov 1862	GordonsvilleVA	disease	
1864	Richmond VA	wounds	wounded 16 May 1864
1863	Manassas VA	KIA	
25 May 1862	VA	KIA	
25 Dec 1862	Richmond VA	disease	
11 Apr 1865	Petersburg VA	KIA	
5 Feb 1862	TN	disease	
1 Aug 1864	NC	disease	
after 9 Sep 1863	Camp Douglas IL	disease	captured 9 Sep 1863 Cumberland Gap TN
9 Jul 1864	Covington GA	wounds	wounded 18 Jun 1864
19 Jun 1862	Martin Co NC	disease	died at home on sick furlough
22 Sep 1863	NC	disease	
11 Aug 1862	MS	disease	
27 Aug 1864	Elmyra NY		
about 25 Dec 1864	Rockbridge Co VA	disease	
3 Apr 1874	Gaston Co NC	blood poisoning	wounded Spotsylvania Courthouse May 1864; wound never healed
30 Oct 1863	Fort Delaware DE	disease	captured Gettysburg
25 Aug 1864	Reams Station VA	KIA	
Aug 1862	Alexander Co NC	disease	died at home on sick furlough
27 May 1861	Petersburg VA	disease	
3 Jul 1863	Gettysburg	KIA	
14 Dec 1864	Savannah GA	wounds	wounded 9 Dec 1864; first enlisted Co G 17th MD
25 Apr 1863	Dalton GA	disease	
15 Jul 1862	Wilmington NC	disease	
23 Oct 1864	Winchester VA	wounds	wounded 19 Sep 1864 and had his leg amputated
9 Aug 1861	VA	disease	
27 Feb 1865	Fayetteville NC	disease	
26 Dec 1863	VA	disease	
15 May 1863	NC		
21 Feb 1865	Raleigh NC	disease	
15 Sep 1864	Jonesboro GA	KIA	couple married 27 Dec 1853

Section I — Widow Applications

Surname	Soldier's First Name	Widow's First Name	County of application	Date of application	Company & regiment
Banther	Sherrod U.	Polly	Rutherford	6 Jul 1885	Co E 18th
Barber	David	Eliza	Alamance	30 Jun 1885	Co A 53rd
Barber	James H.	Alcinda	Johnston	8 May 1885	Co E 5th
Bare	Alfred	Sabre	Ashe	26 Jun 1885	Co A 26th
Barger	Babel	Marian	Catawba	15 Aug 1887	Co E 57th
Barger	Maxwell	Catherine	Catawba	6 Jul 1885	Co E 57th
Barker	William	M. L.	Macon	24 Jun 1885	Co D 62nd
Barkley	Joel	Sarah H.	Henderson	15 Jun 1885	Co I 16th
Barlow	John O. C.	Louisa	Caldwell	25 Jul 1885	Co I 26th
Barlow	Martin	Susan	Wake	6 Jul 1885	Co K 3rd
Barnes	Elias	Mary C.	Davidson	2 Aug 1886	Co A 54th
Barnes	H. W.	Elizabeth	Rockingham	28 Jun 1885	Co A 45th
Barnes	James E.	Sally Ann	Jones	4 Jul 1885	Co G 2nd
Barnes	John G.	Jane E.	Alexander	25 Jun 1885	Co A 58th
Barnes	John W.	Jane A.	Forsyth	3 Jul 1885	Co D 57th
Barnes	Smith F.	Amanda	Alexander	13 Jun 1885	Co G 37th
Barnes	Solomon	Nancy M.	Alexander	2 Jun 1885	Co I 58th
Barnes	William	Eliza	Martin	6 Jul 1885	Co F 31st
Barnett	Elijah	Martha	Caldwell	6 Jul 1885	Co I 24th
Barnett	J. William	Rebecca	Wilkes	6 Jul 1885	Co C 56th
Barnett	W. R.	Mary W.	Cleveland	30 May 1885	Co F 56th
Barnhart	Charles	Catherine	Cabarrus	16 May 1885	Co E 4th
Barnhart	Charles A.	Catherine	Cabarrus	23 May 1885	Co D 48th
Barrett	Aaron	Rebecca A.	Person	15 Jun 1885	Co G 15th
Barrier	Mathias A.	Polly	Cabarrus	30 May 1885	Co H 8th
Barringer	Mathias	Elizabeth	Stanly	30 Jul 1885	Co B 5th
Barrington	Nathan	Mahala	Craven	16 Jun 1885	Co F 2nd
Bartholomew	Willis	Martha	Nash	7 Jun 1886	Co K 15th
Bartlett	James H.	M. E.	Buncombe	6 Jul 1885	Co I 60th
Bartlett	John H.	Sarah L.	Mitchell	20 Jun 1885	Co K 60th
Bartlett	Leroy L.	Sarah E.	Warren	13 Jul 1885	Co C 46th
Basden	Calvin	Pennie	Onslow	2 Jun 1885	Co E 63rd
Bass	George W.	Catharine	Duplin	3 Jun 1885	Co B 3rd
Batchelor	John D.	Hester	Duplin	30 Jun 1885	Co B 3rd
Battin	Hardy	Winnie	Johnston	30 Jun 1885	Co C 50th
Battin	Levi	Quilly	Johnston	27 Jun 1885	Co C 5th
Baucom	James P.	Louisa	Anson	8 Jun 1885	Co H 43rd
Beach	Enoch	Thinsey L.	Caldwell	24 Jun 1885	Co C 18th
Beal	Joseph	Elizabeth	Chatham	10 Jul 1885	Co A 5th
Beal	Robert	Sally	Chatham	10 Jul 1885	Co G 48th
Beam	D. M.	Susanah	Cleveland	20 Jun 1885	Co A 18th
Beam	W. C. L.	Pricilla	Rutherford	18 May 1885	Co I 56th
Beaman	Benjamin C.	Rachel	Pitt	6 Jul 1885	Co K 33rd
Bean	Benjamin F.	Elizabeth	Randolph	3 Jun 1885	Co I 5th
Beard	James R.	Rachel	Cumberland	18 Jun 1885	Co C 36th Artillery
Beard	Neil	Leah	Cumberland	29 Jun 1885	Co F 24th
Beard	William	E. T.	Jackson	15 Jul 1885	Co B 25th
Beard	Jackson O.	Nancy	Alamance	30 May 1885	Co F 53rd
Beard	Thomas J.	Emily L.	Gaston	4 Jul 1885	Co H 23rd
Beasley	William J.	Rhoda	Jackson	22 May 1885	Co B 39th
Beasley	W. J.	Mary E.	New Hanover	4 Jul 1885	Co G 51st
Beattie	Phillip S.	Mary J.	Cleveland	29 Jun 1885	Co I 48th
Beattie	Coatsworth	Lydia	Cleveland	30 May 1885	Co C 15th

date of soldier's death	Place of death	Cause of death	Other details
May 1864	Spotsylvania Court House VA	KIA	
7 May 1862	NC	disease	
12 May 1864	Wilderness VA	KIA	
15 May 1863	near Weldon NC	train wreck	
June 1863	Point Lookout MD	wounds	wounded & captured Fredericksburg VA
Jun 1864	Richmond VA	disease	
13 Dec 1863	Cumberland Gap TN	KIA	MIA
20 May 1862	VA	disease	
27 Jun 1862	VA	KIA	
13 Dec 1862	VA	disease	
25 Dec 1864	Point Lookout MD	disease	
Jul 1863	near Winchester VA	fatigue	died during retreat from Gettysburg
19 Oct 1864	VA	KIA	
5 May 1864	Dalton GA	KIA	
9 Aug 1863	Fort Delaware DE	disease	
10 Jul 1863	PA	wounds	wounded Gettysburg
May 1864	Dalton GA	disease	
7 Mar 1862	NC	disease	
3 Jul 1863	Gettysburg PA	KIA	
2 Jul 1864	VA	wounds	wounded 15 Jun 1864; couple married Oct 1848 Wilkes Co NC
10 Sep 1864	VA	disease	
18 May 1863	near Goldsboro NC	disease	
May 1864	Lynchburg VA	disease	
1864	Petersburg VA	KIA	MIA
20 Apr 1864	Plymouth NC	wounds	
19 Sep 1864	Elmyra NY	disease	captured 12 May 1864 Spotsylvania CH VA
Aug 1863	Martinsburg VA	wounds	wounded 3 Jul 1863 Hagerstown MD
5 May 1864	Charlottesville VA	wounds	wounded Battle of Wilderness VA
15 Jan 1864	Buncombe Co NC	disease	sent home sick from MS
Mar 1864	GA	disease	
30 Jul 1863	Warren Co NC	disease	
Mar 1865	Point Lookout MD	disease	captured 1863
2 Jul 1863	Gettysburg PA	KIA	
27 Nov 1863	Payne's Mill VA	KIA	
26 Apr 1862	NC	disease	
5 May 1862	Williamsburg VA	KIA	
13 Jan 1863	Richmond VA	disease	
15 Aug 1864	Elmyra NY	disease	
after 3 Jul 1863	Fortress Monroe VA	wounds	wounded and captured at Gettysburg
1 Jan 1865	near Petersburg VA	disease	father Asa Beal; brother William in same company; affadavit states that body was brought home and buried in family cemetery 2 months after death
1862	VA	disease	
20 May 1864	VA	KIA	
14 Mar 1862	New Bern NC	wounds	widow lived Greene Co later
Oct 1864	Elmyra NY	wounds & disease	wounded and captured at Gettysburg
Jan 1864	Savannah GA	wound	
1862	VA	disease	
8 Jul 1862	VA	KIA	
7 Aug 1863	Richmond VA		2nd corporal
21 Jan 1862	Culpeper Courthouse VA	wounds	
14 Jul 1862	Knoxville TN	disease	
1 Sep 1864	Battery Harrison VA	KIA	
14 Dec 1862	VA		
6 Aug 1864	Richmond VA	wounds	wounded Deep Bottom VA

Section I — Widow Applications

Surname	Soldier's First Name	Widow's First Name	County of application	Date of application	Company & regiment
Beaty	Samuel B.	Margaret	Gaston	20 May 1885	Co J 48th
Beaver	Alexander	Matilda	Rowan	21 May 1885	Co C 57th
Beaver	Henry Monroe	Susanna	Rowan	21 May 1885	Co K 5th
Beaver	Jeremiah	Mary Ann C.	Rowan	28 Aug 1885	Co K 5th
Beaver	Allen A.	Dovey E.	Rowan	24 Jun 1885	Co A 57th
Beaver	Moses	Mariah	Iredell	4 May 1885	Co C 48th
Bebber	John G.	Rebecca Irena	Wilkes	20 Jun 1885	Co B 37th
Beck	George F.	Katherine	Davidson	25 May 1885	Co B 48th
Beck	Jacob	Theresa I.	Burke	19 May 1885	Ironworker
Beckel	G. H.	Sophia	Forsyth	30 May 1885	Co G 33rd
Beddingfield	G. W.	Alza M.(Eliza?)	Henderson	26 May 1885	Co G 35th
Beddingfield	Larkin	S. J.	Henderson	25 Apr 1885	Co H 25th
Beddingfield	R. R.	Nancy	Wake	6 Jun 1885	Co C 47th
Belk	John	Henrietta	Union	2 May 1885	Co B 43rd
Bell	James H.	Lucinda	Wilson	22 Jun 1885	Co A 55th
Bell	John William	Rebecca	Wilson	22 Jun 1885	Co H 75th
Bell	Marmaduke Norfleet	Margaret Ann	Halifax	3 Jul 1885	Co F 43rd
Bell	N. J.	Nancy	Franklin	8 Mar 1885	Co K 30th
Bell	William B.	Martha Ann	Edgecombe	4 Jul 1887	Co H 28th
Bellamy	Joseph J.	Ann I.	Brunswick	21 May 1885	1st Bttn Coastal Artillery
Benfield	Andrew	Sarah M.	Alexander	23 Sep 1885	Co F 37th
Benfield	Charles A.	Jane	Alexander	6 Jul 1885	Co F 22nd
Benfield	Jackson	Mary A.	Macon	27 Jun 1885	Co B 37th
Benfield	Johnathan	Lovina	Alexander	29 Jun 1885	Co F 37th
Bennett	Alexander	N.J.	Union	1 Jun 1885	Co E 28th
Bennett	Alvin	Angelet	Chatham	3 Jul 1885	Co B 49th
Bennett	Gaines	Lovina	Yancey	6 Jul 1885	Co G 58th
Bennett	James	Lucretia	Warren	13 Jun 1885	Co K 12th
Bennett	Jerry W.	Hannah J.	Stokes	2 Jun 1885	Co F 21st
Bennett	John	Lucy	Warren	1 Jun 1885	Co K 12th
Bennett	Marider M.	Elizabeth	Stokes	13 Aug 1887	Co F 21st
Bennett	Martin	Chaney	Stokes	2 Jun 1885	Co F 21st
Bennett	Martin	Elizabeth	Stokes	2 Jun 1885	Co F 21st
Benson	John B.	Bettie	Rowan	1 Jun 1885	Co K 57th
Bentley	Esquire	Fannie	Alexander	12 Jun 1885	Co H 55th
Bentley	Noah Jackson	Sarah Eveline	Caldwell	15 Jun 1885	Co C 18th
Biddix	James A.	Elizabeth	McDowell	6 Jul 1885	Co A 58th
Biggerstaff	Joseph W.	R. E.	McDowell	6 Jul 1885	Co B 39th
Bingham	R. W.	Nancy	Burke	03 Jun 1885	Co D 11th
Bishop	John H.	Martha	Guilford	6 Jul 1885	Co E 22nd
Bishop	Richard	Nelly	Guilford	6 Jul 1885	Navy
Bizzell	John J.	Sarah	Duplin/ Lenoir	1 Jun 1885	Co C 66th
Black	Nathan	Lucinda	Buncombe	5 May 1886	Co D 64th
Black	W. W.	Rachel	Rutherford	20 Jul 1887	Co C 15th
Blackburn	Wade	Annie	Columbus	16 May 1885	Co H 51st
Blackburn	William J.	Arra	Bladen	4 May 1885	Co K 18th
Blackman	Arthur A.	Alda	Johnston	30 Jun 1885	Co C 5th
Blackman	John	Laviner	Yadkin	20 Jun 1885	Co B 38th
Blackstone	John Thomas	Melissa Ann	Northampton	24 May 1886	Co E 56th
Blackwelder	Alexander	Emeline	Stanley	4 Jul 1885	Co D 28th
Blackwelder	Jacob	Sarah Ann	Cabarrus	13 Jun 1885	Co B 7th

date of soldier's death	Place of death	Cause of death	Other details
17 Sep 1862	MD	wounds	
10 Apr 1863	VA	wounds	
11 Nov 1862	Strasburg VA	disease	
3 May 1863	Chancellorsville VA	KIA	
21 Oct 1864	VA	wounds	
Mar 1865	Point Lookout MD	disease	
3 Jul 1863	Gettysburg PA	KIA	
1862	French's Farm VA	KIA	
24 Jan 1865	Camp Chase OH	disease	captured Salisbury NC
23 Dec 1862	VA	disease	
1864	Petersburg VA	KIA	
28 Jul 1862	NC	disease	
3 Jul 1863	Gettysburg PA	KIA	
14 Aug 1863	Petersburg VA	wounds & disease	wounded & captured at Gettysburg & taken to Ft Delaware, then paroled
May 1864	Lynchburg VA	wounds	wounded at Battle of Wilderness
1864	Point Lookout MD		later Co F 16th
18 Jul 1864	Snigle's Ford VA	KIA	Sgt
Jul 1863	Gettysburg PA	KIA	MIA
14 Jan 1864	Charlottesville VA	disease	
18 Jan 1862	Brunswick Co NC	disease	
21 May 1863	Guinea Station VA	disease	
23 Sep 1864	Richmond VA	disease	
6 Jul 1862	VA	disease	affadavit by son J. L. Benfield
17 Apr 1863	Alexander Co NC	disease	died at home on sick furlough
12 Jun 1864	Point Lookout MD	disease	
15 Sep 1862	Richmond VA	disease	
Apr 1863	Clinton TN	disease	
15 Jul 1863	Lynchburg VA	disease	
2 Jul 1863	Gettysburg PA	KIA	
22 Apr 1862	VA	disease	
10 Jan 1863	Charlottesville VA		no application, just affadavit concerning soldier's death
28 Aug 1862	VA	KIA	
19 Oct 1864	Middletown VA	KIA	two folders
6 Mar 1863	Lynchburg VA	disease	
9 Mar 1863	near Orange Courthouse VA	disease & frostbite	
1 Sep 1864	Point Lookout MD	disease	captured 12 May 1864 Spotsylvania CH VA
8 Jun 1865	Hart's Island NY		
1 Aug 1864	Atlanta GA	disease	
after Dec 1863	Point Lookout MD	disease	captured Dec 1863 VA
22 Jun 1864	near Richmond VA	disease	
			served on a gunboat and probably drowned; never came home
30 Jul 1864	Richmond VA	disease	
1 Mar 1863	TN	disease	
after 5 May 1864	Point Lookout MD	disease	captured 5 May 1864 VA
			no dates given; notation that no military record was found
16 Aug 1864	Gravel Hill VA	KIA	
Sep 1862	Leesburg VA	disease	
10 Jun 1862	Mechanicsville VA	KIA	
1 Nov 1863	NC	disease	couple married 6 Nov 1860 Bertie Co NC; widow's maiden name given as Burket
30 Jun 1862	Frazier's Farm VA	KIA	
Jul 1863	Richmond VA	wounds	wounded Frazier's Farm

Section I — Widow Applications

Surname	Soldier's First Name	Widow's First Name	County of application	Date of application	Company & regiment
Blackwelder	John	Mary	Cabarrus	5 Jul 1886	Co F 51st
Blackwelder	Monroe	Hettie	Cabarrus	1 Jun 1885	Co L 17th
Blackwelder	Wyllie	Sophia	Cabarrus	23 May 1885	Co H 42nd
Blackwood	John	Sarah A.	Gaston	25 Jun 1885	Co E 2nd
Blake	Isaiah	Parthena	Montgomery	29 Jun 1885	Co A 14th
Blake	John	Malinda A.	Montgomery	18 Feb 1897	Co H 44th
Blalock	Thomas	Susan	Person	6 Jul 1885	Co A 50th
Blanchard	James	Lydia	Buncombe	4 May 1885	Co I 37th
Blankenship	James T.	Anna Jane	Alexander	13 Jun 1885	Co E 37th
Blankenship	R. C.	Silva	Iredell	20 Jul 1885	Co H 56th
Blanton	Asbury J.	Lucinda	Cleveland	2 Jul 1885	Co H 2nd
Blanton	Enoch	Nancy C.	Duplin	2 Jun 1885	Co G 51st
Blanton	Francis	Mary A.	Cleveland	25 May 1885	Co H 28th
Blanton	John	S. W.	Cleveland	6 Jul 1885	Co H 28th
Blevins	Hugh	Polly	Ashe	2 Jun 1885	Co K 37th
Bobbitt	J. R.	Martha	Franklin	6 Jul 1885	Co K 12th
Bobbitt	James	Elizabeth	Chatham	27 Jun 1885	Co A 5th
Bodenhamer	Lewis C.	Alley	Forsyth	25 May 1885	Co G 33rd
Boger	Jacob	Rosanna	Cabarrus	3 Jul 1885	Co B 5th
Boggs	Stanford	Nancy	Orange	25 Jul 1885	Co D 1st
Bohannon	Neal	Elizabeth A.	Yadkin	4 Jul 1887	Co I 28th
Bolch	Logan	Martha A.	Catawba	20 Jun 1885	Co C 28th
Bolden	William	Sarah	Randolph	1 Jun 1885	Co I 22nd
Bolton	Atlas	Elizabeth	Stanley	29 Jun 1885	Co D 28th
Bolton	Calvin	Joycey	Stanly	1 Jul 1885	Co D 28th
Bolton	Foster M.	Mary A.	Moore	2 Jun 1885	Co C 54th
Bolton	Simeon B.	Rebecca	Rutherford	22 Jun 1885	Co I 56th
Bonds	Edward	Jane E.	Cabarrus	27 Jun 1885	Co G 7th
Boney	James T.	Mary Jane	Duplin	20 Jun 1885	Co E 30th
Boon	Daniel	Malinda	Randolph	9 May 1885	Co F 2nd
Booshee	George W.	Nancy	Cumberland		Co D 43rd
Booze	John W.	Martha	Forsyth	30 Jun 1885	Co H 53rd
Bordeaux	Enoch	Sarah	Bladen	16 Jun 1885	Co H 36th
Borders	Martin	Jane	Caldwell	15 Jun 1885	Co I 26th
Bosger	Maxwell	Catherine	Catawba	6 Jul 1885	Co E 57th
Boswell	James	Eliza	Wilson	22 Jun 1885	Co C 43rd
Bowen	John R.	Sabra	Robeson	4 Jul 1885	Co E 30th
Bowen	Lawrence	Bethula	Martin	2 Jun 1885	Co H 1st
Bowen	Richard L.	Mary	Cleveland	22 Jun 1885	Co C 17th
Bowers	William	Susanna	Davidson	19 Jul 1886	Co B 48th
Bowes	William	Nancy	Person	30 Jun 1885	Co E 35th
Bowman	Joshua	Eliza C.	Alexander	4 Jul 1885	Co F 37th
Boxley	Archibald C.	Mary Jane	Robeson	3 Jul 1885	Co E 51st
Boxley	John W.	Jane E.	Robeson	6 Jul 1885	Co A 31st
Boxley	Stephen	Susan A. C.	Robeson	8 Jun 1885	Co A 46th
Boxley	William	Elizabeth	Robeson	8 Jun 1885	Co B 50th
Boyd	Edward	Sarah	Gaston	30 May 1885	Co M 16th
Boyd	John H.	Rachel D.	Cabarrus	26 May 1885	Co G 57th
Boyd	Robert	Adaline	Montgomery	6 Jul 1885	Co C 23rd
Boyd	William J.	Mary A.	Forsyth	17 Jun 1885	Co D 21st
Boyett	Amos	Sally	Wilson	22 Jun 1885	Co A 55th
Boyett	G. A.	Temperance	Johnston	30 Jun 1885	Co I 47th
Boykin	William	Delany	Wilson	22 Jun 1885	Co B 2nd

date of soldier's death	Place of death	Cause of death	Other details
13 Dec 1862	Fredericksburg VA	KIA	
9/10 Jun 1864	Richmond VA	wounds	wounded Cold Harbor
Feb 1865	Wilmington NC	disease	
Jan 1865	Salisbury NC	disease	
15 Jun 1863	Greenville NC	disease	file says Isaiah but application says Asa
15 Oct 1863	Lynchburg VA	disease	
29 Jun 1863	Goldsboro NC	disease	
Jul 1863	Gettysburg PA	KIA	
12 Jan 1863	Lynchburg VA	wounds	wounded Seven Days Battle
19 Aug 1864	Petersburg VA	KIA	
Apr 1865	NC	disease	Sr. reserves
18 Jul 1863	Battery Wagner SC	KIA	buried Charleston; brother Moses in same Co
6 Aug 1862	Petersburg VA	disease	called "Frank"
2 Aug 1862	Richmond VA	disease	
May 1863	Chancellorsville VA	KIA	
1 Apr 1863	Richmond VA		
Jul 1863	Gettysburg PA	wounds	wounded and disappeared during fighting
1 Jul 1863	Gettysburg PA	KIA	
Nov 1864	Elmyra NY	disease	captured 12 May 1864 Wilderness VA
	Richmond VA	disease	no date given
1 Jun 1863	VA	disease	
30 Sep 1863	Baltimore MD	wounds	wounded Gettysburg & died after arm was amputated
30 May 1862	VA	KIA	
2 Aug 1862	VA	KIA	
12 May 1863	VA	KIA	
1864	Point Lookout MD	disease	captured 1863 near Culpeper Courthouse VA
14 Jul 1864	VA	wounds	
Nov 1862	Richmond VA	disease	
May/Jun 1864	Cold Harbor VA	KIA	
Jul 1863	Gettysburg PA	KIA	
14 Feb 1865	Camp Morton IN	disease	buried Greenlawn Cemetery Indianapolis; no application just proof of soldier's death
12 May 1864	Spotsylvania Court House VA	KIA	
3 Apr 1865	Elmyra NY	disease	captured 15 Jan 1865 Fort Fisher NC
1 Nov 1863	VA	disease	
1862	Richmond VA	disease	
2 Jan 1863			
15 Jun 1862	VA		
1 Oct 1864	Elmyra NY		captured Seven Days Battle
8 Sep 1862	VA	disease	
15 Jul 1864	Shohola PA	railroad crash	died while being taken to Elmyra NY; captured 1864 VA
15 Jul 1864	VA	disease	
2 Apr 1865	Petersburg VA	KIA	
18 Jul 1863	Charleston SC	wounds	wounded Battery Wagner
15 Jul 1864	Shohola PA	railroad crash	died while being taken to Elmyra NY
5 May 1863	Sharpsburg MD (sic)	KIA	
Fbe 1862	Raleigh NC	disease	
1 Sep 1862	VA	KIA	
4 May 1863	Chancellorsville VA	KIA	
1 Jul 1863	Gettysburg PA	KIA	
19 Oct 1864	Cedar Creek VA	KIA	
5 May 1864	VA	KIA	
Aug 1863	Fort Delaware DE	wounds	wounded & captured Gettysburg
Mar 1863	near Fredericksburg VA		

Section I — Widow Applications

Surname	Soldier's First Name	Widow's First Name	County of application	Date of application	Company & regiment
Boyles	Calvin H.	Mary M.	Stokes	2 Jun 1885	Co I 21st
Boyles	Joseph	Louisa	Cleveland	8 Jun 1885	Co I 48th
Boyles	William R.	Martha	Stokes	15 Jun 1885	Co D 53rd
Boyt	John L.	Mary Jane	Bladen	16 Jun 1885	Co F 24th
Brack	B. Baker	Mary F.	Warren	1 Jun 1885	Co B 30th
Brack	George W.	Elizabeth R. J.	Warren	1 Jun 1885	Co B 30th
Bracket	Zachariah	Catherine	Cleveland	16 Jun 1885	Co F 55th
Bradley	Isaac M.	Jermima	Jackson	4 Jul 1885	Co A 39th
Bradley	William	M. E.	Rutherford	18 May 1885	Co C 34th
Bradshaw	Daniel J.	Mary J.	Sampson	18 Jun 1885	Co B 51st
Bradshaw	John	Nancy	Burke	2 Jul 1885	Co A 6th
Bradshaw	William K.	Sabra	Sampson	20 Jun 1885	Co A 30th
Brady	James	Sarah	Cleveland	6 Jul 1885	Co H 28th
Branch	Anderson	Mary A.	Buncombe	5 Jul 1886	Co A 54th
Branch	Samuel W.	Mary J.	Halifax	26 Jun 1885	Co G 61st
Branch	William S.	Noami	Burke	2 Jul 1885	Co E 6th
Branden	Soloman	Susan	Forsyth	3 Jun 1885	Co K 48th
Brantly	Sandy G.	Jane S.	Cabarrus	6 Jul 1885	Co C 33rd
Bratton	Absolum	Elizabeth	Stanly	5 Jul 1887	Co C 42nd
Brawley	Neil Singleton	Nancy J.	Iredell	20 Jun 1885	Co A 4th
Brem	M. S.	Margaret C.	Iredell	12 Jun 1885	Co C 48th
Brewer	Eli H.	Eliza A.	Randolph	3 Jun 1885	Co E 28th
Brewer	Hubbard	Charlotte T.	Forsyth	24 Jun 1887	Co G 7th
Brewer	John	Alsy	Forsyth	25 May 1885	Co G 33rd
Brewer	W. D.	Sallie	Moore	2 Jun 1885	Co H 26th
Brewer	Wiley	Lucretia	Alexander	12 Jun 1885	Co A 3rd
Bridges	Aaron	Lydia	Rutherford	6 Jul 1885	Co I 34th
Bridges	Abram	Mary	Cleveland	11 May 1885	Co H 34th
Bridges	George W.	Mary T.	Franklin	11 Jun 1885	Co F 47th
Briggs	John Henry	M. C.	Forsyth	13 Jul 1885	Co I 33rd
Brigman	James L.	Adaline	Robeson	7 Jul 1885	Co C 14th
Briles	Oliver P.	Eleanor	Randolph	9 May 1885	Co B 34th
Briley	James	Sarah	Anson	5 Jul 1886	Co I 43rd
Brindle	Frasier L.	Mary	Burke	3 Jun 1889	Co K 35th
Bristow	W. F.	A. S.	Northampton	13 Jun 1885	Co F 1st
Britt	Enoch	Wincy	Moore	13 Jul 1885	Co H 3rd
Britt	John L.	Rosanna	Robeson	2 Jul 1885	Co H 23rd
Brittain	Lorenzo	Kate	Burke	2 Jul 1885	Co K 35th
Brittain	Thomas	Delia	Burke	30 Jun 1886	Co C 58th
Broadway	D. T.	Lucinda	Davie/ Davidson	9 Jul 1889	Co A 54th
Broadway	Sam W.	Mary J.	Davidson	4 Jul 1885	Co D 48th
Brock	Edward A.	Catherine	Nash	8 Apr 1885	Co A Martin's Brigade
Brock	Raney W.	Agnes	Wilkes	27 May 1885	Sr. reserves
Brock	William F.	Martha J.	Davie	10 Jun 1885	Co B 10th VA Cavalry
Brogden	Andrew J.	Olymphia H.	Granville	8 Jun 1885	Co E 47th
Brooks	Alexander	T. C.	Stanly	20 Jun 1885	Co H 42nd
Brooks	Daniel S.	Harriett A.	Beaufort	29 Jun 1885	Co I 3rd
Brooks	Robert	Amy	Wilkes	4 May 1885	Co D 33rd
Brooks	T. A.	F. E.	Madison	25 May 1885	Co B 60th

date of soldier's death	Place of death	Cause of death	Other details
12 Feb 1865	near Petersburg VA	wounds	wounded 6 Feb 1865 Hatcher's Run VA
28 Feb 1864	Cleveland Co NC	disease	died at home on sick furlough
3 Jul 1863	Gettysburg PA	KIA	
Apr 1865	Plymouth NC	wounds	
3 May 1863	Chancellorsville VA	wounds	wounded 2 May 1863 and buried Wilderness Church
1 May 1863	VA	KIA	
	Richmond VA	disease	date not known
8 May 1863		disease	died on his way home on sick furlough
3 Jun 1862	Frazier's Farm VA	KIA	
1863	Baltimore MD	disease	wounded & captured 1 Jun 1863 Cold Harbor VA & taken to Elmyra NY; exchanged and started home
Feb 1864	Orange Courthouse VA	disease	
3 May 1863	VA	KIA	
23 Jul 1862	VA	disease	
31 Jul 1864	Staunton VA	disease	
30 Jul 1864	near Petersburg VA	KIA	
2 Jul 1863	Gettysburg PA	KIA	
1864	Lynchburg VA	wounds	wounded 12 May 1864 Spotsylvania Courthouse
29 May 1884	Conover NC	wounds	wounded at Gettysburg & discharged after leg was amputated; couple m. 9 Jun 1867
1 May 1865	Point Lookout MD		captured 10 Mar 1865 near Kinston/New Bern NC
May 1865	Wilderness VA	KIA	
Dec 1862	Fredericksburg VA	wounds	wounded 8 Dec 1862 & died 3 weeks later
3 May 1863	VA	KIA	
27 Oct 1864	Burgess Mill VA	KIA	
28 Dec 1862	Fredericksburg VA		
1 Jul 1863	Gettysburg PA	KIA	
Apr 1865	Elmyra NY	disease	captured 12 May 1864 Spotsylvania CH VA
19 Jul 1862	near Richmond VA	disease	
7 Jan 1862	Raleigh NC	disease	
Jan/Feb 1865	Point Lookout MD		captured Sep 1864 VA
14 Mar 1862	near New Bern NC	KIA	
12 May 1864	VA	wounds	wounded 7 May 1864 Spotsylvania Courthouse
12 Oct 1864	Richmond VA	wounds	wounded 25 Aug 1864
3 Jul 1863	Gettysburg PA	KIA	
1 Jul 1864	near Petersburg VA	disease	
12 May 1864	Spotsylvania Court House VA	KIA	
17 Sep 1862	VA	KIA	
31 Jul 1864	near Petersburg VA	mine explosion	
17 Mar 1865	Petersburg VA	KIA	
14 Aug 1863	Burke Co NC	disease	died at home on sick furlough
after 16 May 1864			captured 16 May 1864; widow had no contact since then
8 Oct 1864	Richmond VA	disease	
18 May 1864	VA		
16 Feb 1865	Salisbury NC	disease	
10 Aug 1862	Richmond VA	disease	
1 Jan 1865	Point Lookout MD	disease	
bef 5 Apr 1864	Weldon NC	disease	originally enlisted in army as 1st Lt but was transferred to Navy on Roanoke River
3 May 1863	VA	wounds	
20 Nov 1862	VA		
Oct 1865	TN		

Surname	Soldier's First Name	Widow's First Name	County of application	Date of application	Company & regiment
Brooks	Thomas	Martha C.	Wilkes	29 May 1885	Co D 33rd
Broom	John L.	Ellen	Union	29 May 1885	Co A 48th
Brotherton	Elias M.	Sallie	Iredell	24 Jun 1885	Co D 42nd
Brotherton	John M. C.	Amelia M.	Wilkes	18 May 1885	Co F 52nd
Browder	John N.	Sallie	Stokes	20 Jun 1885	Co G 21st
Brown	Alfred	Elizabeth	Wilkes	Jun 1885	Co G 30th
Brown	Allen	Nancy	Lenoir	6 Jul 1885	Co F 67th
Brown	Amos	Mary Ann	Brunswick	6 Jul 1885	Co B 36th
Brown	Andrew S.	Ana	Chatham	27 Jan 1885	Co H 30th
Brown	Asa	Martha	Orange	1 Jul 1885	Co G 27th
Brown	Barnabas	Christina	Davie	2 Jun 1885	Co A 28th
Brown	Bedford	Elizabeth	Martin	6 Jul 1885	Co E 17th
Brown	Burke S.	Delpha	Edgecombe	empty folder	
Brown	Daniel	Sarah	Wilkes	6 Jun 1885	Co I 32nd
Brown	Daniel W.	Elizabeth	Polk	6 Jun 1885	Co E 64th
Brown	Elisha	Mary E.	Caldwell	28 Apr 1885	Co H 58th
Brown	F. M.	Francis	Alexander	14 Jul 1885	Co G 37th
Brown	Henry	Joanna	Transylvania	2 May 1885	Co E 25th
Brown	Henry	Mary J.	Forsyth	12 Jul 1886	Co F 6th
Brown	Henry	Susan	Guilford	6 Jul 1885	Co A 53rd
Brown	Hosea	Martha Ann E.	Catawba	1 Jun 1885	Co I 49th
Brown	J. H.	Mary J.	Alexander	27 Jun 1885	Co H 57th
Brown	J. S.	S.J.	Moore	12 Jun 1885	Co H 26th
Brown	Jackson	Charity	Ashe	3 May 1885	Co K 37th
Brown	Jackson A. J.	Esther A.	Davidson	22 Jun 1885	Co G 2nd
Brown	Jacob J.	Christina	Gaston	30 May 1885	Co G 57th
Brown	James	Martha A.	Harnett	6 Jul 1885	Co H 30th
Brown	Jesse	Mary	Moore	21 Jul 1886	Co H 3rd
Brown	Jesse	Phoebe R.	Person	19 Jun 1885	Co D 56th
Brown	John	Melby C.	Duplin	9 Jun 1885	Co E 30th
Brown	John M.	Mary	Orange	3 Jun 1885	Co C 6th
Brown	John W.	Mary Jane	Wake	1 Jun 1885	Co I 47th
Brown	John W.	Sallie	Johnston	1 Jun 1885	Co C 11th
Brown	Joseph L.	Nancy E.	Iredell	15 Jun 1885	Co A 4th
Brown	O. H.	Bethany	Columbus	10 Jun 1885	Co K 20th
Brown	Paschall B.	Narcissa	Durham	6 Jul 1885	Co I 47th
Brown	Peter A.	Eliza B.	Rowan	2 Jun 1885	Co A 18th
Brown	Seth B.	Lutitia	Forsyth	5 Jun 1885	Co A 21st
Brown	Stephen W.	Rebecca	Richmond	5 Jun 1885	Co B 33rd
Brown	T. J.	Mirah	Wilkes	6 Jul 1885	Co H 18th
Brown	William	Eliza	Halifax	6 Jul 1885	Co A 14th
Brown	William A.	Lydia	Moore	2 Jun 1885	Co D 49th
Brown	William H.	Julia	Lenoir	16 Jun 1885	Co A 40th
Brown	William L.	Martha A.	Watauga	23 Jun 1885	Co I 58th
Brown	Baker S.	Daphnia	Edgecombe	2 Jun 1885	Co I 17th
Browning	James F.	S. A.	Guilford	6 Jul 1885	Co K 45th
Bruce	Thomas C.	Barbra A.	Alexander	12 Jun 1885	Co G 38th
Bryan	J. J.	Martha A.	Wilson	5 Jul 1886	Co B 2nd
Bryant	Bart	Rebecca	Cumberland	23 Jun 1885	Co G 33rd
Bryant	Charles R.	Isabella	Sampson	26 Jun 1885	Co I 20th
Bryant	Columbus	R. E.	Buncombe	26 Jun 1886	Co K 25th
Bryant	James A.	S. E.	Polk	8 Jun 1885	Co F 34th
Bryant	Thomas	Susan	Davidson	8 Jun 1885	Co B 14th

date of soldier's death	Place of death	Cause of death	Other details
13 May 1864	PA	disease	
on or after 13 Dec 1862	Fredericksburg VA	wounds	
1864	Elmyra NY	gangrene	captured Jun 1864, taken first to Point Lookout
29 Jun 1864	Richmond VA	wounds	wounded 5 May 1864; couple married 8 Oct 1850
19 Sep 1864	VA	KIA	
27 Dec 1862	VA	disease	
7 Jan 1865	Coward's Bridge NC	disease	
on or after 15 Jan 1865	Fort Fisher NC	KIA	MIA
1 Jul 1863	MD	KIA	
May 1862	Richmond VA	disease	
Dec 1862	Mt. Jackson VA	disease	
19 Dec 1863	Martin Co NC	disease	died at home on sick furlough
Aug 1863	Mt. Jackson VA	disease	couple m. 2 May 1861 Wilkes Co NC
5 Jan 1864	Raleigh NC	disease	
7 or 9 Nov 1862	Jacksboro TN	disease	wife also called Myrah on application
2 Sep 1864	Richmond VA	disease	
24 Jan 1862	VA	disease	
18 Jul 1864	Staunton VA	disease	
19 Sep 1864	Winchester VA	wounds	wounded and taken prisoner at Cedar Creek VA
21 Sep 1864	Petersburg VA	KIA	
20 Jun 1864	Winchester VA	KIA	
1 Jul 1863	Gettysburg PA	KIA	
12/13 Apr 1863	Camp Gregg VA	disease	
4 Jul 1863	Gettysburg PA	wounds	wounded 1 Jul 1863
17 Feb 1863	Lynchburg VA	wounds	wounded 7 Feb 1863
1 Sep 1863 (sic)	Sharpsburg MD	KIA	
17 Sep 1862	Sharpsburg MD	KIA	
1 Apr 1865	Dinwiddie Courthouse VA	KIA	
15 Feb 1862	near Wilmington NC	disease	
May 1862	Richmond VA	disease	
Aug 1864	Richmond VA	wounds	captain; wounded 25 Aug 1864 Reams Station VA
1 Jul 1864	Point Lookout MD	disease	
31 May 1862	Seven Pines VA	KIA	
12 May 1863	Chancellorsville VA	KIA	
15 Oct 1864	Wake County NC	disease	
Jan 1863	NY	disease	
16 Apr 1862	VA	disease	
3 May 1863	Chancellorsville VA	wounds	
1 Nov 1864	Elmyra NY	disease	captured 12 May 1864
28 Dec 1861	near Smithfield VA	disease	
15 Jul 1862	Drewry's Bluff VA	disease	
11/15 Mar 1865	Kinston NC	wounds	wounded 8 Mar 1865 Cabin Branch Battle near Kinston; couple m. 7 Jun 1857 Lenoir Co NC
16 Mar 1863	Jacksboro TN	disease	
1 Nov 1864	Edgecombe Co NC	wounds	wounded Cold Harbor and died at home
	Point Lookout MD		no dates given
Mar 1865	Petersburg VA	wounds	wounded Dec 1864
14 May 1864	VA	KIA	
14 Mar 1862	NC		
12 Mar 1870	Sampson Co NC	wounds	wounded at Gettysburg
10 Jul 1864	VA	KIA	
27 Jun 1862	VA	KIA	
17 Sep 1862?	MD	KIA	year not actually given

Surname	Soldier's First Name	Widow's First Name	County of application	Date of application	Company & regiment
Bryson	M. M.	Ann	Jackson	2 Jul 1885	Co H 62nd
Bryson	Thomas	S. H.	Cherokee	2 Jul 1885	Co D 25th
Buchanan	Calvin K.	Mary A.	Guilford	6 Jul 1885	Co E 22nd
Buchanan	Eli	Jane	Mitchell	1 Jun 1885	Co K 55th
Buchanan	George	Elizabeth	Mitchell	18 Apr 1885	Co I 29th
Buffkin	E. J.	Celia J.	Columbus	4 Jun 1885	Co G 51st
Bullard	Charles M.	Malissa	Anson	4 Jun 1885	Co H 43rd
Bullin	Jesse	Lucinda	Surry	16 May 1885	Co H 21st
Bullis	Benjamin F.	Mira	Wilkes	16 May 1885	Co C 26th
Bullis	Sidney	Violet	Wilkes	3 Jun 1885	Co F 52nd
Bulluck	Theophilus	Sallie	Edgecombe	26 Jun 1885	Co C 44th
Bumgarner	Andrew	Letty	Alexander	1 Jun 1885	Co G 37th
Bumgarner	D. L.	Amanda	Alexander	15 Jun 1885	Co G 37th
Bumgarner	George W.	Mary	Caldwell	15 Jun 1885	Co H 58th
Bumgarner	Tobias	Sarah	Alexander	12 Jun 1885	Co G 27th
Bunce	Hiram	Lucinda	Cumberland	19 Jun 1885	Co J 51st
Bunch	William	Harriet	Gates	3 Jun 1885	Co H 5th
Bunda	William	Zilpha J.	Johnston	3 Jun 1885	Co C 53rd
Bundy	George D.	Mary T.	Johnston	3 Jun 1885	Co I 24th
Bunn	James M.	Margaret A.	Nash/ Wilson	6 Jul 1885	Co A 47th
Bunn	Josiah	Margaret	Nash	6 Jul 1885	Co B 47th
Bunn	R. H.	Nancy	Greene	6 Jul 1885	Co K 33rd
Bunnell	Stephen Pinkey	S. P.	Cumberland	3 Jul 1885	Co E 52nd
Burchett	James	Nancy	Surry	4 May 1885	Co I 18th
Burgess	Colton	Margaret	Ashe	6 Jul 1885	Co A 37th
Burgess	Samuel	Catherine	Randolph	6 Jul 1885	Co D 22nd
Burleyson	Lee	Elizabeth	Stanly	4 Jul 1885	Co A 5th
Burleyson	Nathan	Martha J.	Stanly	4 Jul 1885	Co H 14th
Burnett	Alfred	Hester M.	Haywood	6 Jul 1885	Co F 25th Co I 34th
Burnett	Burwell	Martha	Franklin	29 May 1885	Co K 44th
Burnett	Calvin	Irena	Franklin	17 Jun 1885	Co A 47th
Burney	Daniel	Sarah	Columbus	27 Jun 1885	Co H 51st
Burns	Elisha H.	Martha J.	Chatham/ Moore	2 Jun 1885	Co G 48th
Burnsides	William W.	Elizabeth	Guilford	6 Jul 1885	Co B 27th
Burrow	Charles W.	Susan F.	Randolph	6 Jul 1885	Co A 6th
Burton	George W.	M. A.	Iredell	6 Jul 1885	Co H 4th
Bushee	W. J.	Nancy	Cumberland	1 Jun 1885	Co D 43rd
Butcher	Nicholas F.	Nancy	Surry	5 Jun 1885	Co H 21st
Butler	Joseph	Isabella	Sampson	11 Feb 1886	Co A 30th
Butts	Jesse	Susan	Halifax	16 Jun 1885	Co K 1st
Butts	Matthew W.	Martha	Halifax	13 Jun 1885	Co K 1st
Byers	Hiram L.	Annie C.	Iredell	6 Jul 1885	Co H 56th
Byrd	Bright D.	Lucinda	Harnett	18 Jul 1885	Co H 50th
Byrd	H. Wade	Martha	Montgomery	28 May 1885	Co F 44th
Byrd	John	Eliza	Wilkes	8 Jun 1886	Co D 33rd
Byrd	John G.	Delilah	Union	17 Jun 1885	Co E 48th
Byrd	William	Elizabeth	Wilkes	6 Jul 1885	Co D 33rd
Caddell	Archibald	Sarah A.	Moore	6 Jul 1885	Co D 49th
Cagle	John	Jane	Montgomery	4 May 1885	Co E 5th
Calais	John D.	Sarah	Cumberland	18 Jun 1885	Co G 33rd
Calcut	G. D.	Zilphia	Cumberland	18 Jun 1885	Co C 3rd
Caldwell	Marcus	Catherine E.	Gaston	30 May 1885	Co H 52nd
Calhoon	Nahi B.	Jeanetta	Guilford	19 Jun 1885	Co C 45th
Calicott	Charles	Martha	Montgomery	2 Jun 1885	Co K 34th
Callaway	Alfred	Mary	Stanly	6 Jul 1885	Co D 28th

date of soldier's death	Place of death	Cause of death	Other details
	Camp Douglas IL POW camp		no date given
1 Oct 1864	NC	disease	
Mar 1864	Greensboro NC		
2 Jan 1864	Atlanta GA	disease	taken sick at Chattanooga
15 Nov 1861	NC	disease	
Apr 1863	Columbus Co NC	disease	died at home on sick furlough
18 Jul 1864	Snicker's Gap VA	KIA	
1 Jul 1863	Gettysburg PA	KIA	
10 Feb 1864	Point Lookout MD	disease	
14 Jun 1862 or 1 Sep 1862	Raleigh NC	disease	
28 Jun 1865	Fortress Monroe VA	disease	
20 Jun 1862	VA	disease	
26 Jun 1862	near Richmond VA	KIA	MIA after Seven Days Battle
20 Sep 1863	Ringgold GA	wounds	wounded 18 Sep 1863 Chickamauga GA
24 Jul 1862	Lynchburg VA	disease	
16 May 1864	Drewry's Bluff VA	KIA	
5 May 1862	Williamsburg VA	KIA	
19 Feb 1863	VA	disease	
24 Jun 1864	Petersburg VA	KIA	
15 Sep 1862	VA	disease	two different dates on same application
15 May 1863	SC	disease	
Feb 1862	New Bern NC		
1862	Cumberland Co NC	disease	died at home on sick furlough
15 Sep 1862	Sharpsburg MD	KIA	
15 Nov 1864	Petersburg VA	disease	
24 Aug 1862	near Fredericksburg VA	KIA	
16 Jun 1864	VA	KIA	
16 Jun 1863	VA	wounds	
24 Jun 1864	near Petersburg VA	KIA	started in 25th as 1st Lt; discharged & returned in 34th
15 Mar 1864	Point Lookout MD	disease	captured 14 Oct 1863 Bristoe Station VA
	Point Lookout MD		no date given
1863	Elmyra NY	disease	
7 Nov 1874	Chatham Co NC	wounds	wounded 1 Sep 1863 Bristoe Station VA
28 Dec 1864	Danville VA	wounds	wounded Bristoe Station VA
3 Jul 1863	Gettysburg PA	KIA	
Jun 1862	Seven Days Battle VA	KIA	
14 Feb 1865	Camp Morton IN	disease	captured 5 Jun 1864 VA
Aug/Sep 1861	Manassas VA	disease	
9 May 1864	near Spotsylvania Courthouse VA	wounds	died after leg was amputated
8 Sep 1862	Halifax Co NC	disease	sent home sick from Richmond VA
Nov 1864	Elmyra NY	wounds	wounded & captured Mar 1864
Nov 1864	Richmond VA	disease	
30 Mar 1864	Wilmington NC	disease	
9/10 Sep 1863	near Orange Courthouse VA	disease	
10 Jun 1862	Lynchburg VA	disease	couple m. 23 Nov 1856 Wilkes Co NC
25 Aug 1864	Ream's Station VA	KIA	
7 Sep 1862	VA	disease	
1 Jul 1862	VA	KIA	
30 Nov 1864	VA		
3 May 1863	Chancellorsville VA	KIA	Captain
17 Sep 1863 (sic)	MD	KIA	
30 Oct 1863	Baltimore MD	wounds	wounded & captured at Gettysburg
1 Jul 1863	Gettysburg PA	KIA	
3 May 1863	Chancellorsville VA	KIA	
15 Feb 1863	Lynchburg VA		

Section I — Widow Applications

Surname	Soldier's First Name	Widow's First Name	County of application	Date of application	Company & regiment
Callaway	John C.	Mary	Stanly	18 Jun 1885	Co I 52nd
Campbell	John W.	Julia	Iredell	2 Jun 1885	Co H 4th
Campbell	Thomas	Thelma	Stokes	18 Jun 1885	Co G 53rd
Candle	Jesse W.	Lucinda	Anson	10 Jun 1885	Co H 14th
Canter	William	Delania	Wilkes	1 Jan 1885	Co G 18th
Cantrell	William	Mary	Polk	16 Aug 1887	Co C 25th
Canup	Miles	Elizabeth	Catawba	1 Aug 1887	Co F 38th
Capps	Nestus	Dicey	Johnston	20 Jun 1885	Co I 6th
Capps	Warren H.	Mary	Warren	30 Jun 1885	Co C 46th
Capps	William	Catherine	Johnston	3 Jul 1885	Co K 66th
Caraway	James W.	Elizabeth	Union	3 Jul 1885	Co I 40th
Cardwell	Parker	Bettie	Rockingham	18 Jun 1885	Co L 21st
Carlisle	Orren	Ann	Halifax	4 Jun 1885	Co F 43rd
Carlton	Absalom C.	Mary	Wilkes	1 Jun 1885	Co G 18th
Carlyle	Dennis L.	Flora Ann	Robeson	1 Jun 1885	Co D 51st
Carmichael	John W.	E. A.	Forsyth	6 Jun 1885	Co K 52nd
Carney	A. B.	Mary	Pitt	18 Jul 1885	Co E 55th
Carney	James R.	Jane	Pitt	6 Jul 1885	Co I 3rd Cavalry
Carpenter	Absalom	Frances	Gaston	10 Jun 1885	Co E 34th
Carpenter	David	Eva	Lincoln	3 May 1885	Co I 11th
Carpenter	Jacob	Elizabeth	Gaston	30 Jun 1885	Co C 37th
Carr	Obed	Elizabeth J.	Duplin	12 Jul 1886	Co E 30th
Carriker	M. W.	Margaret	Cabarrus	3 Jun 1885	Co K 31st
Carroll	Asa	Mary H.	Johnston	6 Jul 1885	Co C 53rd
Carroll	Dallas	Lilly Ann	Johnston	1 Jun 1885	Co C 53rd
Carroll	Haywood	E. J.	Columbus	1 Jun 1885	artillery
Carroll	John	Mary	Rockingham	4 Jun 1885	Co E 45th
Carroll	John	Penny Ann	Johnston	6 Jul 1885	Co E 14th
Carroll	John W.	Elizabeth	Cumberland	22 Jun 1885	Co I 51st
Carroll	Ransom	Lucinda	Johnston	2 May 1885	Co E 14th
Carroll	Stephen L.	Lydia	Orange	22 Jun 1885 21 Dec 1887	Co D 1st
Carson	J. T.	Charlotte	Jackson	1 Jul 1885	Co G 62nd
Carswell	William R.	Eliza	Burke	1 Jul 1885	Co F 6th
Carter	Barney	Laura	Cumberland	26 Jun 1885	Co G 33rd
Carter	Green	Hillia	Stanly	26 Jun 1885	Co A 27th
Carter	Lewis W.	Elizabeth	Gates	2 Jun 1885	Co C 52nd
Carter	Linton	Elizabeth	Duplin	5 Jun 1885	Co E 30th
Carter	Oliver	Susan	Lenoir	27 Jun 1885	Co E 61st
Carter	Peterson	Mary	Orange	2 Jun 1885	Co E 14th
Carter	William B.	Margaret	Cumberland	27 May 1885	Co D 43rd
Carver	Henry	Susan	Person	2 Jul 1885	Co E 15th
Carver	Jesse	Eliza	Person	22 Jul 1885	Co A 24th
Carver	Paul	Elizabeth	Person	2 Jul 1885	Co G 15th
Case	J. M.	A. C.	Cherokee	27 Jun 1885	Co D 25th
Case	John J.	Loucinda	Henderson	8 Jun 1885	Co G 35th
Cash	William	Cesmisinger	Durham	18 Jun 1885	Co B 6th
Cashwell	Edward	Elizabeth	Cumberland	1 Jul 1885	Co C 36th
Cate	Thomas E.	Nancy	Orange	2 Jun 1885	Co D 1st
Cates	William A.	Sarah	Alamance	1 Jun 1885	Co F 6th
Cathcart	John R.	M. E.	Mecklenburg	30 May 1885	Co K 56th
Cathey	George W.	Mary C.	Haywood	30 May 1885	Co I 62nd
Catlett	Benjamin	Eliza	Wake	15 Jun 1885	Co I 55th
Cauble	Franklin	Eliza	Montgomery	3 Aug 1885	Co C 47th
Cauble	Jesse W.	Lucinda	Anson	4 May 1885	Co H 14th

date of soldier's death	Place of death	Cause of death	Other details
1864	Elmyra NY	disease	captured Gettysburg
3 May 1863	Chancellorsville VA	KIA	
1865	VA		
after 6 Apr 1865	near Petersburg VA	disease	captured 6 Apr 1865 Danville VA
Jul 1863	Richmond VA	disease	
10 Jul 1863	VA	KIA	
12 May 1864	VA	KIA	name also found as Miles Kanup on roster
Feb 1865	Petersburg VA	KIA	
Apr 1862	near Raleigh NC	disease	
15 Feb 1864	NC	disease	
7 Dec 1862	Charlottesville VA	disease	
10 May 1864	Lynchburg VA	wounds	wounded Wilderness VA; couple m. 4 Feb 1848
30 Jul 1863	near Richmond VA	disease	
Aug 1863	Fort Delaware DE	disease	couple m. 8 May 1850 Caldwell Co NC
29 Sep 1862	NY	disease	
5 Jun 1865	Newport News VA	disease	was a POW
after Mar 1865		wounds	captured Mar 1865 VA
13 Jun 1864	Richmond VA	wounds	wounded Isle of Wight Courthouse VA; body claimed by father Reddick Carney
Mar 1863	Richmond VA	disease	widow resided Lincoln Co but applied Gaston Co
4 Jul 1863	Gettysburg PA	disease	
12 May 1864	Spotsylvania Court House VA	KIA	
15 Nov 1861	NC	disease	
18 Jul 1863	SC	wounds	wounded Battery Wagner
7 Jan 1863	VA	disease	
15 Apr 1865	Richmond VA	disease	
	Elmyra NY	disease	
5 May 1864	VA	KIA	
after Apr 1865	Point Lookout MD		captured Apr 1865 Petersburg VA
15 Jul 1864	Shohola PA	train crash	captured 1 Jun 1864 Cold Harbor VA
1863	MD	disease	
20/26 Jun 1862	Ellyson's Mill VA	KIA	
28 Jul 1864	Camp Douglas IL	disease	
Dec 1862	Richmond VA	disease	became ill after Battle of Fredericksburg
3 May 1863	VA	KIA	
10 Oct 1863	VA		
3 Jul 1863	Gettysburg PA	wounds	
25 Aug 1864	VA	KIA	
May 1864	VA		
6 Oct 1864	VA	wounds	wounded Winchester VA
11 Feb 1863	VA	disease	
1 Sep 1862	MD	wounds	wounded Battle of South Mountain MD
1 Mar 1865	near Petersburg VA	disease	taken sick and started home on train; buried South Boston VA
12 Nov 1862	Culpeper Courthouse VA	disease	
15 Jun 1864	near Petersburg VA	KIA	
26 Jun 1864	Petersburg VA	wounds	wounded 17 Jun 1864; captain
1 May 1862	Williamsburg VA	disease	
7 May 1863	Fort Fisher NC	disease	
5 May 1863	VA	KIA	
May 1865	VA	disease	
24 Nov 1864	Richmond VA	wounds	wounded 9 Nov 1864 Petersburg VA
15 Sep 1863	Cumberland Gap TN	disease	
3 Jul 1863	Gettysburg PA	wounds	
after 15 Nov 1864	Elmyra NY		captured 15 Nov 1864
Apr 1865	Point Lookout MD	disease	

Section I — Widow Applications

Surname	Soldier's First Name	Widow's First Name	County of application	Date of application	Company & regiment
Causby	John	Mary	Burke	3 Jun 1885	Co K 35th
Cavenaugh	O. E.	Mary	Duplin	27 Jun 1885	Co E 30th
Caveness	William S.	D. A.	Moore	27 Jun 1885	Co I 12th
Champion	Charles W.	M. E.	Forsyth	2 Jun 1885	Co G 2nd
Champion	J. M.	E. M.	Cleveland	5 Jun 1885	Co H 28th
Champion	Richard	Susan	Polk	15 Jun 1885	Co A 5th SC
Champion	Willis	Sarah	Cleveland	22 Jun 1885	Co B 34th
Chance	William Anderson	Elizabeth	Rockingham	27 May 1885	Co K 13th
Chandler	David A.	Frances	Mitchell	27 Jun 1885	Co K 58th
Chandler	Jesse T.	Lucinda	Person	6 Jul 1885	Co A 50th
Chapel	Daniel	Elizabeth	Union	4 May 1885	Co F 35th
Chapman	Edwin F.	Sarah	Alexander	12 Jun 1885	Co G 37th
Chapman	James	Polly	Burke	12 Aug 1885	Co B 54th
Chapman	Larken J.	Margaret	Alexander	22 May 1885	Co G 37th
Chapman	Peter	Margaret	Catawba	3 Jul 1885	Co C 10th Artillery
Chapman	Richard	Jennie	Burke	3 Jul 1885	Co A 6th
Chapman	Robert	Elizabeth	McDowell	2 Jul 1885	Co H 34th
Chapman	William	Nancy	Burke	27 Jun 1885	Co B 11th
Chappell	Allen	Jane	Wake	12 May 1885	Co G 7th
Charles	Andrew	Mary	Davidson	13 Jun 1885	Co F 3rd Cavalry
Chastain	A. M.	Jessamine	Transylvania	22 Jun 1885	Co K 62nd
Chastain	William	Elisabeth	Jackson	29 Jun 1885	Co G 62nd
Cheek	J. M.	Mary C.	Cumberland	18 Jun 1885	Co A 1st
Childers	Elijah C.	Lucinda	Swain	3 Jul 1885	Co A 16th
Childers	George P.	Sarah	Lincoln	2 Jul 1885	Co K 46th
Childers	James	Polly	Burke	2 Jul 1885	Co B 6th
Chilton	John H.	Louisa	Rockingham	1 Jul 1885	Co G 14th
Chisanberry	Thomas C.	Mary	Burke	1 Jun 1885	Co D 11th
Chrisown	Burton	Mary	Yancey	6 Jul 1885	Co A 49th
Christman	John	Mary	Guilford	6 Jul 1885	Co E 38th
Christopher	Ephraim	Elizabeth	Catawba	16 May 1885	Co F 23rd
Christopher	George W.	Martha	Orange	2 Jul 1885	Co I 9th Cavalry
Christopher	Leander C.	Clarinda	Polk	6 Jul 1885	Co I 54th
Christy	James Franklin	Mary	Iredell	1 Jun 1885	Co E 11th
Christy	William L.	Mary	Iredell	4 Jun 1885	Co C 48th
Church	James G.	Mina	Wilkes	4 Jun 1885	Co K 53rd
Church	Leander	Mary	Forsyth	6 Sep 1886	Co C 26th
Church	Robert	Levina	Forsyth	20 May 1885	Co F 10th
Church	William	Rebecca	Wilkes	4 May 1885	Co F 13th
Clanton	Francis	Catherine	Alexander	1 Jun 1885	Co B 37th
Clanton	William E.	Eliza C.	Wilkes	6 Jul 1885	Co B 26th
Clapp	Daniel M.	Mary J.	Guilford	6 Jul 1885	Co E 22nd
Clapp	Tubal A.	Nelly	Guilford	1 Jun 1885	Co H 1st
Clark	George	Mary	Burke	6 Jul 1885	Co E 16th
Clark	George W.	Permelia	Halifax	3 Jul 1885	Co K 1st
Clark	James A.	Rebecca E.	Pitt	3 Jun 1885	Co C 44th
Clark	John	Saphronia	Burke	3 May 1885	Co F 3rd
Clark	John A.	Christena	Rowan	29 Aug 1885	Co K 8th
Clark	John O.	Julia	Orange	8 Jun 1885	Co D 1st
Clark	John P.	N. B.	Wilson	1 Jul 1885	Co G 5th
Clark	Joshua	Dicy	Chatham	3 Aug 1885	Co I 32nd
Clark	Neill A.	F. C.	Robeson	6 Jul 1885	Co G 24th
Clay	Andrew M.	Elizabeth	Caldwell	3 Jun 1885	Co H 58th
Clay	W. S.	Catherine	Cleveland	22 Jun 1885	Co F 34th
Claybrook	Wesly	Frances	Rockingham	2 Jun 1885	Co A 45th
Clayton	M. Van	Eliza F.	Alamance	6 Jul 1885	Co E 35th

date of soldier's death	Place of death	Cause of death	Other details
Jun 1864	Burke Co NC	wounds	wounded Cold Harbor VA and died at home
1 Jul 1862	VA	KIA	
31 Mar 1865	near Dinwiddie VA	wounds	
4 Jul 1864 (sic)	Gettysburg PA	KIA	
30 Jun 1862	VA	KIA	
7 Jul 1862	Richmond VA	wounds	wounded Seven Days Battle; a NC resident
Aug 1864	VA	disease	
after 17 Oct 1862	VA	wounds	wounded 17 Oct 1862
30 Mar 1863	Jacksboro TN	disease	Lt.
6 Apr 1865	near Smithfield NC	disease	
24 May 1864	VA	KIA	transferred to Co F 49th before death
14 Oct 1864	Richmond VA	disease	
Mar 1863	VA	disease	
2 Apr 1865	near Petersburg VA	KIA	
14 Mar 1862	near New Bern NC	KIA	
after 9 Apr 1863	Washington D. C.	wounds	wounded & captured 9 Apr 1863 Petersburg VA
29 Sep 1864	Elmyra NY	disease	captured 5 May 1864 Wilderness VA
Mar 1865	Burke Co NC		killed by Home Guard
3 Jul 1863	Gettysburg PA	KIA	
9 Sep 1864	NY	disease	
4 Jul 1863	TN	disease	
15 Apr 1862	Greenville TN	disease	
9 Jul 1864	Wilmington NC		
May 1862	VA	disease	
21 Mar 1864	Lincoln Co NC	disease	died at home on sick furlough
10 Mar 1862	Culpeper Courthouse VA	disease	
4 Jan 1864	Richmond VA	disease	
Jul 1863	PA	KIA	
16 Nov 1861	Yancey Co NC	disease	
19 Aug 1864	near Petersburg VA	KIA	
1862	NC	train accident	
Nov 1862	Richmond VA	disease	
1 Sep 1863	near Richmond VA	disease	
2 Jul 1863	Gettysburg PA	KIA	
10 Dec 1862	Fredericksburg VA	KIA	
Mar 1865	Elmyra NY	disease	captured Mar 1865
Mar 1862	New Bern NC	disease	POW
14 Jan 1865	Fort Fisher NC	KIA	
1 Sep 1864	Richmond VA	disease	
10 Apr 1865	Elmyra NY	disease	captured 10 May 1864 Spotsylvania CH VA
2 Jun 1863	Spotsylvania Court House VA	KIA	couple m. 25 Sep 1861
3 May 1863	VA	KIA	
26 Aug 1862	near Richmond VA		
18 Sep 1864	Richmond VA	wounds & disease	
May 1864	near Spotsylvania Courthouse VA	wounds	
1863	Pitt Co NC	disease	
12 Aug 1863	Petersburg VA	disease	
after 20 Jun 1864	Elmyra NY		wounded & captured 20 Jun 1864
22 Apr 1880	Orange Co NC	disease	taken sick 8 Nov 1863 VA
5 May 1862	Williamsburg VA	KIA	affadavit by brother Sidney P. Clark
1 Dec 1862	VA		
21 Oct 1861	VA	disease	
9 Mar 1864	GA	disease	
27 Jun 1862	VA	KIA	
9 Jul 1862	VA	disease	
15 Apr 1862	VA	disease	

Section I — Widow Applications

Surname	Soldier's First Name	Widow's First Name	County of application	Date of application	Company & regiment
Clements	David	Hannah	Buncombe	2 Jul 1885	Co B 35th
Clifton	Wiley S.	Barbara	Wake	18 Jun 1885	Co K 24th
Clinard	Henry	Sarah	Forsyth	29 Jun 1885	Co H 16th
Cline	Amon	Nancy J.	Catawba	25 May 1885	Co K 46th
Cline	Barnett	Rhoda M.	Catawba	9 May 1885	Co K 42nd
Cline	L. H. G.	C.K.	Catawba	27 Jun 1885	Co B 57th
Cline	Noah	Sophia	Catawba	1 Sep 1885	Co C 8th Co C 28th
Cline	William P.	Catherine	Catawba	25 May 1885	Co K 46th
Clippard	Andy	Margaret	Caldwell	5 Jul 1886	Co A 22nd
Cloer	John A.	Nancy	Macon	4 May 1885	Co C 6th
Cloninger	Sidney	Elizabeth	Gaston	11 Jun 1885	Co B 28th
Clouse	J. N.	Martha M.	Iredell	11 Jun 1885	Co G 3rd
Clouts	Henderson	Katherine	Caldwell	20 Jun 1885	Co C 18th
Coats	Burwell	Mary	Harnett	20 Jun 1885	Co B 10th
Cobb	L. G.	Sarah Jane	Rockingham	5 Jul 1887	Co H 45th
Cobbler	Nicholas	Ailcy	Surry	2 Jun 1885	Co A 2nd
Coble	George G.	Mary Ann	Alamance	2 Jun 1885	Co I 57th
Cochrane	William C.	M. C.	Mecklenburg	3 Jun 1885	Co H 35th
Cockerham	Thomas	Elizabeth	Surry	2 Jun 1885	Co H 54th
Cody	Jesse	Mary	Gaston	4 May 1885	Co B 23rd
Coffey	Elbert	Eliza	Caldwell	15 Jun 1885	Co E 58th
Coggin	Isham	Sarah	Montgomery	16 May 1885	Co C 38th
Coggin	John J.	Sally Ann	Nash	8 Jun 1885	Co H 32nd
Coggin	William Willis	Pennie	Wilson	23 Jun 1885	Co H 32nd
Coker	Jesse	Penina	Union	22 Jun 1885	Co I 53rd
Cole	Andrew J.	Martha	Rockingham	27 Jun 1885	Co E 45th
Cole	Calvin C.	Mary Ann	Moore	13 May 1885	Co A 8th
Cole	William Thomas	Mary	Orange	22 May 1885	Co E 5th
Coleman	George W.	Catherine	New Hanover	30 May 1885	Co G 30th
Coleman	Levi P.	Virginia	Warren	4 May 1885	Co G 43rd
Coleman	Robert	Mary	Wilkes	14 Jul 1885	Co F 37th
Coley	Isah	Caroline	Stanly	2 Aug 1886	Co C 42nd
Coley	James W.	Christina	Stanly	2 Jun 1885	Co C 42nd
Collett	Robert W.	Sarah	Davie	15 Jun 1885	Co C 5th
Collins	Samuel P.	Susan	Orange	4 May 1885	Co A 31st
Collins	William	F. L.	Rutherford	6 Jul 1885	Co C 34th
Combs	John M.	Dovie	Iredell	4 Jul 1887	Co H 56th
Combs	Newton P.	Susan	Alexander	23 May 1885	Co H 56th
Conaway	Elijah	Elizabeth	Onslow	3 Jun 1885	Co G 3rd
Cone	Turner	Middie	Nash	1 Jul 1885	Co C 1st
Conley	Alfred L.	Mary	Burke	1 Jul 1885	Co F 58th
Conner	George W.	Nancy Ann	McDowell	13 Jun 1885	Co B 22nd
Conrad	John L.	Caroline	Forsyth	1 Jun 1885	Co L 54th
Cook	Able	Elizabeth	Catawba	1 Jun 1885	Co G 28th
Cook	David	Sarah	Cleveland	7 Jun 1885	Co B 30th
Cook	Eli	Christine	Halifax	17 Jun 1885	Co F 36th
Cook	H. H.	Elizabeth	Caldwell	13 Jun 1885	Co F 26th
Cook	James	Sarah	Franklin	6 Jul 1885	Co E 1st
Cook	John	Elizabeth	Gaston	22 Jun 1885	Co H 49th
Cook	Pettis	Nancy	Yadkin	19 Jun 1885	Co F 37th
Cook	William	Ann	Nash	4 May 1885	Co D Littlejohn's Bttn

date of soldier's death	Place of death	Cause of death	Other details
15 Dec 1862	VA		
26 Jul 1864	near Petersburg VA	KIA	
30 Sep 1864	Petersburg VA	KIA	
24 Sep 1864	Petersburg VA	disease	couple m. Apr 1848
Jul 1863	Catawba Co NC	disease	died at home on sick furlough; buried Saint Paul's graveyard
19 Oct 1864	Winchester VA	KIA	
Aug 1864	VA	wounds	died after his leg was amputated; two files with different regiments, apparently same man
5 May 1864	Wilderness VA	KIA	
19 Jan 1863	VA	disease	
7 Feb 1865	NC		
13 Dec 1862	VA	KIA	
4 Jan 1865	Davie Co NC	disease	
1 Nov 1862	VA	disease	
12 Aug 1863	Wilmington NC	disease	
3 Jul 1863	Gettysburg PA	KIA	
5 May 1863	Richmond VA	wounds	wounded Chancellorsville VA
1 May 1863	Chancellorsville VA	KIA	
1 Jul 1862	VA	KIA	
15 Jun 1862	Raleigh NC	disease	
15 Jun 1862	VA	disease	
15 May 1863	near Jacksboro TN	disease	
1 Apr 1865	near Petersburg VA	wounds	wounded in retreat from Petersburg, his comrades abandoned him in an empty house
Apr 1865	NY	disease	
13 Mar 1865	VA	disease	
2 Jan 1863	Raleigh NC	disease	
24 Oct 1863	Goldsboro NC	disease	
6 Apr 1864	Wilmington NC	disease	
13 Jun 1862	VA	disease	
30 Aug 1862	MD	KIA	
17 May 1864	VA	wounds	wounded at Drewry's Bluff VA
5 Jul 1862	VA		
15 May 1864	Elmyra NY		
12 May 1862	NC	wounds	wounded 2 Feb 1862 Shepardsville NC
Feb 1865	Elmyra NY	disease	captured 1864
16 May 1864	Drewry's Bluff VA	KIA	
Apr 1865	VA	disease	
4 Sep 1864	Iredell Co NC	disease	died at home on sick furlough
24 Nov 1864	Columbia SC	disease	captured 13 May 1864 Drewry's Bluff VA and imprisoned Ft Monroe VA and then Point Lookout MD and then Elmyra NY; died after being paroled
1 Jul 1862	Malvern Hill VA	KIA	
4 Apr 1865	NY	disease	
Oct 1862	Cumberland Gap TN	disease	
20 May 1864	near Spotsylvania CH VA	KIA	
13 Dec 1862	Fredericksburg VA	KIA	
10 Jan 1876	Catawba Co NC	wounds	wounded May 1864 Wilderness VA
2 Nov 1863	Richmond VA	disease	
Jun 1862	Smithfield NC	disease	
10 May 1862			
1 Feb 1862	VA		
1863	VA	disease	
7 Sep 1864	Winchester VA	wounds	
Feb 1865	NC	disease	

Section I — Widow Applications

Surname	Soldier's First Name	Widow's First Name	County of application	Date of application	Company & regiment
Cook	William Stephen	Charlotte	Franklin	4 May 1885	Co B 66th
Cooper	James	Eugenia	Martin	1 Jun 1885	Co C 17th
Cooper	John W.	Polly	Wilkes	13 Jul 1885	Co A 5th
Cope	Andrew	Cornelia A.	Davie	10 Jun 1885	Co D 42nd
Corbett	Jeremiah	Willie	Johnston	6 May 1885	Co K 14th
Corbett	William A.	Mary	Wayne	18 May 1885	Co H 2nd
Corbett	William M.	E. M.	Rutherford	6 Aug 1888	Co I 50th
Corbin	Robert P.	Martha	Beaufort	6 Aug 1888	Co E 4th
Corbitt	Dempsey	Millicent	Pitt	7 Jul 1885	Co E 27th
Corn	G. W.	Mary	Henderson	25 May 1885	Co E 64th
Cornwell	J. B.	Manerva	Henderson	22 May 1885	Co B 64th
Corzine	David M.	Mary	Cabarrus	11 Jun 1885	Co C 33rd
Costner	Christopher	M. A.	Cleveland	29 Jun 1885	Co K 49th
Coston	Hiram	Malinda	Onslow	29 Jun 1885	Co E 3rd
Cottle	Lewis Jackson	Louisa	Onslow	29 Jun 1885	Co G 3rd
Cotton	Thomas	Sarah G.	Chatham	22 May 1885	Co D 61st
Couch	Wesley D.	Frances J.	Durham	18 Jul 1887	Co G 5th
Courtney	George	Harriet	Union	27 Jun 1885	Co E 48th
Covert	N. L.	Elizabeth	Chatham	20 Jun 1885	Co D 61st
Covert	Virgil	Annie	Chatham	22 Jun 1885	
Coward	Samuel H.	Matilda	Jackson	13 Jun 1885	Co G 62nd
Cox	Charles	Orpaha	Onslow	13 Jun 1885	Co A 35th
Cox	David	Nancy	Ashe	4 Jun 1885	Co A 34th
Cox	Ebenezer	Elizabeth	Davidson	24 Jun 1885	Co B 48th
Cox	Eli	Sarah	Forsyth	1 Jun 1885	Co H 53rd
Cox	Elisha	Ouilla	Wilkes	7 Jul 1885	Co C 26th
Cox	H. B.	C. H.	Moore	24 Jun 1885	Co H 26th & Co D 48th
Cox	J. E.	Septa	Henderson	23 May 1885	Co I 16th
Cox	Joel R.	Nancy Jane	Wilkes	20 Jul 1885	Co H 53rd
Cox	John	Sarah	Ashe	2 Jun 1885	Co A 34th
Cox	Smith	Malinda	Watuaga/ Wilkes	30 Jun 1885	Co H 13th
Crabtree	William E.	Nancy	Orange	6 Jul 1885	Co G 28th
Crabtree	William F.	Mary J.	Alamance	29 Jun 1885	Co D 1st
Craft	Bryan	Charlotte	Onslow	17 Aug 1885	Co A 35th
Craft	Fred	Mary	Jones	15 Jun 1885	Co H 41st
Craig	Henry	Alice	New Hanover	6 Jul 1885	Co F 3rd
Craig	William A.	Sarah Catherine	Caldwell	3 Jul 1885	Co F 37th
Cranfill	Gideon	Sarah	Iredell	3 Jun 1885	Co G 4th
Cranford	Henry	Disey	Randolph	25 Apr 1885	Co I 22nd
Cranford	Ivey	Christian	Montgomery	3 Jun 1885	Co F 44th
Craven	Benton	Louisa	Randolph	25 Jun 1885	Co F 46th
Craven	William	Mary	Ashe	6 Jul 1885	Co D 18th
Crawford	Ivey	Elizabeth	Pitt	3 Aug 1885	Co C 44th
Crawford	Jesse	Fetney	Johnston	3 Aug 1885	Co C 5th
Crawford	Luther	Rebecca	Columbus	4 Jul 1885	61st
Crawford	Morrison	Adaline	Montgomery	23 May 1885	Co H 14th
Creasman	Joseph H.	Jane	Buncombe	6 Jul 1885	Co K 11th
Creece	K. D.	Sarah	Surry	22 Jun 1885	Co C 21st
Creighton	William	Carolina	Mecklenburg	26 May 1885	Co D 28th
Cremminger	William J.	Sarah S.	Cabarrus	4 Jun 1885	Co C 33rd

date of soldier's death	Place of death	Cause of death	Other details
	Point Lookout MD	disease	no date given
1 Jun 1864	VA		
12 Jan 1865	Salisbury NC	disease	couple m. 11 Sep 1849 Wilkes Co NC; he was a guard at POW camp
4 Dec 1864	NC	disease	
18 Oct 1863	Lynchburg VA	disease	
8 Aug 1861	VA	disease	
20 Jan 1865		KIA	
Jan 1885	Beaufort Co NC	wounds	wounded Seven Pines VA; was in VA regiment at that time
after 1865	Pitt Co NC	wounds & disease	wounded 1863 Bristoe Station VA
24 Feb 1865	Asheville NC	disease	
15 May 1864	Camp Douglas IL	disease	captured 9 Sep 1863
26/28 Jul 1864	Deep Bottom VA	KIA	captain
14 Jan 1862	VA	disease	
2 Feb 1862	VA	disease	
1864	NY	disease	
10 Nov 1862	NC	disease	
16 Jul 1864	Goldsboro NC	disease	
29 Jun 1862	Petersburg VA	disease	
9 Dec 1862	Greenville NC	disease	
15 Aug 1864	Washington NC	KIA	company & regiment not given
5 Mar 1862	Camp Douglas IL	disease	
30 Aug 1862	Richmond VA	disease	
3 May 1863	Chancellorsville VA	KIA	
17 Sep 1862	MD	KIA	
12 Feb 1863	Raleigh NC	disease	
3 Jul 1863	Gettysburg PA	wounds	
14 Feb 1869	Moore Co NC	wounds	discharged from 26th for poor health; wounded 15 Nov 1864 VA while serving 48th; leg amputated
18 Jun 1864	Frazier's Farm VA	KIA	
20 Mar 1864	Orange Courthouse VA	disease	
4 Apr 1862	NC	disease	
20 May 1864	near Spotsylvania Courthouse VA	KIA	
3 Jul 1863	Gettysburg PA	KIA	
Aug 1864	Point Lookout MD	disease	
27 Dec 1863		disease	
Sep 1864	NY		
5 May 1864	Wilderness VA	KIA	
25 Oct 1862	Winchester VA	disease	
13 Oct 1862	Winchester VA	disease	
Sep 1863	Dumfries VA	disease	
14/22 Dec 1862	near Kinston NC	KIA	
11 Sep 1862	VA	KIA	
15 Nov 1862	VA	disease	
1 May 1862	NC	disease	
8 May 1863	Williamsburg VA	wounds	
	Point Lookout MD	disease	captured Charleston SC; no dates or company given
7 Mar 1863	Raleigh NC	disease	
3 Jul 1863	Gettysburg PA	KIA	
Aug 1864	Winchester or Staunton VA	disease	
24 Jun 1862	Richmond VA	disease	
4 Jul 1862	Richmond VA	disease	

Surname	Soldier's First Name	Widow's First Name	County of application	Date of application	Company & regiment
Crep	J. Monroe	Jane	Anson	1 Jun 1885	Co F 5th
Cress	John M.	Sarah A.	Cabarrus	1 Jun 1885	Co A 52nd
Crews	John	Mary J.	Forsyth	20 Jun 1885	Co D 57th
Crisco	David S.	Elizabeth	Stanly	2 Jul 1885	Co H 42nd
Crocker	Everett	Ava	Johnston	30 Jun 1885	Co C 1st
Crotts	Joseph	Nancy	Cleveland	1 Jun 1885	Co C 55th
Crouse	Haywood	Rutha	Alleghany	21 May 1885	Co I 61st
Crow	Elija M.	Sarah	Cleveland	15 Jun 1885	Co C 38th
Crowder	Joseph	Ellen	Cleveland	4 Jun 1885	Co H 56th
Crowder	Richard	Michel	Polk	30 May 1885	Co E 64th
Crowder	Wiley	Winnifred P.	Warren	30 May 1885	Co F 8th
Crowse	Benjamin	Minty	Alleghany	26 Jun 1885	Co I 61st
Cruse	Paul	Mary	Cabarrus	2 Jul 1885	Co F 57th
Cruse	William	Emily	Cherokee	20 Jul 1885	Co E Walker's Bttn Thomas' Leg
Culbreath	H. J.	Malinda	Rutherford	23 Jun 1885	Co E 18th
Culler	John H.	Rebecca	Stokes	1 Jun 1885	Co I 21st
Cumbee	Solomon J.	Hannah	New Hanover	3 Aug 1885	Co D 36th
Cummings	David	Mary	Edgecombe	1 Jul 1885	Lloyd's Battery, Cubbel's Bttn
Cunningham	Hardy	Mariah	Pitt	3 Aug 1885	Co D 5th
Cunningham	Ivey	Nancy	Lenoir	1 Jun 1885	Co D 27th
Currie	Alexander B.	Harriet	Robeson	18 Jun 1885	Co D 46th
Currie	Duncan J.	Margaret	Cumberland	2 Aug 1886	Co H 46th
Currin	William	Elizabeth	Granville	11 Jun 1885	Co I 23rd
Curtis	Elijah T.	Celia	Anson	2 Jul 1885	Co I 43rd
Curtis	Merrit B.	Susan M.	Burke	7 Jul 1885	Co F 58th
Curtis	Thomas J.	Elmira	McDowell	1 Aug 1885	Co K 22nd
Cushing	Seburn	Charlotte	Martin	2 Jun 1885	Co E 17th
Cutheral	James N.	Nancy	Davie	2 Jun 1885	Co E 42nd
Cutts	John Allen	Nancy	Harnett	12 Jun 1885	Co I 31st
Dagenhart	George	Elizabeth	Alexander	12 Jun 1885	Co F 37th
Dail	Joshua	Maria A.	Perquimans	6 Jul 1885	Co F 11th
Dale	Alexander	Sarah	Burke	3 Jun 1885	Co F 3rd
Dale	Thomas Q.	Jemima	Greene	1 Jun 1885	Co K 33rd
Dallas	Hugh	Jeanette	Robeson	6 Jul 1885	Co D 51st
Danely	Henry	Hettie	Alamance	24 Jun 1885	Co K 47th
Daniel	Harrell	Louisa	Vance	28 May 1885	Co C 46th
Daniels	James	Sophronia	Rowan	20 Jun 1885	Co I 26th
Danner	Thomas	Mary	Yadkin	30 Jun 1885	Co D 42nd
Daughtry	George	Polly	Johnston	29 Apr 1885	Co C 50th
Davenport	James D.	Mary	Person	20 Jun 1885	Co A 50th
Davenport	Lewis	Sarah	Lenoir	22 Jun 1885	Co D 27th
Daves	William	Caroline	Rutherford	17 Jun 1885	Co I 56th
Davidson	William N.	C. E.	Polk	19 Jun 1885	Co E 18th
Davis	A. F.	Mary	Wake	30 Jun 1885	Co D 14th
Davis	B. P.	Mary A.	Jackson	6 Jul 1885	Co B 25th
Davis	D. H.	Annie E.	Martin	2 Jun 1885	Co K 3rd Cavalry
Davis	Edward W.	Catherine	Bladen	30 Jun 1885	Co K 40th
Davis	Franklin	Amanda	Davie	2 Jun 1885	Co F 13th
Davis	Franklin B.	Nancy	Brunswick	7 Jul 1885	Capt. Galloway's Co, Coast Gua
Davis	George	M. S.	Richmond	8 Jun 1885	Co D 46th
Davis	George R.	Roweany	Franklin	25 May 1885	Co K 12th
Davis	Hardy	Sally	Lenoir	6 Jun 1885	Co K 33rd
Davis	Henry	Delila	Randolph	6 Jul 1885	Co C 52nd
Davis	Hezekiah	Rebecca	Northampton	6 Jul 1885	Co H 32nd
Davis	James W.	Rebecca	Surry	22 Jun 1885	Co A 54th

date of soldier's death	Place of death	Cause of death	Other details
after 10 May 1864	Elmyra NY		captured 10 May 1864
17 Oct 1862	Petersburg VA	disease	widow brought body home for burial
25 Dec 1862	Richmond VA	disease	
20 Dec 1864	near Wilmington NC	KIA	name on roster as Cruses
Sep 1862	VA	disease	
15 Jul 1863	Fort Delaware DE	disease	
1 Mar 1865	VA		
1 Jul 1863	Gettysburg PA	KIA	
17 Jun 1864	Petersburg VA	KIA	
1 Jul 1864	Asheville NC	disease	
27 Nov 1861	Elizabeth City NC	disease	
30 Sep 1862	VA		
8/10 Apr 1863	Winchester or Lynchburg VA	disease	
8 Jun 1863	TN	disease	
Nov 1862	Mount Jackson VA	disease	
15 Nov 1862	VA	disease	
after 16 Jan 1865			captured Fort Fisher NC
30 Jun 1862	NC	disease	widow died by 6 Aug 1887
Aug 1861	VA	disease	
Dec 1863	VA	disease	
6 Feb 1863	VA	disease	
3 Apr 1865	Stony Creek VA	KIA	
10 Apr 1863	Fredericksburg VA	KIA	
2 Jun 1864	VA	KIA	
20 Oct 1862	Cumberland Gap TN	disease	
4/8 Jun 1862	McDowell Co NC	disease	died at home on sick furlough
23 Dec 1864	Point Lookout MD		captured 2 Oct 1864 Caffin's Farm VA
12 Oct 1862	Greensboro NC	disease	
29 Sep 1864	VA	KIA	MIA
15 May 1863	Guinea Station VA	wounds	wounded 4 May 1863 Chancellorsville
after Apr 1862		disease	enlisted 1 Apr 1862
15 Jun 1864	VA	wounds & disease	wounded 1 Jun 1864 Ashland Station
12 Oct 1862	VA		
17 Jun 1864	Petersburg VA	KIA	
4 Jul 1862	VA		
20 Sep 1864	VA		
after 14 Oct 1863	Point Lookout MD	disease	captured 14 Oct 1863
Aug 1864	VA		
10 Jan 1863	Picketts Factory VA	disease	
15 Jun 1863	VA	disease	
1 Mar 1864	Richmond VA	disease	
20 Apr 1864	Plymouth NC	KIA	
24 Oct 1864	NY	disease	
7 Sep 1864	Richmond VA	disease	
14 May 1863	Jackson Co NC	disease	died at home on sick furlough
10 Apr 1865	VA		
20 Apr 1865 or 15 Feb 1865	Elmyra NY	disease	captured Fort Fisher NC
Jul 1862	Richmond VA	wounds	wounded Gaines' Mill VA
20 Aug 1863	Oak Island, Brunswick Co NC	disease	
22 Sep 1862	VA	disease	
1 Sep 1864	Richmond VA	wounds & disease	wounded Fort Monroe
6 Dec 1862	Richmond VA	disease	
Jul/Aug 1864	VA	disease	
1 Sep 1863	VA	disease	
24 Mar 1864	Richmond VA	disease	

Section I — Widow Applications

Surname	Soldier's First Name	Widow's First Name	County of application	Date of application	Company & regiment
Davis	Jesse	Elizabeth	Nash	22 Jun 1885	Co A 47th
Davis	John B.	Susan	Gaston	25 Jun 1885	Co G 49th
Davis	Lewis	Hilah	Alexander	4 Jul 1885	Co I 55th
Davis	N. F.	M. A.	Cleveland	18 Jul 1885	Co B 34th
Davis	R. J. S.	Sarah	Bladen	4 May 1885	Co I 36th
Davis	Thomas W.	Manerva	Yadkin	26 Jun 1885	Co F 28th
Davis	Wesley T.	Adeline	Anson	11 Jun 1885	Co B 6th
Davis	William	Susan	Burke	14 May 1885	Co I 6th
Davis	William H.	Jane	Caldwell	2 Jul 1885	Co F 26th
Davis	William Jasper	Mary E.	McDowell	3 Jun 1885	Co A 49th
Davis	Williamson	Betsy	Wilson	22 Jun 1885	Co B 2nd
Dawkins	James	Martha	Anson	3 Jul 1885	Co C 10th Artillery
Dawson	John	Jane	Lenoir	6 Jul 1885	Co C 61st
Dawson	John W.	Mary	Rockingham	20 Jun 1885	Co K 13th
Day	Edward (Ned)	Elizabeth	Watauga	4 Jul 1885	Co K 42nd
Day	Hugh	Martha	Caldwell	4 Jul 1887	Co I 26th
Day	John	Susanna	Wilkes	1 Jun 1885	Co C 15th
Dayvault	Solomon	Mary	Davie	16 Aug 1887	Co F 42nd
Deal	Elcana	Susan	Catawba	28 May 1887	Co A 12th
Deal	Franklin W.	Martha Jane	Iredell	12 Jun 1885	Co G 42nd
Deal	George	Nancy	Burke	2 Jul 1885	6th
Deal	George W.	Jerima	Alexander	2 Jul 1885	Co F 57th
Deal	Goran	Mary	Caldwell	4 May 1885	Co A 12th
Deal	Levi	Harriet	Catawba	1 Jun 1885	Co C 28th
Deal	Noah	Margaret	Alexander	22 May 1885	Co A 37th
Deal	Peter	Mary Ann	Rowan	27 Jun 1885	Co B 4th
Deal	Thomas N.	Lucinda	Macon	17 Jun 1885	Co I 39th
Deanes	James W.	Barbara	Wayne	8 Jun 1885	Co H 2nd
Deaton	Martin S.	Mary A.	Montgomery	30 Aug 1885	Co G 14th
DeBorde	Ezra	Mary	Wilkes	2 Aug 1886	Co G 58th
Deggerhardt	Henry	Catherine	Catawba	30 May 1885	Co A 46th
Dellinger	Nathan	T. C.	Gaston	25 Jun 1885	Co H 34th
Dellinger	Peter	Fannie	Gaston	30 May 1885	Co E 12th
Dempster	John	Margaret	Mecklenburg	16 May 1885	Co E 39th
Denny	William N.	Elizabeth	Person	3 Jul 1885	Co A 24th
Denton	P. Henderson	Laura	Burke	27 Jun 1885	Co E 16th
Depriest	B. F.	Jane	Rutherford	22 Jun 1885	Co F 18th
Desem	Edward	Cornelia	Durham	6 Jul 1885	Co C 6th
Devenny	Robert G.	Mary	McDowell	1 Jun 1885	Co A 12th
Dew	Larry	Martha	Bladen	15 Feb 1897	Co F 24th
Dickens	William B.	Sylvester Willis	Halifax	13 Jun 1885	Co K 1st
Dickerson	Martin	Sallie	Vance	29 Jun 1885	Co G 30th
Dickerson	William	Catherine	Vance	5 Jul 1885	Co E 47th
Dickson	G. C.	Martha			18th
Dietz	C. F.	Lucinda C.	Catawba	6 Jul 1885	Co G 57th
Dixon	George	Martha	Burke	4 Jul 1887	Co I 18th
Dixon	John	Rachel	Gaston	9 Jul 1885	Co K 49th
Dixon	Joseph G.	Polly	Pitt	16 May 1885	Co E 55th
Dixon	Robert W.	S. J.	Cleveland	22 Jul 1886	Co K 49th
Dobbins	James	Sally Ann	Surry	16 Jun 1885	Co I 28th
Dodson	Jeremiah	Permelia	Stokes	20 May 1885	Co E 14th
Donaho	Henry F.	Caroline	Rowan	16 Apr 1885	Co H 5th
Donithan	William	Mary	Surry	2 Jun 1885	Co F 28th
Dowling	William	Mary	Warren	4 Jun 1885	Co C 12th
Downer	Francis	Sarah	Anson	23 Mar 1885	Co F 2nd

date of soldier's death	Place of death	Cause of death	Other details
Jan 1864	NC	disease	
3 May 1863	NC	disease	
1 May 1865	Dalton GA	disease	
27 Jul 1864	Danville VA	disease	
15 Jan 1865	NC	KIA	
7 Nov 1861	Yadkin Co NC	disease	died at home on sick furlough
1 Nov 1864	Anson Co NC	disease	died at home on sick furlough
Nov 1862	VA	disease	
1 Sep 1863	Caldwell Co NC	disease	died at home on sick furlough
16 Aug 1862	VA	disease	
2 May 1863	Fredericksburg VA	KIA	
14 Apr 1863	NC	disease	fell dead in ranks
10 Feb 1865	Point Lookout MD		captured 19 Aug 1864
16 Aug 1862	Cold Harbor VA	KIA	
Jun 1864	Cold Harbor VA	KIA	
1 Apr 1865	Richmond VA	disease	
Nov 1862	VA	disease	
1864	Davie Co NC	wounds	wounded VA 20 May 1864
Apr 1865	Catawba Co NC	disease	came home sick after the surrender
25 Jul 1864	Petersburg VA	KIA	
1864	VA	disease	no company given
14 Apr 1864	Petersburg VA	disease	
16 Aug 1862	VA	disease	
9 Jun 1863	VA	disease	
30 Aug 1862	Manassas VA	KIA	
12 May 1864	VA	KIA	
20 Dec 1862	NC	disease	
1 Jul 1862	VA	KIA	
1 Jan 1863	Leasburg VA	disease	
24 Nov 1863	Missionary Ridge TN	KIA	couple m. 30 Jan 1849 Wilkes Co NC; her maiden name was Boaz
Oct 1863	Bristoe Station VA	KIA	
3 May 1863	VA	KIA	
19 Sep 1864	VA	disease	
4 Jul 1863		KIA	
2 Mar 1864	White Sulphur Springs VA	disease	
3 May 1863	Chancellorsville VA	KIA	
21 Oct 1862	VA	disease	
1 Mar 1863	VA	disease	
1864	Elmyra NY	disease	
3 Sep 1861	VA	disease	
18 Mar 1865	Elmyra NY		wounded & captured May 1864
Jan 1865	Elmyra NY	disease	captured at Gettysburg
after Jul 1863	Richmond VA	wounds	wounded at Gettysburg
after 7 Apr 1863	Richmond VA		no application, just a letter from the soldier
19 Sep 1864	Winchester VA	wounds	
Feb 1864	Richmond VA	disease	
1 Aug 1863	VA		
after 3 Jul 1863	Fort Delaware DE		wounded & captured at Gettysburg
1 Jul 1862	VA	KIA	
28 May 1863	Richmond VA	disease	
16 Apr 1864	Richmond VA	wounds & disease	
Dec 1863	VA	disease	
20 Sep 1862	Richmond VA	wounds	wounded at Ox Hill VA
12 Jul 1864	VA	wounds	wounded at Spotsylvania Courthouse VA
3 May 1863	VA	KIA	

Surname	Soldier's First Name	Widow's First Name	County of application	Date of application	Company & regiment
Downs	Smith	Elisa	Caldwell	17 May 1887	Co F 26th
Driver	James K.	Mary Ann	Cumberland	13 May 1885	Co C 54th
Drum	Miles	Harriet	Catawba	29 May 1885	Co E 57th
Dry	Christopher	Martha	Stanly	25 May 1885	Co I 52nd
Dry	Daniel	Margaret	Stanly	29 Jun 1885	Co I 52nd
Dry	Moses	Susanna	Cabarrus	25 May 1885	Co H 8th
Duckworth	James	Rachel	McDowell	24 Jun 1885	Co B 54th
Duckworth	Thomas P.	Caroline	Lincoln	1 Jul 1885	Co K 30th
Duckworth	William	Catherine	Burke	8 Jul 1885	Co B 11th
Dudley	John	Jennette	Pitt	1 Jun 1885	Co E 55th
Duffy	George T.	Agnes	Onslow	2 Jun 1885	Co B 24th
Duggins	James F.	Julia	Stokes	2 Jun 1885	Co M 21st
Duggins	Marion	Rhody	Stokes	2 Jun 1885	Co H 22nd
Duke	Nash	Emily	Durham	1 Jun 1885	Co B 6th
Dulin	Henderson	Sarah	Cabarrus	3 Jul 1885	Co H 35th
Dulin	James	Nancy	Union	1 Jun 1885	Co B 26th
Dulin	Milton	H. S.	Mecklenburg	1 Jun 1885	Co I 48th
Dulin	Sugar	Elizabeth	Mecklenburg	1 Jun 1885	Co I 48th
Duncan	George W.	Jane E.	Yancey	6 Jul 1885	Co G 29th
Duncan	John W.	Jane	Richmond	4 May 1885	Co D 23rd
Duncan	Owen	Catherine	Columbus	3 Jun 1885	Co D 20th
Duncan	Robert	M. J.	McDowell	24 Jun 1885	Co K 22nd
Dunham	John A.	Susan	Bladen	15 Jun 1885	Co K 18th
Dunn	Asa	Chloris	Craven	29 Jun 1885	Latham's Artillery Battery
Dunn	David	Mascaline	Wake	4 Jul 1885	Co H 47th
Dunn	George	Elizabeth	Rowan	27 May 1885	Co K 30th
Dunn	John G.	Sallie	Johnston	13 Jul 1885	Co C 5th
Dunn	William	Salina	Rowan	1 Jun 1885	Co B 46th
Durham	Elisha	Mary	Orange	12 Jul 1885	Co G 27th
Dyer	James Henry	Sarah	Vance	7 Jul 1885	Co I 23rd
Earnhardt	Calvin M.	Caroline	Rowan	1 May 1885	Co K 5th
Earnheart	Peter	Catherine	Rowan	30 Jun 1885	Co D 42nd
Earp	Gaston	Sarah	Johnston	30 May 1885	Co C 24th
Earwood	J. P.	Sarah	Henderson	2 Jul 1885	Co A 25th
Eason	Alfred	Mary	Gates	2 Jun 1885	Co E 55th
East	John	Lydia	Stokes	29 Jun 1885	Co B 2nd
Eaton	Henry	Catherine	Lincoln	30 May 1885	Co E 34th
Eaton	John H.	Sarah	Forsyth	8 Jun 1885	Co B 11th
Eddins	Calvin S.	Martha	Anson	16 Jun 1885	Co K 43rd
Edmonds	John	Martha	Edgecombe	30 May 1885	Co B 44th
Edmonds	William H.	Hannah	Warren	21 Jul 1885	Co A 14th
Edmons	James T.	Rebecca	Surry	15 May 1885	Co H 21st
Edmonston	James	Mary	Wilkes	30 May 1885	Co C 26th
Edney	J. L.	Salina	Henderson	27 Jun 1885	Co A 25th
Edney	John C.	Mary	Henderson	27 Jun 1885	Co A 25th
Edwards	Alfred	Patsy	Pitt	30 May 1885	Co I 67th
Edwards	Burgess	Emily	Northampton	13 Jun 1885	Co E 56th
Edwards	Burwell	Edny Jane	Duplin	6 Jul 1885	Co A 43rd
Edwards	Charles	Martha	Franklin	27 Jun 1885	Co H 47th
Edwards	David	Margaret	Beaufort	2 Jun 1885	Co G 61st
Edwards	Ephraim W.	Cyrene	Edgecombe	8 Jun 1885	Co E 43rd
Edwards	Guilford	Catherine	Robeson	22 Jun 1885	Co D 18th
Edwards	J. W.	Elizabeth	Wilson	7 Jul 1885	Co F 61st

date of soldier's death	Place of death	Cause of death	Other details
Sep 1880	Caldwell Co NC	wounds	see Philip Icenhour
1 May 1863	VA	KIA	
13 Dec 1862	Fredericksburg VA	KIA	
3 Jul 1863	Gettysburg PA	KIA	
12 Nov 1862	Franklin VA	shot	accidentally shot in camp
20 Apr 1864	NC		
1864	VA		
12 May 1864	Lincoln Co NC	wounds	sent home after being wounded
1 Jul 1863	Gettysburg PA	KIA	
May 1864	Wilderness VA	KIA	
Sep 1862	near Monocacy MD	wounds	captain
Dec 1864	Stokes Co NC	disease	died at home on sick furlough
Oct/Nov 1861		disease	
after Jul 1863	Point Lookout MD	wounds	wounded & captured Gettysburg
Dec 1861	NC	disease	
1 May 1862	NC	disease	
17 Jul 1862	Richmond VA	wounds	wounded Seven Days Battle
6 Jan 1863	Richmond VA	wounds	wounded at Fredericksburg; Lt.
27 Jun 1862	TN	disease	
Jun 1864	Spotsylvania Court House VA	KIA	
	Fort Delaware DE		captured & never heard from again
1 Jul 1862	VA	KIA	
14 Dec 1862	VA	KIA	
after 14 Mar 1862			captured 14 Mar 1862
15 Aug 1864	VA	wounds	wounded Reams Station VA
Feb/Mar 1865	Elmyra NY	disease	
20 Mar 1863	Raleigh NC	disease	
Jan 1864	Elmyra NY		wounded & captured 11 Oct 1863 Bristoe Station VA
Jun 1865			captured Petersburg VA
5 Jun 1862	Richmond VA	disease	
4 Dec 1862	VA		
15 Oct 1864	Richmond VA	disease	
6 Mar 1863	Petersburg VA	disease	
13 Dec 1862	VA	KIA	
3 Jul 1863	Gettysburg PA	KIA	
15 Oct 1863 or Jul 1864	Petersburg VA or in prison	disease	
11 Sep 1862	VA		
1 Apr 1863	near Petersburg VA	disease	
Feb 1864	VA	disease	
after 20 Feb 1862		disease	enlisted 20 Feb 1862
Mar 1863	VA	disease	
Aug 1861	VA	disease	
31 Oct 1863		wounds	wounded at Gettysburg
19 Apr 1864	Plymouth NC	KIA	
6 Dec 1864	Camp Douglas IL	disease	captured 18 Jun 1864
Dec 1864	Savannah GA	disease	affadavit says captured Nov 1863 Pitt Co NC and sent to Point Lookout MD, then to Savannah GA
24 Aug 1864	Reams Station VA	KIA	
20 Jan 1863	Goldston NC	disease	
3 Jul 1863	Gettysburg PA	KIA	MIA
30 Sep 1864	Fortress Monroe VA	wounds	wounded & captured Fort Harrison VA
1 Jun 1864	Winchester VA		
	Hanover Courthouse VA	KIA	
1 Mar 1865	Point Lookout MD	disease	captured 3 Sep 1864 Fort Harrison VA

Section I — Widow Applications

Surname	Soldier's First Name	Widow's First Name	County of application	Date of application	Company & regiment
Edwards	James J.	Matilda	Franklin	6 Jul 1885	Co F 47th
Edwards	John	Sarah	Chatham	6 Jul 1885	Co F 33rd
Edwards	John H.	Sally Ann	Lenoir	7 Jul 1885	Co A 24th
Edwards	John R.	Hulda	Yancey	4 Jul 1885	Co C 58th
Edwards	John T.	Malinda	Forsyth	4 Jul 1895	Co B 27th
Edwards	John T.	Mary Ann	Northampton	13 Jun 1885	Co I 59th
Edwards	Joseph T.	M. A.	Lincoln	21 May 1885	Co K 63rd
Edwards	Lemon R.	Narcissa	Nash	6 Jul 1885	Co A 43rd
Edwards	Robert	Polly	Yancey	6 Jul 1885	Co G 29th
Edwards	William J.	T. A.	Northampton	28 May 1885	Ellis' Co 3rd Artillery
Eggers	Adam	Sarah	Watauga	13 Jun 1885	Co D 58th
Eidson	Joseph R.	M. A.	Iredell	1 Jun 1885	Co H 4th
Ekard	William E.	Mary B.	Catawba	25 Jul 1885	Co H 55th
Eldreth	David	Eadith	Ashe	28 Jul 1885	Co A 37th
Eldreth	John	Malinda	Ashe	6 Jul 1885	Co A 37th
Elkins	Nathan	Martha Matilda	Buncombe	5 May 1885	Co K 25th
Eller	David	Polly	Wilkes	22 Jun 1887	Co K 53rd
Eller	Edward	Eliza	Rowan	6 Jun 1885	Co B 4th
Ellington	Edward	Ann	Rockingham	1 Jul 1885	Co H 45th
Elliott	M. C.	Mary	Stanly	2 Jun 1885	Co F 44th
Elliott	Pleasant L.	Rebecca Jane	Montgomery	1 Jun 1885	Co A 44th
Ellis	E. F.	L. M.	Alexander	12 Jun 1885	Co H 55th
Ellis	John Jr.	Flora	Cumberland	15 Jun 1885	Co K 38th
Ellis	Thomas P.	P. A.	Chatham	15 Jun 1885	Co G 40th
Ellison	George W.	Winnie	Polk	23 May 1885	Co G 60th
Ellison	Urbin D.	E. J.	Randolph	6 Jul 1885	Co H 44th
Elvington	Daniel	Nancy	Brunswick	6 Jul 1885	Co C 20th
Emerson	John M.	Sarah	Chatham	3 Jun 1885	Co K 12th
Emmett	John	Sarah	Pasquotank	1 Jul 1885	Co C 56th
English	James C.	J. M.	Burke	13 Jun 1885	Co B 54th
Enloe	A. M.	R. A.	Jackson	29 Jun 1885	Co F 29th
Ennis	Needham	Eliza	Johnston	6 Jul 1885	Co B 8th
Ensley	Stanly	Delia Ann	Hyde	1 Jul 1885	Co H 35th
Epley	John	Delia	Burke	3 Jun 1885	Co A 6th
Epps	James	Mary	McDowell	30 Jun 1885	Co B 35th
Ervin	William	Fanny	Polk	15 Aug 1885	Co A 5th SC
Erwin	George	Catherine	Transylvania	20 Jun 1885	Co E 65th
Estes	Richard B.	Susan	Rockingham	2 Jun 1885	Co H 45th
Estis	William T.	Matilda	Moore	6 Jul 1885	Co E 2nd
Estridge	David	Nancy	Ashe	2 Jun 1885	Co A 26th
Etchison	S. W.	Pauline	Davie	2 Jun 1885	Co B 10th VA Cavalry
Etheridge	Ransom	Elizabeth	Halifax	22 Jun 1885	Co F 36th
Ethridge	Thomas	Lurany	Wilson	25 Jun 1885	Co C 43rd
Eudy	Malachi	Nancy	Stanly	16 Mar 1886	Co F 29th
Eudy	Wilson	Mary	Stanly	4 Jul 1885	Co F 5th
Eure	Daniel	Martha	Gates	11 Aug 1886	Co H 5th
Eure	James R.	Martha	Gates	4 May 1885	Co A 52nd
Eure	Joseph	Martha	Gates	4 May 1885	Co E 33rd
Evans	David K.	Nancy	Alleghany	6 Jul 1885	Co K 37th
Evans	Ephraim R.	Elizabeth	Johnston	5 Jul 1886	Co I 40th
Evans	George	Artelia	Wake	1 Jul 1885	Co I 55th
Evans	Haywood	Isabella	Alamance	2 Jun 1885	Co K 6th
Evans	Henry	Effie	Moore	4 Jul 1885	Co D 45th
Evans	Isaac	Mary	Granville	6 Jul 1885	Co F 17th

date of soldier's death	Place of death	Cause of death	Other details
10 May 1863	NC	disease	
15 Mar 1865	Elmyra NY		captured 15 Jul 1864 near Richmond VA
Dec 1864	Orange Courthouse VA	disease	
20 Apr 1863	TN	disease	
Jan 1890	Forsyth Co NC	disease	discharged from Point Lookout MD on 26 Jun 1865
Jun 1863	VA	KIA	
15 Oct 1863	NC	disease	
18 Jul 1864	MD		
1864	Atlanta GA	KIA	
15 Dec 1862	VA	disease	
2 Jan 1865	TN	disease	
Jun 1862	near Richmond VA	disease	
	VA	disease	no date given
12 Jun 1862	Governor's Island NY	disease	captured 27 May 1862 VA
27 May 1862	Hanover Courthouse VA	KIA	
1 May 1864	Richmond VA	wounds	wounded Drewry's Bluff VA
15 Sep 1862	Drewry's Bluff VA	disease	couple m. 1 Feb 1852
14 Mar 1862	Danville VA	disease	
17 Mar 1863	NC	disease	
8 May 1864	near Spotsylvania CH VA	KIA	
1 Nov 1863	Richmond VA	disease	
28 Oct 1862	Raleigh NC	disease	
11 Sep 1864	VA	disease	
1 Nov 1883	Chatham Co NC	disease	discharged sick 11 Oct 1863
20 Jul 1865		wounds	wounded & captured Murfreesboro TN
24 Oct 1863	Richmond VA	wounds	wounded 10 Oct 1863 Bristoe Station VA
28 Jun 1862	VA	KIA	
Aug 1864		disease	captured 15 Jun 1864 VA
2 Apr 1879	Pasquotank Co NC	wound & disease	invalided out 13 Jan 1865 after losing a leg 22 Aug 1864; Sgt; b. Philadelphia; occupation coach maker
16 May 1864	Drewry's Bluff VA	KIA	
8 Apr 1863	Jackson Co NC	disease	recruiting agent at time of death
1864	Wilmington NC	disease	
Oct 1862	Winchester or Mount Jackson VA	disease	
1864	Rappahannock River VA	wounds	
25 Jun 1862	VA	KIA	
28 Aug 1862	Gordonsville VA	disease	
after 14 Sep 1864	Elmyra NY	disease	captured 14 Sep 1864
3 Jul 1863	Gettysburg PA	KIA	
1 Oct 1862	Petersburg VA	disease	
2 May 1864	VA		
4 Feb 1863	NC	disease	
after 15 Jan 1865			captured Fort Fisher NC and never heard from again; wife was Elizabeth Moore
19 Oct 1864	Wilson Co NC	wounds	died at home
25 Nov 1864	Atlanta GA	wounds	
3 Jul 1863	Gettysburg PA	KIA	
1 Dec 1863	Culpeper Courthouse VA	disease	
1 Jul 1863	Gettysburg PA	KIA	
Feb 1862	NC	disease	
27 May 1862	VA		
26 Aug 1864	near Smithfield NC	disease	
3 Jul 1863	Gettysburg PA	KIA	
1861	VA	disease	
11 May 1862	NC	disease	
Mar 1865	Bentonville NC	KIA	MIA

Section I — Widow Applications

Surname	Soldier's First Name	Widow's First Name	County of application	Date of application	Company & regiment
Evans	John	Penny	Wilson	6 Jun 1887	Co B 2nd
Evans	John W.	Emily	Alleghany	25 Mar 1887	Co K 37th
Evans	S. J.	Franky	Alleghany	1 Jul 1885	Co A 1st
Everett	Joseph	Caroline	Edgecombe	16 Jun 1885	Co F 30th
Everitt	Shepherd S.	Jessie	New Hanover	2 Jun 1885	Co E 18th
Ewell	W. W.	Sarah	Martin	13 May 1885	Co I 17th
Fair	Lewis	Elizabeth	Bladen	19 Feb 1886	Co K 18th
Faircloth	Jonas	Delilah	Sampson	27 May 1885	Co C 54th
Fairfax	Thomas	Mary	Columbus	1 Jul 1885	Co G 51st
Fann	Wiley	Margaret	Sampson	8 Jun 1885	Co K 51st
Farmer	John A. Jr.	Martha	Lincoln	30 May 1885	Co G 57th
Farmer	Thomas S.	Rachel	Buncombe	6 Jun 1887	Co I 60th
Farr	David	Nancy	Iredell	1 Jul 1885	Co H 4th
Farr	Henry	Evaline	Burke	2 May 1885	Co D 11th
Faucett	William	Mary	Orange	14 May 1885	Co E 13th
Faucette	Robert	Martha	Alamance	6 Jun 1885	Co E 5th
Faulkner	Miles A.	Frances E.	Iredell	23 Aug 1886	Co G 37th
Felton	Joseph	Charlotte	Edgecombe	19 Jun 1885	Co F 61st
Felts	William Ransom	Mary	Warren	8 Jun 1885	Co A 12th
Ferguson	Davis	Catherine	Chatham/ Alamance	3 Jun 1885	Co C 3rd
Ferguson	Ely	E. R.	Cleveland	6 Jul 1885	Co C 55th
Ferguson	John	Margaret	Randolph	3 Jun 1885	Co A 10th
Ferrell	David W.	Frances	Randolph	22 Jun 1885	Co B 57th
Ferrell	Gabriel	Nellie	Wilson	30 Jun 1885	Co A 55th
Fields	Doctor	Marthany	Columbus	15 Jun 1885	Co K 20th
Fields	J. Yergan	Pheby	Moore	6 Jul 1885	Co G 48th
Finch	B. B.	Martha	Nash	17 Jun 1885	Co A 47th
Finch	Rufus B.	Lavinia	Nash	6 Jul 1885	Co A 47th
Fincher	William	M. J.	Union	24 Jun 1885	Co F 35th
Finches	Fetty V.	Caroline	Ashe	6 Jul 1885	Co A 4th
Fink	John M.	Sarah	Rowan	2 May 1885	Co K 3rd
Fink	S. P.	Polley	Stanly	15 Jun 1885	Co E 59th
Fischel	David	Nancy	Davidson	4 May 1885	Co H 48th
Fisher	Lawson	Martha	Lincoln	8 Jul 1885	Co K 49th
Fisher	Noah	Eliza	Catawba	8 Jul 1885	Co A 18th
Flannagan	Alfred	Temperance	Pender	30 Jul 1885	Co E 18th
Fleming	James	Latitia	Pitt	3 Jun 1885	Co E 47th
Fletcher	Andew	Charlotte	Forsyth	16 Jun 1885	Co K 48th
Fletcher	William H.	Hawkin	Durham	1 Jun 1885	Co I 47th
Flora	Larry	Martha	Greene	25 Jul 1887	Co G 5th
Flowers	Enoch	Arcaly	Wilson	6 Jul 1885	Co E 9th
Flowers	Thomas	Elizabeth	Cumberland	18 Jun 1885	Co C 3rd
Ford	Belton	Mary	Cleveland	25 Jun 1885	Co K 49th
Ford	Thomas G.	Sarah	Gaston	7 Mar 1887	Co A 29th
Fortner	John G.	Jane	Alexander	5 Jun 1885	Co G 37th
Foster	Anthony	Rachel	Wilkes	12 May 1885	Co C 26th
Foushee	W. D. R.	Louise	Alexander	14 May 1885	Co A 39th
Foust	L. C.	Elizabeth	Davidson	5 Jun 1885	Co D 14th
Fowler	James	Nancy	Wake	3 Jan 1886	Co G 48th
Fowler	Joseph H.	Rowan	Person	29 Jun 1885	Co A 24th
Fox	Miles	Prudence	Alexander	12 Jun 1885	Co A 18th
Fox	Solomon	Susannah	Alexander	3 Apr 1885	Co A 7th
Fox	William	Caroline	Alexander	27 Jun 1885	Co G 37th
Frady	Ervin	Sarah	Macon	3 Jun 1885	Co I 39th
Francum	James A.	Laura	Cherokee	4 Jul 1885	Co B 62nd

date of soldier's death	Place of death	Cause of death	Other details
Jul 1863	Sharpsburg MD	KIA	
14 Apr 1864	VA	disease	
15 May 1864	VA	disease	
Jul 1864	PA	disease	
3 Jul 1863	Gettysburg PA	KIA	
1 Nov 1864	NC	disease	
31 Mar 1863	VA	disease	
13 Dec 1862	VA	wounds	
30 Jun 1864	Petersburg VA	KIA	
3 Jun 1864	VA	KIA	widow d. before 24 Aug 1887
14 Jan 1863	near Port Royal VA	disease	
21 Nov 1862	TN	disease	
2 Jun 1862	Seven Pines VA	wounds	
after Jul 1863	Point Lookout MD	disease	captured at Gettysburg
Jul 1863	Gettysburg PA	KIA	
5 Apr 1862	VA	disease	
1 Aug 1864	Iredell Co NC	disease	died at home on sick furlough
30 Jul 1864	near Petersburg VA	KIA	
Sep 1862	Staunton VA	disease	
20 Jan 1865	Elmyra NY	disease	captured 20 Dec 1864 Fort Fisher NC
19 Dec 1863	VA	disease	
Jan 1864	Wilmington NC	disease	
25 Feb 1863	VA	disease	
12 Jun 1864	VA	KIA	
Mar 1864	VA	disease	
14 Nov 1864	VA	disease	
1 Jan 1863	VA	disease	
25 Apr 1863	VA	disease	
13 Dec 1862	Fredericksburg VA	KIA	
5 Dec 1863	Rapidan River VA	disease	
21 Feb 1862	VA	disease	
12 May 1863	Uppersville VA	wounds	
17 Feb 1863	VA	disease	
7 Jul 1862	Malvern Hill VA	KIA	
14 Aug 1863	NC	disease	
10 Aug 1863	Fort Fisher NC	wounds	discharged after being wounded, then enlisted in Co D 36th artillery
22 Jun 1863	Martinsburg VA		
17 Sep 1862	Sharpsburg MD	KIA	
12 May 1864	Point Lookout MD	disease	
Apr 1863	VA		
5 May 1864	Wilderness VA	KIA	
3 Jul 1864 (sic)	Gettysburg PA	KIA	
15 May 1862	Raleigh NC	disease	
6 Oct 1864	Atlanta GA	KIA	was originally in Mallett's Bttn
15 Aug 1864	Point Lookout MD		
15 Mar 1864	Richmond VA	wounds	wounded 1 Feb 1864; couple m. 14 Feb 1850
3 May 1863	Chancellorsville VA	KIA	
30 May 1864	VA		
1 Jul 1862	Franklin Farm VA	wounds	
17 Sep 1862	PA (sic)	KIA	
8 Feb 1864	VA	disease	
17 Sep 1862	MD	KIA	
27 Aug 1862	VA	KIA	
27 Jun 1862	TN	disease	
15 Apr 1864	IL	disease	captured 9 Sep 1863 KY

Surname	Soldier's First Name	Widow's First Name	County of application	Date of application	Company & regiment
Francum	William	Mary	Caldwell	27 Jun 1885	Co E 58th
Franklin	Isaac	Jane	McDowell	7 Sep 1885	Co G 13th
Freeland	Morrison	Ellen	Alamance	6 Jul 1885	Co F 6th
Freeman	E. Baty	Elizabeth	Rutherford	15 Jun 1885	Co G 6th
Freeman	Isaac	Sarah	Moore	2 Jun 1885	Co D 48th
Freeman	J. E.	Elizabeth	Rutherford		
Freeman	James A.	Elizabeth	Moore	22 Jun 1886	Co D 48th
Freeman	R. G.	S. A.	Buncombe	1 Jun 1885	Co A 60th
Freeman	Thaddeus	Isabella	Mecklenburg	1 Jun 1885	Co C 10th
Freeman	William	Betsy	Montgomery	26 Jun 1885	Co H 44th
Freeze	Jacob	Margaret	Catawba	1 Jun 1885	Co H 47th
Freeze	Jacob	Mary	Rowan	30 Jun 1885	Co C 49th
Friddles	John	Caroline	Caldwell	1 Jun 1885	Co J 26th
Frisland	John	Sarah	Iredell	30 May 1885	Co H 4th
Fronebarger	Jonas C.	M. E.	Gaston	2 Jun 1885	Co H 37th
Frye	James P.	Jane	Rowan	21 May 1885	Co B 42nd
Fulbright	M. L.	Semantha	Haywood	5 Jul 1886	Co C 25th
Fulk	George W.	Nancy	Stokes	5 May 1885	Co I 21st
Fuller	Henry A.	Ann	Granville	2 Jun 1885	Co G 47th
Funcannon	John W.	Mary S.	Alexander	20 Jun 1885	Co A 7th
Fuquay	John A.	Isabella	Harnett	6 Jul 1885	Co H 50th
Furr	Israel	Margaret	Stanly	15 May 1885	Co C 23rd
Furr	Tobias	Susannah	Cabarrus	25 Jul 1885	Co A 52nd
Futrell	Richard	Mary	Northampton	28 May 1885	Co D 32nd
Gainey	Hinton J.	May J.	Sampson	12 Jun 1885	Co H 20th
Gaither	Wiley	Margaret C.	Davie	2 Jun 1885	Co J 5th
Gale	J. H.	Sarah	Moore	30 May 1885	Co E 8th
Gale	Thomas L.	Frances	Anson	5 Jul 1885	Co I 43rd
Gallimore	James	Lovina	Davidson	6 Jul 1885	Co A 21st
Galloway	Thomas G.	Sarah M.	Transylvania	26 Jun 1885	Co E 25th
Gamble	Hugh L.	Charlotte	Wilkes	5 Sep 1887	Co D 33rd
Gant	Martin	Mary	Guilford	11 Jul 1887	Co F 45th
Gantier	John C.	Mary O.	Sampson	27 Jun 1885	
Gantz	Wiley	Nancy M.	Cabarrus	25 May 1885	Co B 4th
Gardner	Daniel	Nancy	Cleveland	3 Jun 1885	Co G 49th
Gardner	James L.	Annie E.	Cleveland	30 Jun 1885	Co G 44th
Gardner	Thomas S.	Mary J.	Cleveland	27 Jun 1885	Co I 38th
Garrard	J. Wesley	Sarah H.	Durham	8 May 1885	Co C 2nd
Garrison	Joseph L.	Susan F.	Alamance	21 May 1885	Co I 57th
Gaston	Robert H.	Isabella	Gaston	4 Sep 1885	Home Guard
Gates	Robert	Mary Ann	Orange	15 Jun 1885	Co D 56th
Gatling	Thomas C.	Eliza	Anson	14 Jul 1886	Co K 26th
Gay	Dempsey	Sallie Ann	Edgecombe	1 Jun 1885	Co K 17th
Gearman	Gabriel	Ann Jane	Harnett	25 Jun 1885	Co H 50th
Gentry	Andrew C.	Susan	Ashe	17 Jun 1885	Co A 37th
Gentry	Daniel	Sarah	Wilkes	1 Jun 1885	Co E 13th
Gentry	James	Polly	Madison	24 Jun 1885	
Gentry	Thomas R.	Susan	Person	11 Aug 1886	Co E 35th
Gentry	W. S.	E. V.	Buncombe	11 Jun 1885	Co A 60th
Germon	Stephen H.	Rebecca	Union	3 Jul 1886	Co F 48th
Gerringer	Felty (Voluntine)	Sallie	Alamance	25 Apr 1885	Co E 13th
Gibbon	John H.	Patsy M.	Gaston	30 Jun 1885	Co G 49th
Gibbs	J. S.	L. A.	Buncombe	6 Jul 1885	Co D 34th
Gibbs	William T.	N. L.	McDowell	2 Jun 1885	Co B 22nd

date of soldier's death	Place of death	Cause of death	Other details
after 25 Jul 1864			captured 25 Jul 1864 GA and d. unspecified prison
24 Jun 1864	VA	wounds	
1863	near Strasburg VA	KIA	no details given
26 Mar 1862	VA	disease	
17 Sep 1862	VA	KIA	
			empty folder
20 Mar 1865	Point Lookout MD	disease	
23 Apr 1863	Tullahoma TN	disease	was a POW
after 14 Oct 1863	VA	wounds	wounded 14 Oct 1863 Bristoe Station VA; corporal
1 Dec 1863			
3 Jul 1863	MD	KIA	
24 Aug 1862	VA	KIA	
15 Jun 1862	VA		
May 1862	VA	wounds	
29 Nov 1864	Gaston Co NC	wounds	wounded 25 Aug 1864 Reams Station VA and sent home
1863	Rowan Co NC	disease	died at home on sick furlough
25 Jun 1862	Seven Pines VA	KIA	
9 Feb 1863	Guinea Station VA or Danville VA	disease	two different places of death shown
Jun 1864	Gaines Mill VA	wounds	
3 Jul 1863	Gettysburg PA	KIA	
Apr 1865	Point Lookout MD	disease	
30 Jan 1863	Hanover Junction VA	disease	
Aug 1864	VA	wounds	wounded near Petersburg VA
1 Jul 1863	Gettysburg PA	wounds	
31 Jul 1862	VA	disease	
9 May 1864	Spotsylvania Court House VA	KIA	
1 Jun 1864	Cold Harbor VA	KIA	
30 Nov 1864	Harrisonburg VA	disease	
			Sept 1861 right arm broke at Richmond
11 Jun 1864	near Petersburg VA	disease	
23 Feb 1863	Lynchburg VA	disease	couple m. 28 May 1849
Jan 1863	Goldsboro NC	disease	
Aug 1862	NC	disease	company & regiment not given
28 May 1862	Richmond VA	wounds	wounded Seven Pines VA
1865	Point Lookout MD		
5 Jul 1862	Raleigh NC	disease	
3 Jul 1863	Gettysburg PA	KIA	
1 Jan 1865	Raleigh NC	disease	or d. 1864
14 Feb 1864	VA	wounds	wounded 7 Nov 1863 Rappahannock Bridge
16 May 1865	OH		
1864	VA	wounds	wounded at Petersburg
1 Jul 1863	Gettysburg PA	KIA	
Dec 1863	Wilmington NC	disease	
27 Dec 1864	Charleston SC	disease	
27 Apr 1863	VA		
Jan 1864	Gordonsville VA	disease	couple m. 2 Sep 1860 Wilkes Co NC
1 Jul 1863	VA		company & regiment not given
21 Apr 1864	NC	wounds	wounded at Plymouth NC
1864	GA	disease	
10 Mar 1864	Petersburg VA	disease	
3 Jul 1863	Gettysburg PA	KIA	
20 Oct 1864	VA	disease	
28 May 1865	Newport News VA		POW
14 Feb 1863	NC	disease	

Section I — Widow Applications

Surname	Soldier's First Name	Widow's First Name	County of application	Date of application	Company & regiment
Gibson	James M.	Harriet C.	Mecklenburg	6 Jul 1885	Co H 35th
Gibson	Nicholas	Frances	Rockingham	26 Jun 1885	Co A 45th
Gibson	Robert	Martha N.	Halifax	15 Jun 1885	Co F 43rd
Gibson	William	Sarah	Cleveland	15 May 1885	Co D 55th
Gilbert	Alfred	Catherine	Lincoln	2 Sep 1886	Co G 57th
Gilbert	Charles	Syntha L.	Alexander	3 Jun 1885	Co C 26th
Gilbert	Henry L.	Lucinda C.	Henderson	11 May 1885	Co G 56th
Gilbert	Marcus	Catherine A.	Lincoln	11 May 1885	Co I 11th
Gilbert	William D.	Margaret	Harnett	2 Jul 1885	Co H 50th
Giles	W. W.	Mary A.	Burke	4 Jun 1885	Co D 11th
Gillaspie	James	Martha	Surry	9 Jul 1885	Co I 18th
Gilleland	Thomas	Mary M.	Catawba	6 Jul 1885	Co I 49th
Gilley	David	Eliza	Rockingham	6 Jul 1885	Co A 42nd VA
Gilley	John	Hannah	Ashe	4 Jul 1885	Co L 58th
Gilliam	G. W.	M. E.	Northampton	20 Jun 1885	Co A 15th
Gilliam	Littleton	R. M.	Henderson	4 May 1885	Co H 25th
Gilliam	William Henry	Jemima	Orange	2 Jun 1885	Co F 33rd
Gilmore	Jasper H.	Elizabeth	Moore	23 May 1885	Co F 50th
Gilmore	Samuel	Margaret	Anson	4 Jul 1885	Co I 43rd
Gladden	James A.	Artalissa	Cleveland	13 Jul 1885	Co B 49th
Gladville	William C.	Candace	Wake	7 May 1885	Co H 2nd
Glaizner	Nathan M.	Martha	Transylvania	15 Jun 1885	Co D 6th
Glenn	Dudley	Elizabeth	Watauga	29 May 1885	Co D 58th
Glenn	Duncan C.	Mary Jane	Durham	13 Jun 1885	Co I 3rd
Glenn	E. Walker	Lucinda	Durham	26 May 1885	Co A Malletts Bttn
Glenn	H. C.	Caroline	Durham	23 May 1885	Co C 6th
Glidwell	John L.	Elizabeth	Stokes	2 Jun 1885	Co F 21st
Goble	Coburn	S. P.	Alexander	22 Jun 1885	Co A 7th
Goble	Lawson	Tempy	Caldwell	6 May 1885	Co I 41st
Goff	Andrew L.	Nancy	Stokes	15 Jun 1885	Co G 21st
Goff	William G.	Adaline	Stokes	6 Jun 1885	Co G 21st
Goins	Andrew	Rachel	Moore	15 Jun 1885	Co C 35th
Gold	A. J.	Celia L.	Wilkes	3 Jun 1885	Co A 13th
Golding	Thomas	Azine	Surry	1 Jun 1885	Co A 28th
Goldsmith	William	M. A.	Madison	23 Jun 1885	Co A 64th
Gooding	Carney	Elizabeth	Jones	3 Jun 1885	Co F 66th
Goodman	Christopher	Milley	Rowan	26 Jun 1885	Co A 46th
Goodman	Franklin	Emaline	Catawba	30 Jun 1885	Co I 49th
Goodman	George	Catherine	Rowan	2 Jun 1885	Sr Reserves
Goodman	John E.	M. K.	Iredell	25 Jun 1885	Co E 11th
Goodman	Martin	Louisa	Catawba	6 Jul 1885	Co F 32nd
Goodnight	James M.	Susana	Alexander	19 Jun 1885	Co F 37th
Goodnight	John H.	Margaret E.	Cabarrus	19 Jun 1885	Co L 17th
Goodson	W. A.	Elizabeth A.	McDowell	25 May 1885	Co A 49th
Goodwin	Clement	Emaline	Union	4 Jul 1885	Co E 45th
Goodwin	John	Lucy Ann	Chatham	4 Jul 1885	Co E 5th
Goore	Major H.	Mary F.	Duplin	21 May 1885	Co B 3rd
Gordey	John W.	Hester M.	Rowan	6 Jul 1885	Co A 20th
Gorrell	John	Jennie	Guilford	6 Jul 1885	45th
Gorrer	Henry S.	Winniford B.	Harnett	1 Jun 1885	Co D 36th
Goswick	Solomon	Nancy	Franklin	4 May 1885	Co F 8th
Grady	James	Nancy	Burke	8 Jun 1885	Co B 46th
Gragg	Alexander W.	Caroline	Watauga	2 Jun 1885	Co D 58th

date of soldier's death	Place of death	Cause of death	Other details
after 15 Mar 1864	NY		captured 15 Mar 1864
Mar 1865	Point Lookout MD	disease	
2 Jun 1863	near Fredericksburg VA	disease	
5 May 1864	Wilderness VA	KIA	
21 Feb 1865	Petersburg VA	KIA	
14 Oct 1863	VA		
10 Jun 1864	VA	disease	
1 Apr 1863	Gordonsville VA	disease	
Oct 1864	Raleigh NC	disease	
Dec 1863	Point Lookout MD	disease	captured in retreat from Gettysburg
Sep 1862	Charlestown VA (now WV)	wounds	wounded 16 Sep 1862 Sharpsburg MD
12 May 1865	Point Lookout MD		captured 1 Apr 1865 Petersburg VA
5 May 1864	Wilderness VA	KIA	
Aug 1863	Ashe Co NC	disease	died at home on sick furlough
21 Oct 1863	Richmond VA	disease	
1 Apr 1865	Petersburg VA	disease	
1862 or 1863	VA	disease	
1 Mar 1863	NC	disease	
18 Aug 1864	near Charlestown VA (now WVA)	wounds	
19 Mar 1884	Cleveland Co NC	wounds	left leg amputated 9 Nov 1864 VA
9 Oct 1864	Cedar Creek VA	KIA	
6 or 16 Mar 1865	near Kinston NC	wounds	
Oct 1862	TN	disease	
1 Sep 1862	VA	disease	
1 Aug 1864	Petersburg VA	disease	also served Collins Battery
17 Jul 1863	PA	KIA	
8 Aug 1864	Richmond VA	disease	
27 Oct 1861	Caroline City VA	disease	
15 Nov 1864	VA		
25 Sep 1862	Gordonsville VA	disease	
12 Oct 1862	Gordonsville VA	disease	
1 Jul 1862	VA	KIA	
30 May 1864	VA	disease	
Jul 1862	VA	disease	
Mar 1865	Camp Douglas IL	disease	captured 9 Sep 1863 Cumberland Gap TN
1 May 1864	Petersburg VA	wounds	wounded Bermuda Hundred VA
1 Aug 1863	Rowan Co NC	disease	died at home on sick furlough
11 Jul 1862	VA	disease	
1 Apr 1865	Rowan Co NC	disease	died at home on sick furlough
2 Jul 1863	Gettysburg PA	KIA	
May 1864	Catawba Co NC	disease	was discharged and sent home sick 2 Apr 1864
3 Dec 1862	Winchester VA	disease	
Jun 1864	near Petersburg VA	wounds	wounded near the Iron Bridge
6 Jun 1862	NC	disease	
13 Dec 1862	VA	KIA	
Feb 1865	Chatham Co NC	disease	sent home sick 15 Nov 1864
5 Dec 1862	Richmond VA	disease	
3 May 1863	VA	KIA	
	Guilford Co NC	disease	no date or company given
11 May 1865	Elmyra NY	disease	
17 Oct 1864	Hampton VA	wounds	wounded & captured 30 Sep 1864 Fort Harrison VA
16 Jun 1862	Drewry's Bluff VA	KIA	
5 Jun 1863	Knoxville TN	disease	

Surname	Soldier's First Name	Widow's First Name	County of application	Date of application	Company & regiment
Graham	Archibald W.	Alice	Moore	6 Jul 1885	Co G 24th
Graham	Daniel	Flora A.	Cumberland	1 Jun 1885	Co I 51st
Grant	Allen	Betsy Matilda	Lenoir/ Wayne	1 Jun 1885	Co H 2nd
Grant	John L.	Sallie	Lenoir	6 Jun 1885	Co I 9th
Graves	J. Ellis	Ellen	Davie	3 Jun 1885	Co E 42nd
Graves	Noah	Sarah J.	Randolph	3 Jun 1885	Co F 46th
Graves	Richard	Jane	Randolph	3 Jun 1885	Co I 22nd
Gray	Alexander	Susan J.	Lenoir	5 Aug 1885	Co E 47th
Green	Amos J. Sr.	Elizabeth	Buncombe	4 Jul 1887	Co F 14th
Green	Brazilla	Elizabeth	Watauga	18 Jun 1885	Co E 37th
Green	Bryant	Martha	Cumberland	1 Jun 1885	Co E 8th
Green	George W.	Arrena	Montgomery	20 Jun 1885	Co H 4th
Green	James L.	M. A.	Rutherford	25 Jun 1885	Co H 30th
Green	John	Wincy	Stanly	22 Jun 1885	Co C 23rd
Green	Maston	Mary	Montgomery	27 Jun 1885	Co H 44th
Green	Thomas	C. S.	Cleveland	15 Jun 1885	Co D 55th
Green	William H.	Didema	Rutherford	5 May 1885	Co H 28th
Green	William H.	Nancy	Haywood	22 Jun 1885	Co C 25th
Greenfield	William J.	Rosa	Caldwell	1 Jul 1885	Co D 9th
Greer	Edmond J.	Sarah A.	Wilkes	1 Jun 1885	Co B 55th
Greer	Jesse F.	Martha C.	Caldwell	21 May 1885	Co B 2nd
Gregg	Major	Mary	Mitchell	1 Jul 1885	Co E 6th
Gregory	Buck	Francis	Harnett	2 Jul 1885	Co I 31st
Gregory	Caspar W.	Mary A.	Halifax	2 Jul 1885	Co G 12th
Grier	John S.	Margaret	Gaston	27 Jun 1885	Co C 37th
Griffin	Abel	Mary	Wake	6 Jul 1885	Co F 5th
Griffin	Benjamin	Sally	Halifax	6 Jul 1885	13th
Griffin	George	Martha	Rutherford	1 Jun 1885	Co I 56th
Griffin	John T.	Susan	Stanly	30 May 1885	Co C 24th
Griffin	Minor	Elizabeth C.	Union	3 Jun 1885	Co E 48th
Griffin	W. D.	Harriett	Johnston	2 Jun 1885	Co B 10th
Griffin	William T.	Martha J.	Anson	29 Jun 1885	Co F 48th
Griffis	James H.	Lorenze	Wake	6 May 1885	Co C 31st
Griffis	John	Sarah	Halifax	6 Jul 1885	Co K 1st
Griffith	Harvey	Nancy	Alleghany	30 Jun 1885	Co K 57th
Grigg	William	Susan	Cleveland	8 Jun 1885	Co I 38th
Grimsley	Andrew	Martha J.	Robeson	8 Jun 1885	Co E 51st
Grimsley	George	Sarah	Robeson	22 Jun 1885	Co E 51st
Gross	Ephram	Fanny	Catawba	13 May 1885	Co F 55th
Groves	Joseph Jackson	Susanna E.	Cleveland	30 Jun 1885	Co H 23rd
Grubb	Henry A.	Lourina	Davidson	4 May 1885	Co A 54th
Gryder	Wiley W.	Elizabeth M..	Wilkes	27 Jun 1885	Co G 37th
Guess	William	Margaret J.	Orange	23 Jul 1887	Co D 1st
Guffy	John	Margaret	Rutherford	23 Jul 1887	Co G 50th
Gunter	S. M.	Darcus	Jackson	4 May 1885	Co G 62nd
Gupton	David	Elizabeth	Franklin	6 Jul 1885	Co K 44th
Gurganus	Alfred	Susan	Pender	27 Jun 1885	Co K 3rd
Gurganus	James A.	Hepsey M.	Pender	15 Jun 1885	Co K 3rd
Hackney	Albert G.	Louisa G.	Chatham	1 Jul 1889	Co E 26th
Hafer	John	Elizabeth	Alexander	24 Aug 1885	Co B 32nd
Hager	Philip	Harriett	Lincoln	27 Jun 1885	Co G 52nd
Hagler	Darling M.	Elizabeth C.	Cabarrus	23 Jun 1886	Co I 48th
Hagler	Hiram	Rosanah	Union	15 Jun 1885	Co H 30th

date of soldier's death	Place of death	Cause of death	Other details
after 25 Mar 1865	near Petersburg VA	wounds	wounded & captured 25 Mar 1865 Petersburg VA and died after his leg was amputated
15 Jul 1864	Shohola PA	train wreck	
1 Jul 1862	Richmond VA	disease	
29 Jul 1862	VA		
27 Feb 1863	NC	disease	
10 Aug 1862	Petersburg VA		
1862	VA	disease	
1 Dec 1864	Point Lookout MD	disease	
25 Aug 1862	Suffolk VA	disease	
18 Jul 1863	Watauga Co NC	disease	died at home on sick Furlough
15 Dec 1861	Roanoke Island NC	disease	
1864	Point Lookout MD	disease	captured 1 Sep 1863 Drewry's Bluff VA
Oct 1864	Elmyra NY		file is under widow's name
27 Sep 1863	VA		
May 1865	Hurt Island Prison NY	disease	
12 Nov 1864		disease	captured 3 Jul 1864 (sic) PA
22 Feb 1862	Wilmington NC	disease	
18 Jun 1864	Kenesaw Mountain GA	KIA	
1 Jul 1865	Morehead City NC	disease	
12 Feb 1864	Point Lookout MD	disease	couple m. 10 Nov 1852
22 Jul 1863	Salisbury NC	disease	died on his way home
25 Sep 1861	VA	disease	
after 18 May 1863	VA	wounds	wounded 18 May 1863 Drewry's Bluff VA; full name Alfred Buckner Gregory
21 Jun 1876	Halifax Co NC	murdered?	wounded 1 Jul 1863 Gettysburg & sent home an invalid; application says killed by another man
3 May 1863	Chancellorsville VA	KIA	
1 Jun 1864	near Petersburg VA	KIA	
24 Dec 1862	VA	disease	no company shown
20 May 1863	VA	wounds	wounded near Bermuda Hundred VA
1864	Point Lookout MD	disease	
1 Jun 1862	Goldsboro NC	disease	
20 Mar 1864	Wilmington NC	disease	
Oct 1862	Winchester VA	disease	
7 Apr 1862	Wake Co NC	disease	was home on parole
4 May 1864	Wilderness VA	KIA	
19 Jun 1864	VA	disease	
May 1864	VA	wounds	wounded at Gettysburg
Jun 1864	Cold Harbor VA	KIA	
May 1864	Drewry's Bluff VA	KIA	
17 Aug 1862	NC	disease	
30 May 1862	VA	KIA	
24 Jan 1863	Richmond VA	disease	
14 Jun 1863	Richmond VA	disease	couple m. 20 Feb 1849 Alexander Co NC
Sep 1862	Richmond VA	disease	
7 Aug 1862	Petersburg VA	disease	
25 Jul 1864	Camp Douglas IL		
20 Apr 1862	Franklin Co NC	disease	died while home on sick furlough
Sep 1862	VA	disease	
6 Nov 1862	VA	disease	
5 Mar 1865	Richmond VA	wounds	wounded 5 Feb 1865 Petersburg VA
Jul 1865	Alexander Co NC	wounds	wounded 2 Apr 1865 Petersburg VA
1863	VA	disease	
Feb 1863	Raleigh NC	disease	
12 Jul 1864	near Washington DC	KIA	

Section I — Widow Applications

Surname	Soldier's First Name	Widow's First Name	County of application	Date of application	Company & regiment
Hagler	Jacob	Nelly	Cabarrus	20 May 1885	Co E 52nd Cavalry
Hahn	Absalom	Barbara	Stanly	15 Jun 1885	Co D 14th
Haigler	John M.	Elvira	Caldwell	15 Jun 1885	Co B 18th
Hair	James E.	Sophia	Sampson	22 Jun 1885	Co A 36th
Hair	James Jr.	A. C.	Iredell	22 Jun 1885	Co B 57th
Hair	Perry	Mary M.	Ashe	4 May 1885	Co H 7th
Hair	R. O.	Sarah M.	Yadkin	1 Jun 1885	Co B 38th
Hair	Thomas	Patience	Buncombe	20 Jun 1885	Co H 60th
Hale	George	Julia A.	Halifax	27 Jun 1885	Co K 1st
Hale	J. J.	Nebuchad	Halifax	5 Sep 1885	Co D 43rd
Hale	Morgan B.	Sarah A. or Sally	Ashe	6 Jul 1885	Co F 22nd
Hall	Allison G.	Mary Catherine	Richmond	24 Jun 1885	Co E 52nd
Hall	Alvis	Disey	Montgomery	24 Mar 1885	Co A 2nd
Hall	James	Elizabeth	Alamance	5 May 1885	Co I 57th
Hall	James	Eva Caroline	Richmond	9 Jul 1885	Co H 14th
Hall	John	Urcilla	Rutherford	3 Jul 1885	Co K 16th
Hall	John A.	Mary J.	Cherokee	1 Jun 1885	Co C 39th
Hall	Joseph T.	Cirley	Nash	2 Jun 1885	Co A 47th
Hall	Leak	Sabra	Stokes	2 Jun 1885	Co G 53rd
Hall	Lewis	Larina	Duplin	13 Jun 1885	Co H 66th
Hall	Nicholas	Betsy Ann	Duplin	8 Jul 1885	Co A 38th
Hall	Thomas	Sally	Surry	1 Jun 1885	Co E 53rd
Hall	W. F.	Margaret	Buncombe	27 Jun 1885	Co E 60th
Hall	William H.	Mary	Montgomery	18 Jun 1885	Co K 34th
Ham	Joshua	Rena	Ashe	30 May 1885	Co L 58th
Hamel	Alexander	Mary C.	Gaston	4 Jul 1885	Co H 18th SC
Hamerick	Aaron B.	S. E.	Rutherford	27 Jun 1885	Co D 55th
Hamilton	Aldridge	Mary Jane	Wake	2 Jun 1885	Co E 24th
Hamilton	J. R.	M. M.	Mecklenburg	2 Jun 1885	Co C 37th
Hamilton	James	Nancy E.	Martin	5 Jul 1885	Co H 1st
Hamilton	W. P.	Martha	Cleveland	5 Jul 1885	Co I 56th
Hammett	B. F.	Nancy E.	Henderson	1 Jun 1885	Co G 35th
Hammonds	Wiley F.	Lydia	Columbus	6 Jul 1885	Co A 51st
Hammonds	William F.	Mary	Randolph	27 Jun 1885	Co B 52nd
Hammons	Oran	Phebe E.	Bladen	3 Jun 1885	Co B 18th
Hampton	Jonathan	Hannah L.	Clay	1 Aug 1887	Co C or H 39th
Hamrick	Asa	K. C.	Cleveland	11 Jun 1885	Co H 28th
Hamrick	Elijah	Emeline	Cleveland	30 May 1885	Co D 55th
Hamrick	W. C.	M. S.	Cleveland	2 Jun 1885	Co A 38th
Hanchey	B. W.	Nancy	Duplin	2 Jun 1885	Co E 30th
Hanchey	James W.	Celia A.	Duplin	3 Jun 1885	Co B 3rd
Hancock	Joseph	Catherine	Randolph	3 Jun 1885	Co B 47th
Handy	John	Gracy Ann	Ashe	20 Jun 1885	Co A 26th
Haneline	Jacob	Sallie	Davie	19 Jun 1885	Co G 57th
Hanes	Mijamond	Sarah Ann	Cleveland	29 May 1885	Co F 56th
Haney	David J.	Margaret J.	Union	11 Jun 1885	Co I 53rd
Hardin	Jesse	Artilica	Cleveland	4 Aug 1887	Co E 5th
Hardison	Bates B.	Caroline E.	Beaufort	4 Jun 1885	Co I Harris' Legion
Hare	Daniel	Lucinda	Sampson	30 Jul 1887	Co I 46th
Hare	James	Sophia	Sampson		
Hare	John C.	Louisa	Sampson	25 May 1885	Co E 2nd
Hare	Thomas Evans	Jinsey	Sampson	6 Jul 1885	Co I 46th
Hargett	Israel	Jane M.	Mecklenburg	19 Jun 1885	Co A 48th

date of soldier's death	Place of death	Cause of death	Other details
after Oct 1863	Point Lookout MD	disease	captured Oct 1863
15 Nov 1863	Richmond VA	disease	
3 Dec 1864	TN	disease	
15 Jan 1865	Fort Fisher NC	KIA	
after 3 Mar 1864	Point Lookout MD	disease	captured 3 Mar 1864 Brandy Station VA
13 Dec 1862	Fredericksburg VA	KIA	
2 May 1863	VA	KIA	
Sep 1863	GA	wounds	wounded at Chickamuga GA
27 Jun 1862	VA	KIA	
15 Sep 1862	Drewry's Bluff VA	disease	
15 Sep 1862	VA	wounds	wounded May 1862
24 Feb 1863	Wilson NC	disease	
Sep 1862	VA	disease	
1 Jan 1863	Richmond VA	wounds	wounded Dec 1862 Fredericksburg VA
17 Apr 1885	Richmond Co NC	disease	wounded 3 May 1863 VA
22 Jun 1864	VA		
8 Nov 1862	Lenoir Station TN	disease	
22 May 1865			POW
Jan 1863	Drewry's Bluff VA	disease	
9 Jul 1864	VA	wounds	wounded 8 Jul 1864 near Petersburg VA
3 Jul 1863	Gettysburg PA	KIA	
1 Jul 1863	Gettysburg PA	KIA	
20 Sep 1863	Chickamauga GA	KIA	
3 May 1863	Chancellorsville VA	wounds	
15 Oct 1863	Ashe Co NC	disease	sent home sick from Jacksboro TN
30 Jul 1864	Petersburg VA	KIA	killed in mine explosion
8 Sep 1864	Richmond VA	disease	
Jan 1864	near Petersburg VA	KIA	
13 Dec 1862	VA	KIA	
16 Sep 1862	Richmond VA	disease	
23 Jul 1862	NC	disease	
17 Sep 1862	Sharpsburg MD	KIA	
4 Mar 1863	Petersburg VA	disease	
after 7 May 1864	Petersburg VA	wounds	wounded Gettysburg
27 May 1862	VA		
2 Apr 1865	McDowell Co NC	disease	captured Vicksburg MS and sent to Camp Martin IN; released and on his way home when he died
after 12 May 1864		wounds	wounded & captured 12 May 1864 Spotsylvania Courthouse VA
Jun 1864	Richmond VA	wounds	wounded 5 May 1864 Wilderness VA; died after his arm was amputated
17 Aug 1864	Point Lookout MD	disease	
18 Feb 1863	VA	disease	
1 Apr 1865	Elmyra NY	disease	captured 13 May 1864 Spotsylvania CH VA
3 Apr 1862	Malvern Hill VA	KIA	
5 Jun 1862	Kinston NC	disease	
1 May 1865	Newport News VA	disease	captured 6 Apr 1865 near Burksville Junction VA
15 Aug 1863	Weldon Railroad VA	KIA	
29 Mar 1864	Richmond VA	disease	
Jul 1865	Cleveland Co NC	wounds	
1865	Fortress Monroe VA		POW
Nov 1863	VA	disease	
			empty folder
24 Apr 1864	Sampson Co NC	disease	sent home sick from Winchester VA
Mar 1865	NC	KIA	MIA
after 17 Sep 1862	Sharpsburg MD	wounds	wounded 17 Sep 1862

Section I — Widow Applications

Surname	Soldier's First Name	Widow's First Name	County of application	Date of application	Company & regiment
Hargrove	William Henry	Jenetta	Cumberland	8 May 1885	Co A 5th
Harkey	Martin A.	Laura A.	Stanly	29 Jun 1885	Co K 28th
Harper	John R.	Mary S.	Forsyth	13 Jul 1886	Co G 7th Cavalry
Harrell	Dempsey	Priscilla	Gates	13 Jun 1885	Co H 5th
Harrell	John O.	Elizabeth J.	Duplin	22 Jun 1885	Co E 30th
Harrell	Mangum	Winey	Montgomery	22 Jun 1885	Co G 14th
Harrell	William	Mary Ann	Wilson	20 Jul 1885	Co I 17th
Harris	B. H.	Amelia A.	Stokes	11 Jun 1885	Co A 21st
Harris	Benton	Lucinda	Orange	17 Jun 1885	Co A 66th
Harris	E. T.	Wealthy	Montgomery	17 Jun 1885	Co F 44th
Harris	Edmund N.	Leah	Warren	27 Jun 1885	Co G 43rd
Harris	Green H.	Margaret Ann	Halifax	20 Jun 1885	Co G 43rd
Harris	Henry S.	Rebecca	Pitt	30 Jun 1885	Co C 44th
Harris	Hudson	Joan	Franklin	3 May 1885	Co F 47th
Harris	James	Nancy	McDowell	15 Jun 1885	Co B 22nd
Harris	James R.	Edith	Union	6 Jul 1885	Co C 11th
Harris	Jesse	Fatima	Caldwell	29 Jun 1885	Co F 26th
Harris	John	Caroline	Wake	15 Jun 1885	Co G 2nd
Harris	John	Julia A.	Surry	3 Jun 1886	Co A 28th
Harris	John	Lydia	Granville	6 Jul 1885	Co I 55th
Harris	Kelso	Sarah	Polk	26 Jun 1885	Co K 13th
Harris	Michael	Emily	Chatham	6 Jul 1885	Co G 63rd
Harris	Nimrod	Mary	Rutherford	17 Jun 1885	Co I 34th
Harris	William	Eliza J.	Forsyth	6 Jul 1885	Co G 21st
Harris	William	Sarah	McDowell	25 Jun 1885	Co K 50th
Harris	William A.	Ruth	Montgomery	6 Jul 1885	Co F 44th
Harris	William H.	Martha A.	Vance	1 Jun 1885	Co C 46th
Harris	Willis P.	M. A.	Iredell	2 Aug 1886	Co K 7th
Harrison	Abel Shell	Patsy	Catawba	13 Jun 1885	Co E 57th
Harrison	Henry	Milly F.	Martin	8 Jun 1885	Co D 17th
Harrison	James B.	Eliza	Martin	29 Aug 1885	Co A 17th
Harrison	W. J.	H. J.	Martin	30 May 1885	Co D 17th
Harrold	Repollus	Nancy J.	Forsyth	25 Jun 1885	Co F 3rd
Hart	E. D.	Mary	Henderson	8 Jun 1885	Co E 64th
Hart	Riley	Emily	Ashe	23 May 1885	Co D 58th
Hartis	J. H.	Sarah	Union	15 Jun 1885	Co K 30th
Hartman	Adam	Balenda	Davidson	4 Jul 1885	Co C 2nd
Hartsell	Joshua	Paulina	Cabarrus	27 Jun 1885	Co B 7th
Hartsell	Nimrod	Matilda	Union	23 May 1885	Co E 4th Cavalry
Hartsoe	Jacob L.	Percida L.	Catawba	4 Jul 1885	Co K 46th
Harvel	John W.	Elizabeth	Brunswick	24 Jul 1885	Co G 20th
Harvel	James	Mary	Bladen	16 May 1885	Co D 20th
Harvell	Watson	Barbara	Catawba	30 May 1885	Co A 28th
Harvill	Alfred M.	Eliza	Rockingham	1 Jun 1885	Co H 45th
Harvill	John	Temperance S.	Yadkin	1 Jun 1885	Co I 28th
Harwood	Redding	Elizabeth	Stanly	27 Jun 1885	Co K 28th
Hasty	Joseph T.	Eliza E.	Union	25 May 1885	Co K 43rd
Hasty	Robert A.	Harriet L.	Richmond	9 Jun 1885	Co D 46th
Hatcher	William	Julia A.	Anson	5 Jul 1887	Co B 31st
Hathcock	George W.	Martha A.	Stanly	16 May 1885	Co K 28th
Hathcock	Lee	Martha J.	Stanly	1 Jun 1885	Co H 42nd
Hatley	Elmon	Leah	Stanly	4 Jul 1885	Co K 28th
Hatley	Hastin M.	Susanah	Stanly	8 Jun 1885	Co K 28th

date of soldier's death	Place of death	Cause of death	Other details
12 May 1862	Williamsburg VA	KIA	
27 Jun 1864	NC		
20 Dec 1864	Point Lookout MD	disease	captured 11 Mar 1862
Aug 1865	Lynchburg VA	disease	
17 Dec 1863	VA	disease	
6 Oct 1863	VA	disease	
5 Jul 1864	near Petersburg VA	KIA	
25 May 1862	VA		
Mar 1865	near Wilmington NC	KIA	a teamster with quartermaster dept.
16 Nov 1862	Petersburg VA	disease	
22 Mar 1862	near Raleigh NC	disease	served Capt Wm Dawkins Co, afterwards designated as Co G 43rd; body taken home for burial
30 May 1864	Spotsylvania Court House VA	KIA	
1865	near Richmond VA	KIA	
3 Jul 1863	Gettysburg PA	KIA	MIA
1 Jul 1862 or 9 Nov 1864	VA	disease	
7 Aug 1862	Goldsboro NC	disease	
13 Mar 1865	VA	disease	
3 May 1863	Chancellorsville VA	KIA	buried on battlefield
10 Feb 1863	VA	disease	
1865	Point Lookout MD		captured 27 Nov 1864 VA
10 Feb 1865	Wilmington NC	disease	
3 Jul 1864	Richmond VA	disease	
Dec 1864	VA	disease	
10 May 1865	Point Lookout MD	disease	
9 Nov 1864	NC	disease	
6 Apr 1865	Greensboro NC	disease	
12 Dec 1864	VA	disease	
5 Nov 1862	Winchester VA	disease	
13 Dec 1862	VA	KIA	
28 Jul 1863	Martin Co NC	disease	
15 Jul 1862	NC	disease	
2 Apr 1865	Raleigh NC	disease	
16 May 1864	Wilderness VA	KIA	
2 Nov 1864	Henderson Co NC	disease	
15 Aug 1863	Fort Delaware DE	disease	buried Fort Delaware
10 Aug 1862	Petersburg VA	disease	
after 18 Jul 1864	Mount Jackson VA	wounds	wounded 18 Jul 1864 Snicker's Gap VA
12 Jan 1863	Danville VA	disease	
2 Oct 1862 or 11 Nov 1864	Fort Delaware DE or Point Lookout MD	disease	captured at Gaytersburg (sic) MD
4 May 1864	Wilderness VA	KIA	
1 Jul 1862	Malvern Hill VA	KIA	
13 Jan 1886	Columbus Co NC	wounds	lost right arm at Chancellorsville
Jul 1863		KIA	
Sep 1864	NC	disease	
20 Aug 1864	Petersburg VA	wounds	
Jun 1864	Point Lookout MD	wounds	wounded & captured 12 May 1864 Spotsylvania Courthouse VA
9 Apr 1862	NC	disease	
5 May 1864	Wilderness VA	KIA	
30 Sep 1864	VA	wounds	
6 Sep 1863	VA	wounds	wounded 10 Jul 1863 near Richmond VA
15 Oct 1863	Petersburg VA	disease	body sent home for burial; affadavit says d. 1 Oct 1862
19 Jun 1862	VA		
15 May 1862	VA		

Surname	Soldier's First Name	Widow's First Name	County of application	Date of application	Company & regiment
Hatley	James W.	Winey	Stanly	25 May 1885	Co F 5th
Hatley	John M.	Milly M.	Stanly	29 Jun 1885	Co D 28th
Hatley	Uriah	Elizabeth	Stanly	2 Jun 1885	Co F 5th
Hauser	Calvin	Sarah	Stokes	23 Jun 1885	Co D 53rd
Hawkins	Charles	Pharaba	Alleghany	1 Jul 1885	Co I 61st
Hawkins	Elihu	F. L.	Jackson	30 May 1885	Co G 12th
Hawkins	Joseph R.	Jane R.	Halifax	30 Jun 1885	Co F 43rd
Hawkins	Thomas G.	Emily	Halifax	20 Jun 1885	Co F 43rd
Hawley	Samson	Winford	Sampson	3 Jun 1885	Co K 51st
Hawn	David J.	Polly	Catawba	11 May 1885	Co K 35th
Hayes	Jesse	Celestia M.	Nash	15 Jun 1885	Co K 6th
Hayes	Madison	Elizabeth	Caldwell	1 Jun 1885	Co B 37th
Hayes	Samuel L.	Elizabeth E.	Mecklenburg	23 May 1885	Co G 34th
Haynes	William G.	Susan	Stokes	24 Jun 1885	Co E 7th
Haynes	William H.	Frances M. C.	Lincoln	2 Jun 1885	Co G 57th
Hays	William	Anna	Johnston	18 Jun 1885	Co B 56th
Hays	William P.	Mary	Wilkes	30 Jun 1885	Co C 56th
Hayse	Joseph	Elizabeth	Surry	3 Jul 1885	Co H 55th
Heafner	Lawson	Malinda	Lincoln	22 May 1885	Co K 49th
Heart	Yeargan	Telitha	Chatham	1 Jun 1885	Co C 10th
Heatherly	Pleasant	Susan M.	Greenville Co SC/ Henderson	21 May 1885	Capt Jones Co
Heatherly	Solomon	Elvira	Henderson	16 Jun 1885	Co B 64th
Heatherly	Squire	Susan M.	Henderson	16 Jun 1885	Co E 64th
Hedgepeth	Richard A.	Eliza	Vance	May 1885	Co K 44th
Hedrick	Hiram	Polly	Catawba	1 Jun 1885	Co F 38th
Hedrick	Levi	Louisa	Catawba	23 Jul 1887	Co E 32nd
Hedrick	Valentine	Elizabeth	Davidson	23 May 1885	Home Guard
Hefner	Daniel	Melinda	Catawba	1 Jul 1885	Co F 38th
Hefner	J. Frank	Elizabeth	Burke	6 Jul 1885	Co B 46th
Heilig	James M.	Margaret A.	Rowan	28 May 1885	Co K 5th
Helderman	A. J.	Rachel	Catawba	9 Jun 1885	Co H 52nd
Helms	Coleman D.	Gelitha	Union	30 May 1885	Co D 48th
Helms	Eli	Sarah	Gaston	11 May 1885	Co B 25th
Helms	Giles	Eliza A.	Union	6 Jun 1885	Co I 53rd
Helms	John R.	Caroline	Union	16 Jun 1885	Co F 48th
Helms	Joshua	Caroline C.	Union	23 Jul 1885	Co A 48th
Helms	Nathaniel	Lucinda	Union	12 May 1885	Co D 37th
Helms	Noah E.	Emeline	Union	6 Jul 1885	Co B 48th
Helms	Ransom	Sallie	Mecklenburg	30 May 1885	Co I 48th
Helms	Samuel	Sarah A.	Union	7 May 1885	Co A 48th
Helton	Jesse	Jane	Davidson	11 Jun 1885	Co K 48th
Hemphill	Israel Lafayette	Martha E.	Wilkes	8 Jul 1886	Co B 1st
Henderson	James M.	Mariah	Haywood	6 Jul 1885	Co F 25th
Henderson	Stephen	Susan	Duplin	27 May 1885	Co A 38th
Hendrick	W. D.	Elizabeth	Cleveland	17 Jun 1885	Co D 55th
Hendricks	Alexander	Isabella G.	Nash	5 Jul 1885	Co D 30th
Henry	J. F.	E. R.	Iredell	2 Jul 1885	Co K 7th
Henry	W. L.	S. J.	Cherokee	1 Jun 1885	Co E Thomas' Legion
Hensley	G. A.	A. M.	McDowell	6 Jul 1885	Co B 22nd
Hensley	James H.	Adeline M.	McDowell	1 Jun 1885	Co B 22nd
Herbert	John	Dorotha Ann	Halifax	24 Jun 1885	Co I 5th
Herman	William Henry	Mahala	Catawba	16 May 1885	Co C 28th
Herring	Darling	Lucinda	Cabarrus/ Stanly	4 Jul 1885	Co D 28th

date of soldier's death	Place of death	Cause of death	Other details
19 Oct 1862	near Orange Courthouse VA		struck by rock falling from mountain died while on picket duty in camp
2 Jul 1863	Gettysburg PA	KIA	
5 Nov 1862	VA		
25 Mar 1865	Petersburg VA	KIA	
20 Jul 1863	VA	disease	
on or after 11 Dec 1863	Camp Douglas IL		date may be when he was captured
1 Jul 1863	Gettysburg PA	KIA	
18 Aug 1862	VA	disease	
31 May 1864	Gaines Mill VA	KIA	
8 Aug 1864	Richmond VA	disease	
Jun 1864	VA		
15 Mar 1865	MD		POW
22 Jun 1864	VA		
19 Mar 1865	near Bentonville NC	KIA	Lt
4 Feb 1863	Lynchburg VA	disease	
23 Aug 1863	VA	disease	
20 May 1864	Drewry's Bluff VA	KIA	couple m. 20 Jan 1841 Wilkes Co NC
5 May 1864	Wilderness VA	KIA	
2 Jun 1864	near Drewry's Bluff VA	KIA	
19 Jul 1862	near Petersburg VA		
			just an affadavit saying he enlisted at Hendersonville Jun 1862
after 9 Sep 1863	Camp Douglas IL	disease	captured 9 Sep 1863 TN
after 30 Sep 1863		disease	captured 30 Sep 1863 TN
11 Dec 1862	Vance Co NC	disease	died at home on sick furlough
6 Aug 1862	VA	disease	
Dec 1864	Elmyra NY		captured 10 May 1864 Spotsylvania CH VA
1 Jan 1865	Salisbury NC	disease	
Jul 1863		wounds	wounded & captured at Gettysburg
Dec 1863	VA	shot for desertion	
3 Jul 1863	Gettysburg PA	KIA	
15 Feb 1856	Point Lookout MD	disease	
25 Mar 1862	SC	disease	
1 Jun 1862	VA	KIA	
31 Nov 1863 (sic)	VA	disease	
10 Dec 1863	VA	disease	
21 Aug 1862	VA	disease	
29 Dec 1862	VA	disease	
8 Dec 1862	VA	disease	transferred to Co B 26th after enlisting
26 Jun 1862	VA	KIA	Battle of Seven Days
19 Dec 1862	VA	disease	
20 Apr 1862	Raleigh NC	disease	
12 May 1864	Spotsylvania Court House VA	KIA	
23 Aug 1864	VA	wounds	wounded 21 Aug 1864
Nov 1862	VA	disease	
5 Feb 1865	VA		
Mar 1865	Wilmington NC		wounded 15 May 1863 VA & placed on guard duty
10 Nov 1862	VA	disease	
1 Jul 1864	VA	disease	
1 Apr 1865	Richmond VA	disease	
Apr 1865	Richmond VA	disease	wounded Gettysburg
13 May 1862	MD	wounds	captured 11 May 1862 Williamsburg VA
7 Jul 1862	NC		
3 Jul 1863	Gettysburg PA	KIA	

Section I — Widow Applications

Surname	Soldier's First Name	Widow's First Name	County of application	Date of application	Company & regiment
Herring	James F.	Martha Ann	Wayne	29 May 1889	Co C 2nd
Herring	John B.	Catherine	Pender	2 Jun 1885	Co E 18th
Herring	Lewis	Scynthia	Moore	8 Jun 1885	Co F 50th
Herring	Michael	Pitie	Robeson	1 Jun 1885	Co B 50th
Herring	Stephen B.	Rhoda	Sampson	20 Jun 1885	Co C 38th
Hester	Jason	Eveline	Polk	28 May 1885	Co I 34th
Hester	Joel	A. J.	Columbus	23 Jun 1885	Capt Buie's Co 66th
Hewett	Samuel M.	Rebecca	Brunswick	4 Jul 1885	Coast Guard
Hiatt	John A.	Melinda	Davidson	6 Jul 1886	Co K 15th
Hice	Byard T.	Sarah	Graham	19 Jun 1885	Co A 62nd
Hickman	Benjamin R.	Elizabeth	Brunswick	30 Jun 1885	Co C 30th
Hicks	Calvin	Nancy	Montgomery	2 Jun 1885	Co K 34th
Hicks	Ezekiel	Louisa	Stokes	2 Jun 1885	Co H 53rd
Hicks	Howell	Genettia S.	Stokes	25 May 1885	Co F 21st
Hicks	L. B.	Lundy	Montgomery	6 Jul 1885	Co K 34th
Hicks	Leonard	Nancy	Stokes	2 Jun 1885	Co F 21st
Hicks	Lewis	Elizabeth	Stokes	10 Jul 1885	
Hicks	Thomas	Sarah	Brunswick	2 Jun 1885	Co H 53rd
Hicks	Thornton	Mary E.	Stokes	22 Jun 1885	Co F 21st
Hicks	William D.	Martha A.	Person	6 Jul 1885	Co H 24th
Hicks	William J.	Mary Jane	Randolph	3 Jun 1885	Co L 22nd
Higgins	George W.	Eliza	Johnston	2 Jul 1885	Co C 5th
Higgins	Hosea J.	Maranda	Yancey	3 Jun 1885	Co G 29th
Higgins	J. W.	Olive	Johnston	24 Jul 1886	Co D 47th
High	John M.	Esther J.	Columbus	15 Jun 1885	City Guards Co 66th
High	Luke	Martha J.	Columbus	7 Jul 1885	City Guards Co 66th
Highsmith	William S.	Mary	Pitt	6 Jul 1885	Co C 44th
Hilborn	Zadock	Marice	Columbus	1 Jun 1885	Co C 20th
Hilburn	Calvin L.	Nellie	Bladen	3 Jul 1885	Co B 8th
Hildebran	A. D.	Susan	Burke	4 Jul 1885	Co F 6th
Hildreth	Berrygrove	Ann M.	Anson	29 Jun 1885	Co H 43rd
Hildreth	Marshall	Sarah E.	Anson	20 Jun 1885	Co B 6th
Hildreth	Thomas	Celia	Anson	9 Jun 1885	Co G 40th
Hill	Ezekiel	Mary	Columbus	6 Jul 1885	Co K 36th
Hill	Franklin	Martha	Mecklenburg	27 Jun 1885	Co J 48th
Hill	Henry	Fanny	Henderson	6 Jul 1885	Co B 64th
Hill	Henry	Lucy	Rockingham	11 Jun 1885	Co A 45th
Hill	James F.	Martha C.	Union		Co I 48th
Hill	John S.	Sarah	Rowan	2 Jul 1885	Co A 46th
Hill	William	Arminda	Yancey	22 Jul 1887	Co C 16th
Hillard	Joe	Sallie	Davidson	6 Jul 1885	Co A 57th
Hilton	Jesse		Davidson	31 Jul 1887	Co H 48th
Hines	James H.	Sally W.	Lenoir	2 Jun 1885	Co C 66th
Hines	Stephen M.	Rebecca	Duplin	26 Jun 1885	Co H 66th
Hinson	Isaac	Martha	Stanly	1 Jun 1885	Co I 52nd
Hinson	William	Elizabeth	Stanly	1 Jul 1885	Co K 28th
Hipps	Marion	Caroline	Burke	1 Jun 1885	Co K 33rd
Hix	James R.	Mary	Randolph	6 Jul 1885	Co D 22nd
Hobbs	Hezekiah	Louisa	Iredell	20 Jun 1885	Co A 4th
Hockaday	Bennett	Mary	Cumberland	20 Jun 1885	Co C 36th
Hockaday	James	Teresa	Harnett	3 Jun 1885	Co E 73rd
Hodges	Thomas B.	Rebecca C.	Northampton	29 Jul 1885	Co A 3rd
Hodges	Thomas R.	Rebecca	Surry	20 Jul 1885	Co C 21st
Hogg	C. H.	Sallie	Wilson	1 Jun 1885	Co E 19th
Hoke	Ambrose	Mahala	Catawba	6 Jul 1885	Co A 12th

date of soldier's death	Place of death	Cause of death	Other details
22 May 1887	Wayne Co NC	wounds	see his folder in Wounded
Dec 1871	Pender Co NC	wounds	wounded 15 Apr 1865 NC
15 Feb 1864	NC	disease	
Feb 1865	Columbia SC	disease	
17 Sep 1862	MD	KIA	
10 Feb 1864	Richmond VA	disease	
29 Jan 1864	Wilmington NC	disease	
15 Apr 1863	Brunswick Co NC	disease	also in 1st NC
10 Aug 1864	Washington D. C.	wounds	wounded & captured 5 May 1864 Wilderness VA
1864	Camp Douglas IL	disease	captured 1863 Cumberland Gap TN
15 May 1863	VA	disease	
Mar 1862	VA	disease	
28 Jan 1865	Orange Courthouse VA		
9 Oct 1862	Gordonsville VA	disease	
Aug 1862	Cold Harbor VA	KIA	
13 May 1863	Stokes Co NC	disease	died at home on sick furlough
Aug 1863	Winchester VA	disease	no company or regiment shown
25 Sep 1862	Wilmington NC	disease	
2 Jul 1863	Gettysburg PA	KIA	
20 Aug 1862	VA	disease	
18 Nov 1863	Richmond VA	disease	
25 Nov 1862	VA	disease	
24 Oct 1863	NC	KIA	
after Jul 1863	Point Lookout MD	disease & wounds	wounded & captured Gettysburg
13 Feb 1865	Wilmington NC	disease	
19 Nov 1864	Wilmington NC	disease	
26 Oct 1863	Lynchburg VA		
20 Apr 1864	VA	wounds & disease	
20 Sep 1862	VA		
19 Jun 1864	Liberty Courthouse VA	KIA	
Jun/Jul 1864		wounds	wounded 20 May 1864 VA
Sep 1863	near Charlestown VA (now WVA)	KIA	was originally in 43rd
after 17 Jan 1865	Elmyra NY	disease	captured 17 Jan 1865 Fort Fisher NC
15 Jan 1864	Fort Fisher NC	KIA	
1863	VA	wounds	
9 Oct 1864	Madison Co NC	KIA	killed while foraging
18 Jan 1864	VA	disease	
Apr 1863	SC	disease	file only contains affadavit
5 May 1864	Wilderness VA	KIA	
Aug 1861	VA	disease	
Dec 1862	Davidson Co NC	disease	died at home on sick furlough
20 Apr 1862	Raleigh NC		no widow's name shown, file only contains affadavit concerning soldier's death
14 Aug 1864	VA	disease	
4 Dec 1864	Duplin Co NC	disease	died at home on sick furlough
19 Dec 1862	NC	KIA	
12 May 1864	VA	KIA	
Jun 1862	Kinston NC		
8 Jul 1862	Richmond VA	disease	
Aug 1864	Winchester VA	KIA	
20 Feb 1865	Elmyra NY	disease	
9 Oct 1864	Harnett Co NC	disease	died at home on sick furlough
Mar 1865	NC	KIA	
23 Jan 1864	near Orange Courthouse VA	disease	
Jul 1863	VA		
10 May 1864	Smith's Island NC	disease	

Surname	Soldier's First Name	Widow's First Name	County of application	Date of application	Company & regiment
Hoke	Monroe	S. M.	Iredell	16 May 1885	Co C 48th
Holbrook	James Franklin	Tilly	Cabarrus	6 Jul 1885	Co B 57th
Holcombe	May	Elizabeth	Madison	3 Jun 1885	Co D 64th
Holland	Matthew	Civil	Sampson	3 Jun 1885	Co C 36th
Holland	Wedley	Rebecca	Randolph	30 May 1885	Co H 47th
Holland	William	Ann E.	Sampson	15 Jul 1887	Co I 20th
Hollifield	Alfred S.	Eliza	McDowell	1 Jun 1885	Co B 22nd
Hollifield	Essex F.	Barbara	McDowell	18 Jun 1885	Co B 35th
Hollingsworth	David T.	Sallie J.	Cumberland	30 Jul 1885	Co C 3rd
Hollingsworth	Thomas C.	Nancy E.	Henderson	31 May 1889	Co I 16th
Holloman	Nathan	Bashabe	Wayne	1 Jun 1885	Co G 3rd
Holloway	John A.	Elizabeth	Alleghany	1 Jun 1885	Co F 22nd
Holly	David	Lidia	Johnston	1 Jul 1885	Co D 50th
Holman	Jacob B.	Henrietta L.	Davie	2 Jun 1885	Co H 63rd
Holman	Thomas	Sarah	Davie	2 May 1885	
Holmes	Nathan W.	Sally Lee	Wayne		
Holsenback	John Wesley	Martha C.	Orange	17 Jun 1885	Co D 56th
Holt	Caswell	Elizabeth	Chatham	28 Jun 1885	Co A 5th
Holt	David I.	Elizabeth	Stanly	15 May 1885	Co K 28th
Holt	J. S.	Nelly M.	Alamance	22 May 1885	Co E 5th
Holt	Robert	Elizabeth A.	Wake	2 Jun 1885	Co E 10th
Holt	Wilkins	Jane	Alamance	12 Jun 1885	Co I 8th
Holyfield	Martin R.	Jane	Surry	16 Jun 1885	Co B 2nd
Honeycutt	Hillom	Beaddy	Sampson	23 May 1885	Co G 40th
Honeycutt	Leonard	Nellie	Cabarrus	10 Jun 1885	Co H 8th
Honeycutt	William	Susan A.	Sampson	2 Jul 1885	Co I 46th
Hood	Thomas	Nancy	Davie	8 Jun 1885	Co K 42nd
Hooks	Andrew	Elvira	Anson	21 Jun 1885	Co H 43rd
Hooper	T. P.	Syntha M.	Jackson	27 Jun 1885	Co G 62nd
Hooper	William	Elizabeth J.	Buncombe	6 Jul 1885	Co G 62nd
Hoover	Archibald	Sarah E.	Iredell	30 May 1885	Co C 48th
Hopkins	James F.	Annie	Cabarrus		
Hopkins	Samuel	Jane	Macon	27 Jun 1885	Co H 16th
Horn	L. G.	E.H.	Davie	11 Jun 1885	Co G 5th
Horn	Thomas F.	Tabitha	Iredell	13 Jun 1885	Co H 4th
Horne	Arthur	Alpha	Cumberland	1 Jun 1885	Co C 36th
Horton	C. J.	Elizabeth	Union	20 Jun 1885	Co E 48th
Horton	Nathan Y.	Louisa E.	Yancey	29 May 1886	Co B 29th
Houser	Levi	Elizabeth	Lincoln	16 Jun 1885	Co B 23rd
Hovis	Daniel	Mary E.	Lincoln	3 May 1886	Co E 34th
Howard	Joseph C.	Ann M.	Pender	3 Jun 1885	Co A 3rd
Howard	W. J.	Vashti	Henderson	3 Jun 1885	Co G 35th
Howell	Daniel L.	Charity	Wayne	13 Jul 1885	Co D 4th
Howell	David S.	Margaret S.	Cabarrus	2 Jul 1885	Co F 57th
Howell	E. F.	Mary	Montgomery	7 Jul 1885	Co C 23rd
Howell	Edmund	Fannie	Mecklenburg	15 Jun 1885	Co B 1st
Howell	John	Hariet	Wayne	27 May 1885	Co F 10th
Howell	John	Margaret	Caldwell	23 Jul 1887	Co H 58th
Howell	John D.	Sarah	Mitchell	13 Oct 1885	Co E 6th
Howell	Solomon	Alpha	Ashe	6 Jul 1885	Co I 58th
Howell	Thomas	Lucy	Cleveland	1 Jun 1885	Co H 2nd Sr reserves
Hoyle	Micah	Alzy	McDowell	1 Jul 1885	Co K 22nd

date of soldier's death	Place of death	Cause of death	Other details
6 Apr 1864	Orange Courthouse VA	disease	
5 May 1863	VA	wounds	
12 Aug 1864	NC		
Apr 1865	Elmyra NY	disease	
26 Aug 1862	Drewry's Bluff VA	disease	
19 Sep 1864	Winchester VA	KIA	MIA
20 Jan 1862	Mitchell Co NC	disease	died at home on sick furlough
16 Jun 1862	Kinston NC	disease	
3 May 1863	VA	KIA	
29 Aug 1862	VA		
15 Sep 1862	MD	KIA	
6 Jul 1863	Richmond VA	wounds	wounded 1863 Cold Harbor VA & had leg amputated
10 Aug 1863	NC	disease	
3 Jan 1865	Elmyra NY	disease	captured 12 May 1864 Spotsylvania CH VA
			no information given
			empty folder
1864	Plymouth NC		
15 Sep 1862	Orange Courthouse VA	wounds	wounded 13 Dec 1862 Fredericksburg VA
3 Jul 1863	Gettysburg PA	KIA	
10 Aug 1862	VA	disease	
1864	Petersburg VA	disease	
30 Jun 1864	VA		
1 Jul 1863	Gettysburg PA	KIA	
1 Apr 1865	NC	disease	
8 Aug 1862	Cabarrus Co NC	disease	died at home on sick furlough
27 Dec 1864	VA	disease	carpenter by profession
Mar 1864	NC	disease	
Mar 1865	Point Lookout MD	disease	
20 Dec 1863	Camp Douglas IL	disease	
15 May 1864	Camp Douglas IL	disease	captured Cumberland Gap TN; affadavit by brother Thomas
17 Sep 1862	Sharpsburg MD	KIA	
			empty folder
27 Feb 1863	VA	disease	
14 May 1863	VA	disease	
11 Jan 1864	VA	disease	buried near Plank Road between Orange Courthouse & Fredericksburg VA
15 Jan 1865	Fort Fisher NC	KIA	
4 Jun 1864	VA	KIA	
Jan 1864	Sevierville TN	wounds	died after being captured near Sevierville TN
1 Jul 1863	Gettysburg PA	KIA	
3 May 1863	Chancellorsville VA	KIA	
Aug 1864	VA	disease	
1 Jul 1862	VA	KIA	
12 May 1864	Cedar Mountain VA	KIA	
Dec 1862	near Fredericksburg VA		disease
8 Jul 1862	South Mountain MD	KIA	MIA
4 Jul 1861	VA	disease	
14 Feb 1864	Bald Head Island	disease	affadavit from Curtis Howell, apparently a relative
15 Oct 1864	Camp Douglas IL	disease	captured Jun 1864 GA
31 May 1862	VA	KIA	
12 Dec 1864	NC	disease	
4 Apr 1865	Cleveland Co NC	disease	
25 Aug 1862	VA		

Section I — Widow Applications

Surname	Soldier's First Name	Widow's First Name	County of application	Date of application	Company & regiment
Hubbard	John W.	Adaline	Columbus	15 Jun 1885	Co K 20th
Hubbard	Mark T.	Rowena	Wake	4 Jul 1885	Co K 3rd
Hubert	John		Columbus	29 Aug 1885	Co K 20th
Hudler	John W.	Elizabeth	Forsyth	1 May 1885	Co D 57th
Hudson	John D.	Elizabeth	Burke	30 Jun 1885	Co F 55th
Hudson	John W.	Rachel	Surry	27 Jun 1885	Co B 2nd
Hudson	John W.	Sarah F.	Craven	3 Jun 1885	Co F 11th
Hudson	T. L.	M. C.	Iredell	27 Jun 1885	Co B 23rd
Hudson	Thomas H.	Mary	Burke	6 Jul 1885	Co E 16th
Huffines	Alexander	Sally	Alamance	2 Jun 1885	Co H 45th
Huffines	John	Elizabeth	Alamance	18 Jun 1886	Co A 53rd
Huffman	Abram	Levina	Clay	16 May 1885	Co D 11th
Huffman	Ambrose	Barbara	Catawba	16 May 1885	Co F 38th
Huffman	Elijah	Barbara M.	Catawba	3 Jun 1885	Co C 28th
Huffman	John	Sally	Alamance	6 Jul 1885	Co E 1st
Huffman	Joseph	Mary	Catawba	25 Jun 1885	Co G 57th
Huffstetler	Eli	Anna	Gaston	30 May 1885	Co H 49th
Huffstetler	Riley	E.J.	McDowell	24 Jun 1885	Co G 16th
Hughes	Dillon A.	E. C.	Swain	4 May 1885	Co E 1st
Hughes	James	Nancy	Alamance	4 May 1885	Co G 44th
Hughes	W. C.	N. A.	Buncombe	20 Jun 1885	Co K 60th
Hullit	Moses	Barbara	Lincoln	2 Mar 1877	Brems Artillery
Humphries	T. J.	Nancy M.	Person	17 Jun 1885	Co K 12th
Hundley	John H.	Sarah W.	Stokes	5 Jul 1885	Co C 21st
Huneycutt	Isaiah	Mary Ann	Stanly	20 Jun 1885	Co H 42nd
Huneycutt	Joseph	Nancy	Stanly	15 Jul 1885	Co G 7th
Hunt	Roswell K.	Sallie J.	Montgomery	4 May 1885	Co C 23rd
Hunt	William T.	Lucy R.	Franklin	7 Jul 1885	Co G 15th
Hunter	J. W.	Rebecca N	Yancey	15 Jun 1885	Co C 58th
Hunter	Richard D.	Charity J.	Nash	1 May 1885	Co K 15th
Hunter	Samuel M.	Jane	Polk	1 May 1885	Bates Co 58th
Hunter	Saul W.	S. Jane	Polk		
Hunter	Wiley W.	Silvester	Northampton	5 Aug 1887	Co B 1st
Hurdle	Thomas	Elizabeth	Chowan	5 Aug 1887	Co H 5th
Hurley	Calvin	Mary J.	Montgomery	16 Jun 1885	Co H 14th
Hurley	James F.	Julia	Ashe	1 Jun 1885	Co L 58th
Hurley	Winship	Penny R.	Moore	6 Jul 1885	Co D 61st
Hurlocker	Jacob	Christinia	Stanly	20 Jun 1885	Co F 5th
Hurt	James	Nancy T.	McDowell	16 Jul 1885	Co A 49th
Hutchens	A. J.	Elizabeth	Durham	16 May 1885	Co C 6th
Hutchens	William D.	Mary	Yadkin	28 Jun 1885	Co F 28th
Hutchenson	James	Tempy	Stokes	16 May 1885	Co H 22nd
Hutchinson	Francis	Elizabeth E.	Wilkes	2 Jun 1885	Co F 52nd
Hux	Ethie Elderidge	Matilda Ann	Halifax	17 Jun 1885	Co K 1st
Icenhour	Jacob	Myra A.	Alexander	26 Jun 1885	Co K 7th
Icenhour	Philip	Elisa Downs	Caldwell	17 May 1887	Co F 26th
Ingle	Isaac	Polly	Buncombe	6 Jul 1885	Co K 25th
Ingram	John	Lucinda	Forsyth	1 Jun 1885	Co D 21st
Ingram	Robert	Adelade	Buncombe	12 Jun 1885	Co H 25th
Ingram	W. H.	E. C.	Alexander	23 May 1885	Co A 7th
Ingram	William	Caroline S.	Catawba	6 Jul 1885	Co K 18th
Ingram	William M.	Tabitha	Northampton	4 Jul 1885	Co F 43rd
Inman	Jesse	Rhoda	Columbus	4 Jul 1885	Co G 51st

date of soldier's death	Place of death	Cause of death	Other details
27 Jun 1862	VA	KIA	
29 Mar 1862	VA	wounds	wounded Guinea Station VA
Jul 1862	Danville VA	wounds	wounded 22 Jul 1862 Cold Harbor VA; widow not named, just affadavit about his death
10 Jun 1863	VA	disease	
5 Feb 1865	Petersburg VA	KIA	
after 12 May 1864	VA	wounds	wounded 12 May 1864 Spotsylvania CH VA
29 Oct 1862	NC	disease	
7 Mar 1863	VA	disease	
2 Apr 1865 or 19 Jun 1865	Greensboro NC	disease	
5 May 1864	Wilderness VA	KIA	
May 1865	Spotsylvania Court House VA	KIA	
30 Sep 1864	Petersburg VA	KIA	
	near Fredericksburg VA	wounds	wounded Raccoon Farm
6 Jun 1863	NC	disease	
4 Jun 1863	Richmond VA	wounds	wounded May 1863 Chancellorsville VA
25 Oct 1864	Washington D. C.	wounds	wounded & captured, but conflicting information is given
21 Aug 1864	Petersburg VA	KIA	MIA
15 Oct 1862	VA	disease	
5 Oct 1864	NC		
1 Sep 1863	VA	disease	
11 Apr 1863	near Tullahoma TN	disease	
1863	VA	disease	
on or after 19 Oct 1864			captured or killed 19 Oct 1864 near Fishing Hill VA
14 Aug 1863	VA		
15 Oct 1864	Petersburg VA	KIA	
4 Mar 1865	Petersburg VA	KIA	
10 Jun 1862	VA	wounds	wounded Seven Pines VA
Jun 1863	Franklin Co NC		
4 Jan 1863	TN	disease	
Apr 1863	VA	disease	
27 Dec 1862	NC	KIA	
			empty folder
Jun 1862	near Richmond VA	KIA	killed Seven Days Battle
5 Jul 1884	Chowan Co NC	wounds	wounded 3 Jul 1863 Gettysburg
19 Sep 1862 or 23 Aug 1862	VA	disease	
Aug 1864	Jonesboro GA	KIA	
2 Jul 1864	Morris Island SC	KIA	
12 Nov 1862	VA		
30 Jun 1862	VA	KIA	
1 Jul 1863	Gettysburg PA	KIA	
23 Jun 1863	Petersburg VA	wounds	
15 Jul 1862	VA	disease	
20 Jun 1862	Goldsboro NC	disease	couple m. Dec 1854 Wilkes Co NC
after 12 May 1864	Elmyra NY	disease	captured 12 May 1864 Spotsylvania CH VA
27 Jun 1862	Cold Harbor VA	KIA	
12 Dec 1862	Petersburg VA	disease	widow m. Smith Downs Aug 1865 (see his entry)
23 Dec 1862	NC	KIA	
4 May 1863	Chancellorsville VA	KIA	
1 Jul 1862	VA	KIA	
1 Jul 1863	Richmond VA	wounds	wounded 3 May 1863 Chancellorsville VA
1863	Point Lookout MD	disease	
23 Oct 1864	Fishing Hill VA near Winchester	KIA	
	Columbus Co NC	disease	died at home on sick furlough; no date given

Section I — Widow Applications

Surname	Soldier's First Name	Widow's First Name	County of application	Date of application	Company & regiment
Iseley	Benjamin	Barbara	Alamance	4 May 1885	Co E 1st
Isenhour	J. A.	Mary	Cabarrus	16 May 1885	Co A or B 7th
Ivey	Clayborn	Cenith	Robeson	8 Jun 1885	Co A 46th
Ivey	Hasten	Mary Ann	Chatham	16 Jul 1885	Co A 5th
Ivey	John	Helen	Cumberland	16 Jul 1885	
Ivey	Sidney P.	Mary	Wake	25 Jun 1885	Co H 47th
Ivey	Stephen W.	Mary	Randolph	18 Jun 1885	Co D 22nd
Jackson	A. W.	Lucinda	Cumberland	29 May 1885	Co F 36th
Jackson	D.	Laura E.	Wake	26 Jun 1885	Co E 47th
Jackson	Daniel	Mary	Davie	2 Jul 1885	Co D 63rd
Jackson	John	Mary L.	Moore	2 Jun 1885	Co D 22nd
Jackson	John M.	Julie	Stokes	23 Jun 1885	Co H 22nd
Jackson	M. W.	Tabitha	Wake	1 Jun 1885	Co I 3rd
Jackson	Nathan H.	Susie	Sampson	30 Jul 1885	Co A 36th
Jackson	S. T.	Mamie	Moore	2 Jun 1885	Co A 63rd
Jackson	Surrell	Axey	Harnett	2 Jun 1885	Co B 10th
Jackson	William K.	Caroline M.	Randolph	20 Jun 1885	Co K 56th
Jackson	William R.	Catherine	Harnett	8 Jun 1885	Co K 38th
James	Eli	Nancy	Watauga	5 May 1885	Co D 58th
James	George	Elizabeth	Orange	7 Jul 1885	Co K 2nd Cavalry
James	Ivey	Elizabeth	Pitt	17 Jun 1885	Co K 17th
James	John	Charity	Wayne	29 Jun 1885	Co I 51st
James	Wiley	Mary	Durham	29 Jun 1885	Co D 56th
Jarrell	Sandford S.	Martha Elizabeth King	Halifax	6 Sep 1886	Co F 45th
Jarrett	John E.	Mary Jane	Yancey	1 Jun 1885	Co F 2nd
Jarrett	Levi	Isabella	Mitchell	6 Jul 1885	Co B 58th
Jarvis	Levi	Rhoda	Hyde	1 Jun 1885	Hyde Co Rangers
Jarvis	Tenison	Mary J.	Forsyth	22 Jun 1885	Co D 57th
Jefferson	Adkins	Emily	Ashe	24 Jun 1885	Co F 58th
Jenkins	Charles B.	Elizabeth	Northampton	6 Jul 1885	Co C 17th
Jenkins	George R.	Emma	Martin	16 Jun 1885	Co H 17th
Jenkins	John F.	Sarah Jane	Halifax	12 May 1885	Co A 14th
Jenkins	John S.	Sintha	Cleveland	6 Jul 1885	Co D 26th
Jennings	James R.	Sarah	Orange	23 May 1885	Co G 11th
Jennings	John D.	Rebecca	Wilkes	7 Jul 1885	Co C 26th
Jernigan	Jesse R.	Harriet	Sampson	23 May 1885	Co D 3rd
Jernigan	Lovett	Rachel	Sampson	3 Jun 1885	Co H 20th
Jimmison	James P.	M. C.	McDowell	2 May 1885	Co B 22nd
Jinks	Troy	Sarah	Wake	5 May 1885	Co K 47th
Johnson	David	Susanah	Cleveland	18 Jun 1885	Co B 11th
Johnson	Eli	Mary Ann	Randolph	20 Jun 1885	Co I 22nd
Johnson	Fleet	Catherine	Randolph	14 Jul 1885	Fayetteville arsenal
Johnson	Fleet M.	Sallie	Harnett	2 Jun 1885	Co C 7th
Johnson	Henry	Harriet	Johnston	30 Jun 1885	Co C 52nd
Johnson	Henry	Mary	Lincoln	2 Jun 1885	Co G 57th
Johnson	James	Barbara	Burke	16 May 1885	Co B 46th
Johnson	James McD.	Nancy	Rowan	3 May 1885	Co B 19th
Johnson	John	Mary A.	Henderson	16 May 1885	Co B 64th
Johnson	John R.	Ellen	Franklin	1 Jun 1885	Co K 12th
Johnson	Josiah	Elizabeth	Duplin	4 May 1885	Co E 30th
Johnson	Josiah	Isabella	Chatham	16 May 1885	Co A 5th
Johnson	Lemon	Lucinda	Nash	25 May 1885	Co D 47th
Johnson	Levi	Margaret	Northampton	13 May 1885	Co A 15th

date of soldier's death	Place of death	Cause of death	Other details
8 Apr 1865 (sic)	Spotsylvania Court House VA	KIA	
3 Dec 1863	Fort Delaware DE	disease	captured 3 Jul 1863 Gettysburg
1863	VA	disease	
20 Jan 1863	VA	disease	
Mar 1865	Fayetteville?	disease	
18 Jan 1863 or 15 Dec 1863	Petersburg VA	disease	
24 Jul 1863	Randolph Co NC	disease	died at home on sick furlough; was discharged from 22nd, then drafted again in 1863 (regiment not stated)
May 1865	near Goldsboro NC	disease	died after being released from Elmyra prison
after 2 Jul 1863	Richmond VA	wounds	wounded 2 Jul 1863 Gettysburg PA
	VA	thrown from a horse	date and place not stated
8/10 Jul 1863	near Gettysburg PA	wounds	wounded at Gettysburg
16 Jun 1864	Point Lookout MD	disease	
2 Sep 1862	Gordonsville VA	disease	
1865	NY	disease	
1880	Moore Co NC	wounds	shot in the eye 15 Jun 1864 VA
Feb 1864	near Wilmington NC	disease	
Jun 1864	Richmond VA	disease	
Jun 1864	VA		
Sep 1862	Camp Reynolds TN	disease	
Jan 1863	New Bern NC or Goldsboro NC		
12 Aug 1864	VA		
Jul 1864	VA	wounds	wounded at Petersburg
1 Sep 1864	VA	wounds	wounded Petersburg VA
12 Jan 1864	near Orange Courthouse VA	disease	widow remarried but by 1886 he was also deceased
29 May 1865	Point Lookout MD	disease	
Oct 1863	TN	disease	
4 Mar 1863	Floyd Co NC	KIA	
25 Feb 1863	VA	disease	
15 Sep 1864	NC	disease	
10 Jul 1864	Petersburg VA	KIA	
4 Mar 1865	Bentonville NC	KIA	
26 Jul 1863	Lynchburg VA	disease	
25 Jan 1863	Petersburg VA	disease	
15 Sep 1862	near Wilmington NC	disease	
12 Jun 1864	Cold Harbor VA	KIA	couple m. 1853 Wilkes Co NC
7 May 1864	Wilderness VA	KIA	
27 Jun 1862	VA	KIA	
23 Jul 1863		disease	POW
1 Jul 1863	Gettysburg PA	KIA	
6/18 Jul 1864	VA	disease	
after Aug 1863	Point Lookout MD	disease	captured Aug 1863
Mar 1865	Harts Island NY	disease	captured Mar 1865
28 Jul 1864	Cold Harbor VA	KIA	
Dec 1862	VA	disease	
24 Apr 1863	near Lynchburg VA	disease	
May 1864	Wilderness VA	KIA	
25 May 1862	NC	disease	
after 9 Sep 1863	Camp Douglas IL	disease	captured 9 Sep 1863 TN
5 May 1863	VA	KIA	
13 Nov 1861	NC	disease	
Oct 1863	Point Lookout MD	disease	captured 15 Sep 1863
10 Jan 1863	NC	disease	
13 Dec 1862	VA	KIA	

Surname	Soldier's First Name	Widow's First Name	County of application	Date of application	Company & regiment
Johnson	Maxwell	Sally	Catawba	23 May 1885	Co F 23rd
Johnson	William F.	Sarah	New Hanover	2 Jun 1885	Co D 36th
Johnson	William H.	Cynthia	Harnett	29 Jun 1885	Co B 8th
Johnson	William M.	Tempy	Randolph	29 Jun 1885	Co K 5th Cavalry
Johnston	George	Mary Ann	Duplin	13 Jun 1885	Co F 2nd
Jolley	B. A.	Mary	Cleveland	22 May 1885	Co H 28th
Jolley	W. A.	S. L.	Cleveland	4 Jul 1885	Co H 28th
Jonas	Daniel	Adeline	Catawba	4 Jul 1885	Co D 1st
Jones	Alexander	Martha	Stanly	3 Jun 1885	Co H 42nd
Jones	Anderson	Sarah Ann	Henderson	5 Jun 1885	Co B 64th
Jones	Bryant	Araminta	Johnston	24 Jun 1885	Co D 5th
Jones	Daniel	Mary Jane	Wayne	3 Aug 1885	Co I 35th
Jones	Edward	Melissa	Edgecombe	19 Jun 1885	Co B 30th
Jones	Elisha	Louvinia	Edgecombe	2 Jul 1885	Co I 17th
Jones	Ellis	Ann	Brunswick	2 Jul 1885	Whiting's Command
Jones	Gabriel	Penny	Greene	6 Jul 1885	Co K 33rd
Jones	J. G.	Eliza	Haywood	8 Jun 1885	Co C 62nd
Jones	J. G.	Harriet	Wilson	15 May 1885	Co I 35th
Jones	James M.	Mary	Buncombe	18 Jun 1885	Co D 39th
Jones	Jarvis	Mary	Onslow	7 Sep 1885	Co B 24th
Jones	John	Eliza A.	Person	22 Jun 1885	Co E 35th
Jones	John L.	M. S.	Cleveland	7 Sep 1885	Co B 34th
Jones	John W.	Rachel	Cherokee	3 Jul 1885	Co B Walker's Battalion
Jones	Miles D.	Sarah	Macon	16 Jun 1885	Co C 65th
Jones	Milton H.	S. J.	Catawba	16 Jun 1885	Co I 49th
Jones	Richard	Nancy	Macon	1 Aug 1885	Co K 39th
Jones	Robert	Charity	Robeson	27 May 1885	Co A 51st
Jones	Ruel Sidney	Susan	New Hanover	9 Jun 1884	Co C 2nd
Jones	Stephen	S. T.	Macon	3 Jul 1885	Co D 62nd
Jones	Thaddeus Baker	Sarah Ann	Halifax	30 Jun 1885	Co K 1st
Jones	Turner	Jane	Rockingham	4 Jul 1887	Co L 21st
Jones	W. Edwin	Litia	Edgecombe	25 May 1884	Co B 33rd
Jones	Wiley	Clara	Caldwell	6 Jul 1885	Co K 27th
Jones	William	Patsy	Pitt	13 Jun 1885	Co D 44th
Jones	William	Penny Susan	Duplin	13 Jun 1885	Co C 51st
Jordan	Cornelius	Tabitha	Wake	22 May 1885	Co D 31st
Jordan	Green B.	Amanda	Iredell	20 Jun 1885	Co C 4th
Jordan	James C.	Rhoda	Wake	20 Jun 1885	Mallet's Battalion
Jordan	John B.	Mittie Ann	Moore	2 Jun 1885	Co H 46th
Jordan	Joseph	Ann Maria	Halifax	6 Jul 1885	Co I 12th
Jordan	S. H.	Jane	Mecklenburg	6 Jul 1885	Co K 52nd
Jordan	Samuel D.	Martha E.	Northampton	24 Jul 1885	Co A 3rd
Jordan	Titus	Martha	Halifax	2 Jul 1885	Co D 43rd
Joyce	J. W.	F. A.	Stokes	2 Jul 1885	Co L 21st
Joyce	Joshua	Susan F.	Stokes	16 Jun 1885	Co M 21st
Joyner	Caswell H.	Frances	Nash	22 Jun 1885	Co A 47th
Joyner	James H.	Lydia	Brunswick	22 Jun 1885	Co G 36th
Joyner	Timothy	Frances	Yadkin	22 Jun 1885	Co F 28th
Joyner	Wiley W.	Matilda Ann	Nash	30 Apr 1885	Co A 47th
Joyner	William Pridgen	Mary Ann Elizabeth	Nash	30 Apr 1885	Co H 12th

date of soldier's death	Place of death	Cause of death	Other details
after 12 May 1864		disease	captured 12 May 1864 VA
15 Jan 1865	NC	KIA	
28 Jul 1862	Salisbury NC	disease	
3 Jun 1864	VA	KIA	
4 Dec 1864	Lynchburg VA	disease	
25 May 1862	VA	disease	
4 Sep 1862	VA		
1 Apr 1865	Elmyra NY		captured 6 May 1864 Wilderness VA and sent first to Point Lookout MD
15 Aug 1862	Stanly Co NC	disease	died at home on sick furlough
2 Nov 1862	TN	disease	
1 Jun 1864	NC	disease	
12 May 1864	VA	KIA	
1862	VA	disease	
1864	near Petersburg VA	KIA	
10 Feb 1863	Brunswick Co NC	disease	died at home on sick furlough
1862	VA		
27 Nov 1863	Camp Chase OH	disease	captured Cumberland Gap TN
1 Jul 1864	Petersburg VA	KIA	
15 May 1864	Resaca GA	KIA	MIA
after 20 Apr 1864	NC	wounds	wounded 20 Apr 1864
15 Sep 1863	NC	disease	
10 Jan 1863	Winchester VA	disease	
Aug 1864	Camp Morton IN		captured Jun 1864 Piedmont VA
1 Jan 1864	Camp Chase OH	disease	
16 Jun 1862	VA	disease	
1 Sep 1864	GA	disease	
on/after 15 May 1864	Petersburg VA	KIA	or captured & died in prison
4 Jul 1862	Richmond VA	wounds	wounded Seven Days Battle
1 Sep 1863	TN	disease	
26 Jun 1862	near Richmond VA	KIA	
Mar 1864	Rockingham Co NC	disease	died at home on sick furlough
29 Dec 1862	Richmond VA		
14 Oct 1864	Caldwell Co NC	wounds	died at home after being wounded at Bristoe Station VA
May 1864	Spotsylvania Court House VA	KIA	
15 Oct 1864	Elmyra NY	disease	captured 12 May 1864 VA
8 Jul 1863	Wilmington NC	disease	
3 May 1863	Chancellorsville VA	KIA	
after Dec 1862	Wake County NC	wounds	wounded Dec 1862 Kinston NC and died after being brought home; his father was Mathew Jordan, her father was Justice Parrish
Apr 1864	VA	wounds	died after his arm was amputated
1 Jul 1862	Malvern Hill VA	KIA	
18 Aug 1863	VA	disease	
24 Jan 1865	Wilmington NC	disease	
1862	VA	disease	
25 Mar 1865	VA		
Sep/Oct 1863	Fort Delaware DE		captured Jul 1863 Shepherdstown MD during reatreat from Gettysburg
10 Nov 1862	VA	disease	
20 Jul 1865	Raleigh NC	disease	captured 15 Jan 1865 Fort Fisher NC and taken to Elmyra NY; released and died on the way home
Oct 1862	Yadkin Co NC	wounds	wounded 1 Sep 1862 Ox Hill VA and sent home
10 Apr 1863	VA	disease	
12 May 1864	VA	KIA	

Surname	Soldier's First Name	Widow's First Name	County of application	Date of application	Company & regiment
Justice	Lawson	Peggy	Burke	3 Jun 1885	Co B 46th
Kay	Ranson J.	Nancy	Surry	22 Jun 1885	Co A 28th
Keen	Wiley	Martha J.	Harnett	1 Jun 1885	Co K 38th
Keen	William R.	Rachel	Gates	6 Jul 1885	Co H 5th
Keeter	Aden	Elizabeth	McDowell	24 Jun 1885	Co K 22nd
Keith	George	H. C.	Cabarrus	22 May 1885	Co K 5th
Kellar	Barney A.	Agnes	Alexander	12 Jun 1885	Co K 7th
Kellehan	John	Mary	Columbus	15 Jun 1885	Co K 20th
Keller	David	Susan	Caldwell	15 Jun 1885	Co B 11th
Keller	George	Elizabeth	Caldwell	2 Jul 1885	Co B 11th
Keller	Noah A.	Frances	Alexander	4 Jul 1885	Co A 7th
Keller	Thomas	Jane	Burke	29 Jun 1885	Co D 6th
Kellum	Daniel	Alice	Onslow	17 Jun 1885	Co H 41st
Kelly	Archibald C.	Nancy B.	Moore	27 Jun 1885	Co D 49th
Kelly	Daniel M.	Sarah	Moore	18 Jun 1885	Co B 3rd
Kelly	Eben	Sallie	Richmond	1 Jun 1885	Co E 38th
Kelly	James Taylor	Arminthia	Duplin	2 Jun 1885	Co B 1st
Kelly	Joseph	Nancy	Cumberland	8 Jun 1885	Co K 8th
Kelly	Latimer M.	Nancy	Anson	12 Jul 1885	Co A 23rd
Kelly	Mack	Sally	Wilson	22 Jun 1885	Co B 2nd
Kelly	S. S.	S. J.	Gaston	1 Jun 1885	Co B 10th Artillery
Kellyhan	Duncan	Anna Maria	Robeson	19 Jun 1885	Co A 46th
Kemp	Green	Nancy	Nash	19 Jun 1885	Co E 7th
Kemp	Rufus	Catherine	Nash	22 Jun 1885	Co E 7th
Kennedy	Churchwill	Susannah	Surry	3 Jun 1885	Co A 74th
Kennedy	Joshua	Naoma	Johnston	2 Jul 1885	Co I 24th
Kennedy	Williamson	Keziah	Surry	2 Jul 1885	Co I 18th
Kepley	Jacob	Susan	Davidson	12 Jun 1885	
Kerley	Hiram	S. A.	Alexander	1 May 1885	Co G 37th
Kerr	William Franklin	Mary	Iredell	13 Jun 1885	Co A 4th
Kesler	Green C.	Margaret	Rowan	12 May 1885	Co H 8th
Key	Rials	Tempy W.	Moore	2 Jul 1885	Co D 48th
Kibler	Milas M.	Rebecca E.	Burke	2 Jul 1885	Co E 2nd Cavalry
Kilby	William	Sarah	Alexander	13 Jun 1885	Co F 37th
Kindle	Reuben A.	Sarah	Anson	25 May 1885	Co F 5th
Kindly	Daniel F.	Polly	Cabarrus	19 Jun 1885	Co A 20th
King	Alexander	Violet	Lincoln	2 Jun 1885	Co G 52nd
King	Anderson	Margaret	Davie	29 Jun 1885	Co E 42nd
King	Anderson Y.	Julia	Wake	2 Jun 1885	Co H 47th
King	Hillard	Martha Ann	Vance	5 Jul 1885	Co I 16th
King	J. C.	Marisa	Wake	5 Jul 1885	Co I 41st
King	William	Martha	Stokes	26 May 1885	Co F 21st
King	William H.	Mary	Randolph	26 May 1885	Co G 26th
Kinion	Joseph B.	Priscilla	Pender	23 May 1885	Co K 3rd
Kinlow	James R.	Lucy	Robeson	13 Jul 1885	Co C 54th
Kinlow	Neill	Eliza	Robeson	3 Jun 1885	Co K 40th
Kinney	George	Ruth	Randolph	16 May 1885	Co M 22nd
Kirby	Lee T.	Susan E.	Forsyth	11 Jun 1885	Co G 33rd
Kirkland	John	Mary Jane	Orange	2 Jun 1885	Co A 66th
Kiser	Alexander	Mahala	Stokes	4 Jul 1885	Co H 21st
Kiser	George	Elizabeth	Stanly	14 Jul 1885	Co F 14th
Kiser	Philip	Eliza	Gaston	8 Jun 1885	Co D 37th
Kitchen	William	Lourana	Cleveland	25 Jun 1885	Co I 38th
Kivett	Daniel	Jane	Randolph	10 Jun 1885	Co A 25th
Klutts	A. M. A.	Clarisa M.	Cabarrus	27 Jun 1885	Co C 57th
Klutts	Green	Martha	Davie	6 Jul 1885	Co K 57th

date of soldier's death	Place of death	Cause of death	Other details
Aug 1864	VA	disease	
27 May 1862	VA		
3 Jul 1863	Gettysburg PA	KIA	
Dec 1864	Point Lookout MD		
22 May 1864	South Anna River VA	KIA	
1 Jul 1863	Gettysburg PA	KIA	
20 Aug 1864	VA	disease	
1863	VA	disease	
1 Jun 1862	Wilmington NC	disease	
24 Oct 1864	Hatcher's Run VA	KIA	
13 Feb 1865	Elmyra NY	disease	captured 6 May 1864
Jul 1864	near Petersburg VA	KIA	
Sep 1863	near Jacksonville NC	KIA	
4 Sep 1879	Statesville NC	disease	blinded while in service
17 Sep 1862	VA	KIA	
5 Jan 1866?	NC		died in camp
8 Oct 1862	NC	disease	
10 Feb 1862	SC		
3 May 1862	Richmond VA	disease	
17 Sep 1862	Sharpsburg MD	KIA	
20 Aug 1863	Lynchburg VA	disease	
17 Sep 1862	MD	KIA	
10 Jun 1862	VA		
13 Dec 1862	VA	KIA	
4 Dec 1864	Richmond VA	disease	
18 Apr 1863	Plymouth NC	KIA	
Dec 1862	Richmond VA	disease	
17 Sep 1862	Sharpsburg MD	KIA	company & regiment not given
27 May 1862	Hanover Courthouse VA	KIA	
27 Nov 1862	Iredell Co NC	disease	died at home on sick furlough
Oct 1863	NC		
1 Oct 1866	Moore Co NC	disease	captured 21 Dec 1863 VA and came home sick
1 Jun 1864	VA	wounds	died after his arm was amputated
15 Apr 1865	Elmyra NY	disease	
Oct 1864	Point Lookout MD	disease	
1 Jul 1863	MD	disease	found dead in camp at roll call
20 May 1864	Spotsylvania Court House VA	disease	
10 Mar 1865	near Kinston NC	KIA	Battle of Green Swamp
3 Jul 1863	Gettysburg PA	KIA	
20 Mar 1865	VA	disease	
30 Jan 1865	Richmond VA	disease	
2 Jul 1863	Gettysburg PA	KIA	
	Point Lookout MD	disease	no death date on application
7 Jul 1862	VA		
15 Aug 1864	Lynchburg VA	wounds	wounded 1 Jul 1864 near Petersburg VA
1864	NY	disease	POW
Apr 1862	Petersburg VA	disease	
10 Jan 1864	VA	disease	
20 Jul 1864	VA	disease	
1863	Petersburg VA	disease	
Mar 1865	Elmyra NY	disease	captured Spotsylvania Courthouse VA
1 Dec 1862	VA	disease	
14 May 1862	Cleveland Co NC	disease	died at home on sick furlough
10 Jun 1863	Richmond VA	disease	
24 Feb 1863	Port Royal VA	disease	
19 Oct 1864	near Cold Harbor VA	wounds	

Section I — Widow Applications

Surname	Soldier's First Name	Widow's First Name	County of application	Date of application	Company & regiment
Knott	James D.	Jenashab	Person	12 May 1885	Co I 23rd
Knox	Willis	Mary Ann	Martin	25 Aug 1885	Co H 61st
Koonce	Richard H.	Eliza	Jones	22 Aug 1885	Co G 2nd
Koone	Calvin	Elizabeth	Rutherford	6 Jul 1885	Co G 50th
Krouse	Solomon J.	Elizabeth	Surry	10 Jun 1885	Co G 56th
Kuykendall	J. A.	Elisher	Henderson	20 Jun 1885	Co H 25th
Kyles	James	Mary B.	Iredell	2 Jul 1885	Co C 48th
Kyles	William	Margaret	Iredell	23 May 1885	Co E 11th
Lackey	Allen	Louisa	Alexander	12 Jun 1885	Co G 38th
Lackey	Pinkney C.	Elizabeth	Alexander	18 Jun 1885	Co H 50th
Lackey	William	Eliza	Burke	2 Jul 1885	Co B 35th
Lail	Alfred	Mary	Burke	4 Jul 1885	Co A 58th
Lail	Daniel	Harriet	Burke	15 Jun 1885	Co D 6th
Lamb	John	Edith	Columbus	13 Jul 1885	Co C 20th
Lamb	Peter	Rhoda	Robeson	29 Jun 1885	Co E 51st
Lambert	Solomon M.	Lovina	Alexander	12 Jun 1885	Co E 54th
Lamkin	James B. E.	Lou	Warren	4 Oct 1885	Co F 8th
Lamm	Elias	Elizabeth	Wilson	22 Jun 1885	Co C 43rd
Lancaster	D. D.	Nancy	Rutherford	12 Jun 1885	Co D 16th
Lancaster	James J.	A. R.	Halifax	12 May 1885	Co A 14th
Lance	W. B.	Delia	Buncombe	13 Jun 1885	Co D 60th
Lance	W. P.	Nancy	Buncombe	13 Jun 1885	Co D 39th
Lane	Elisha	Ann	Perquimans	6 Jul 1885	Co A 1st
Lane	Nehemiah	Caroline	Perquimans	3 Jul 1885	Co F 27th
Lane	Samuel	Mary	Burke	1 Jun 1885	Co D 11th
Laney	Evans S.	Malinda	Caldwell	6 Jul 1885	Co I 26th
Laney	H. W.	Martha	Union	15 Jun 1885	Co E 45th
Laney	Wilson B.	Mary L.	Union	7 Jul 1886	Co A 48th
Langley	James P.	Mary	Jones	25 May 1885	Co G 35th
Langley	Singleton	Milbry	Nash	4 Jul 1885	Co I 30th
Langston	Norman W.	Martha	Warren	1 Jun 1885	Co A 12th
Lanier	Joseph	Leah	Catawba	13 Jul 1885	Co A 18th
Lanier	Peterson	Sarah	Cleveland	11 May 1885	Co D 17th
Lanning	E. R.	Nancy	Buncombe	11 May 1885	Co C 60th
Lary	James B.	Elitha	Wilson		
Lasater	Joseph B.	Quinnetter	Chatham	5 Aug 1887	Co I 6th
Lassiter	J. G.	Mary	Forsyth	21 Aug 1885	Co B 45th
Laton	Martin	Mary	Montgomery	5 Sep 1885	Co L 17th
Laughlin	S. W.	Lavina E.	Randolph	22 Jun 1885	Co I 27th
Laughter	John	Nancy	Henderson	27 Apr 1885	Co A 35th
Lawing	M. W. P.	C. G.	Mecklenburg	6 Sep 1886	Co I 32nd
Lawless	Andrew J.	Harriet	Surry	6 Sep 1886	Co I 24th VA
Lawrence	Haywood	Elizabeth	Chatham	7 Jun 1885	Co G 48th
Lawson	Floyd B.	Emaline	Madison	2 Jun 1885	Co B 60th
Lawson	Joshua	Susan Ann	Stokes	2 Jun 1885	Co H 53rd
Lawson	Keener	Luvena	Stokes	18 Jun 1885	Co G 53rd
Lawson	William W.	Elizabeth	Stokes	18 Jun 1885	10th artillery
Leach	Archibald A.	Deborah	Montgomery	15 Jun 1885	Co K 34th
Leach	Edwin	Margaret	Montgomery	17 Jun 1885	Co K 34th
Leadbetter	Elijah	Rebecca	Cleveland	29 May 1885	Co C 15th
Leadbetter	William	E. U.	Cleveland	27 Jun 1885	Co D 55th
Ledbetter	Andrew	Malinda	McDowell	25 Jun 1885	Co K 50th
Ledbetter	S. L.	Mary	Henderson	2 Jun 1885	Co G 60th
Ledwell	Luke	Elizabeth	Davie	6 Jul 1885	

date of soldier's death	Place of death	Cause of death	Other details
31 May 1862	Richmond VA	wounds	wounded Battle of Seven Pines
1 Oct 1864	Richmond VA	disease	
1 Mar 1883	Jones Co NC	wounds	wounded 1 Jul 1862 VA in the head
11 Oct 1864	Plymouth NC	disease	2nd corporal
22 Dec 1864	Petersburg VA		
1 Jul 1862	VA	KIA	
Aug 1864	Iredell Co NC	wounds	died at home after being wounded in VA
27 Oct 1864	Danville VA	disease	
5 Mar 1862	Petersburg VA	disease	
22 Dec 1862	NC	disease	
27 Mar 1865	VA		
1 Oct 1864	Macon GA	disease	
1863 or 1864	Fort Delaware DE	wounds	
27 Jul 1862	VA		
Jun 1863	Drewry's Bluff VA	KIA	
27 May 1862	Raleigh NC	disease	buried Hopewell Church Alexander Co; had brother William
21 Jul 1863	near Petersburg VA	KIA	
1 Jul 1863	VA		
3 May 1863	Chancellorsville VA	KIA	
12 May 1864	Spotsylvania Court House VA	KIA	
1865	IL	disease	captured TN
15 Dec 1864	TN		
1865			
on/after 17 Sep 1862	Staunton VA	wounds	wounded at Sharpsburg MD
10 Aug 1863	Madison Courthouse VA		
15 Mar 1865	Danville VA	disease	
5 Feb 1865	Hatcher's Run VA	KIA	
12 Oct 1862	VA		
31 Jan 1883	Onslow Co NC	wounds	wounded & lost right leg 1 Jul 1863 Gettysburg PA
1 Jul 1862	VA		
5 Apr 1862	near Raleigh NC	disease	
10 Feb 1863	Richmond VA	disease	
15 Sep 1864	VA		
4 Sep 1864	MD	disease	POW
			empty folder
14 Sep 1861	Chatham Co NC	disease	died at home on sick furlough
5 May 1864	Wilderness VA	KIA	
31 Dec 1864	Richmond VA	disease	
8 Dec 1864	Richmond VA	disease	
15 Mar 1865	Point Lookout MD	disease	POW
30 Sep 1864	near Petersburg VA	KIA	
16 May 1864	Drewry's Bluff VA	KIA	lived Patrick Co VA before war but couple moved to NC in 1863
15 Oct 1863	Bristoe Station VA	KIA	
20 Jul 1864	Greensboro GA	wounds	wounded Resaca GA
May/Jun 1862	NC	disease	
15 Aug 1863 or Jun 1864	Martinsburg VA	disease	
Dec 1864 or Jan 1865	Fort Fisher NC	KIA	company not given
Jan 1863	NC	disease	
on/after 9 Sep 1862	VA	KIA	MIA
1 Oct 1861	VA	disease	
1 Jul 1863	Gettysburg PA	KIA	
14 Aug 1864	Plymouth NC	disease	
1 Jan 1863	Dalton GA	disease	
16 Jan 1865	Raleigh NC	disease	company & regiment not given

Surname	Soldier's First Name	Widow's First Name	County of application	Date of application	Company & regiment
Lee	Allen A.	Millison	Randolph	Jun 1885	Co I 22nd
Lee	Israel	Nancy	Halifax	6 Jul 1885	Co I 12th
Lee	John	Louisa	Durham	24 Jun 1885	Co H 56th
Lee	John F.	Martha Ann	Anson	25 Jun 1885	Co K 26th
Lee	Lovett	Mary J.	Sampson	14 Jun 1885	Co D 5th
Lee	Nathan A.	Mary	Wake	28 Jun 1885	Co G 1st
Lee	Nathan D.	Sally	Wayne	14 Jul 1885	Co D 4th
Lee	W. E.	M. L.	Cleveland	2 Jul 1885	Co H 28th
Leeman	James	Sarah	Yadkin	19 May 1885	Co D 52nd
Lefevers	Isaac	Catherine	Catawba	1 Jun 1885	Co K 46th
Lefler	Eli	Mary	Stanly	13 May 1885	Co C 13th
Lefler	P. Archie	Martha	Cabarrus	1 Jun 1885	Co F 1st
Lefler	William	Crissy	Rowan	26 Jul 1885	Co K 8th
Legans	Joseph	Sarah	Yadkin	8 Aug 1887	44th
Leggett	Redding B.	Charlotte	Beaufort	6 Jul 1885	Co B 1st
Lemmons	Andrew	Rebecca	Rockingham	29 May 1885	Co A 45th
Lenhardt	Jacob N.	Martha	Lincoln	30 May 1885	Co K 49th
Lenhardt	L. K.	M. C.	Gaston	3 Jul 1885	Co H 49th
Leonard	Asa	Sarah	Brunswick	6 Jul 1885	Co G 36th
Leonard	Calvin D.	Emily	Union	19 May 1885	Co I 53rd
Leonard	Daniel	Elizabeth	Davidson	24 Jun 1885	Co A 15th
Leonard	Daniel E.	Margaret	Catawba	6 Jul 1885	Co E 57th
Leonard	Ellen	Betsy	Franklin	6 Jul 1885	Co K 12th
Leonard	J. H.	Betsey	Davidson	19 Jun 1885	Co B 57th
Leonard	Obediah	Elizabeth	Davidson	4 Jul 1885	14th
Leonard	William	Catherine	Lincoln	11 Jun 1885	Co G 57th
Leonard	William	Zilpha	Anson	25 May 1885	Co C 40th
Lewallen	John	Mandy	Randolph	12 Jun 1885	Co B 52nd
Lewis	B. F.	Sarah	Wilkes	8 Jun 1885	Co C 26th
Lewis	Henry P.	Caroline	Robeson	2 Jul 1885	Co B 50th
Lewis	James M.	Mary	Sampson	26 Jun 1885	Co I 46th
Lewis	James R.	Mary	Buncombe	27 Jun 1885	Co I 60th
Lewis	John	Catherine	Wilkes	13 Jun 1885	Co C 26th
Lewis	John	Lucy	Cabarrus	27 May 1885	Co H 7th
Lewis	John Manly	Susannah Caroline	Orange	2 Jul 1885	Co D 61st
Lewis	Joseph W.	Martha	Halifax	6 Jul 1885	Co K 1st
Lewis	Prior	Julia	Brunswick	8 Jun 1885	Co A 30th
Lewis	William	Rachel	Caldwell	9 Jul 1885	Co G 22nd
Lewter	Henry C.	Penny	Chatham	2 Jul 1885	Co G 7th
Liles	Hilliard H.	Susan	Halifax	2 Jul 1885	Co F 43rd
Lilly	John B.	Sarah	Martin	20 Jun 1885	Co A 17th
Lilly	William M.	Mary	Stokes	26 May 1885	Co D 53rd
Linebach	Emanuel	Rosa	Surry	23 Apr 1885	Co I 33rd
Linebach	Roburtes	Mary	Forsyth	6 Jul 1885	Co G 33rd
Lineberry	Henry	Martha	Guilford	13 May 1885	Co H 16th
Link	Ephraim	Eliza	Catawba	6 Jul 1885	Co C 28th
Link	Jacob	Anna	Catawba	16 May 1885	Co E 20th
Litaker	George E.	Elizabeth	Rowan	29 Jun 1885	Co K 57th
Little	Nathan	Anna	Columbus	31 Aug 1885	Co H 51st
Little	Thomas A.	Elizabeth	Warren	10 Jun 1885	Co G 43rd
Little	Tillmon	Mary	Stanly	16 Jun 1885	Co F 29th
Little	Williamson	Rosa	Halifax	16 Jun 1885	Co G 43rd
Litton	Joseph F.	R. S.	Iredell	15 Jun 1885	Co A 48th

date of soldier's death	Place of death	Cause of death	Other details
26 Jul 1862	Ashland VA	disease	
27 Jul 1862	Danville VA	disease	
1 Apr 1864	Bermuda Hundred VA		
27 Oct 1864	Petersburg VA	KIA	
31 Mar 1863	VA		
10 May 1864	Spotsylvania Court House VA	KIA	
May 1863	Chancellorsville VA	KIA	
3 Jun 1863	VA	disease	
4 Jul 1863	Gettysburg PA	KIA	
Jun 1864	Richmond VA	wounds	wounded near Charles City VA
1 Jul 1863	Gettysburg PA	KIA	
1 Jul 1863	Gettysburg PA	KIA	
Jul 1862	Salibury NC	fall from railroad bridge	coming home after being paroled (captured at Roanoke Island)
20 Mar 1864	Fredericksburg VA	disease	widow remarried 1867 but he died also; company not given
Jun/Jul 1864	VA	disease	
19 Mar 1862	GA	disease	
21 Aug 1864	Petersburg VA	disease	
21 Dec 1864	Petersburg VA		
1 Aug 1865	Brunswick Co NC	disease	captured 15 Jan 1865 Fort Fisher NC; released from Elmyra NY; died two days after arriving home
10 Aug 1862	Weldon NC	disease	
27 May 1871	Davidson Co NC	wounds	wounded Feb 1863 Petersburg VA
19 Oct 1864	Richmond VA	disease	
28 Nov 1863	VA	KIA	
	VA	disease	
24 Sep 1862		disease	company not given
1 Aug 1864	Lincoln Co NC	disease	died at home on sick furlough
Sep 1864	near Wilmington NC	disease	
1 Sep 1863	Petersburg VA	disease	
2 Jul 1863	Gettysburg PA	KIA	couple m. 20 Dec 1854
3 Jan 1865	NC	disease	
18 Jun 1864	VA	disease	
27 Aug 1863	MS	disease	
14 Mar 1864	Gordonsville VA	disease	
25 Dec 1861	Caroline City VA	disease	
1 Apr 1865	Point Lookout MD	disease	brother William was also POW and died
1 Sep 1862	near Richmond VA	disease	
Sep 1864	Wilmington NC	disease	
15 Jul 1864	NY	disease	
20 Oct 1862	VA	disease	
Oct 1864	Elmyra NY	disease	
18 Dec 1862	NC	disease	
2 Jul 1863	Gettysburg PA	wounds	
1864	Richmond VA	disease	
3 May 1863	VA	KIA	
	Fort Delaware DE	disease	
3 Jul 1863	Gettysburg PA	KIA	
3 Mar 1864	Catawba Co NC	disease	died at home on sick furlough
13 Dec 1862	Fredericksburg VA	KIA	
17 Dec 1862	Goldsboro NC	KIA	
4 Feb 1865	Staunton VA	disease	
15 Nov 1864	GA		
31 Jan 1864	Orange Courthouse VA	disease	
29 Oct 1862	near Winchester VA	disease	

Surname	Soldier's First Name	Widow's First Name	County of application	Date of application	Company & regiment
Livengood	Joshua	Polly	Forsyth	2 Jun 1885	Co K 21st
Livengood	Solomon	Elizabeth	Forsyth	25 May 1885	Co K 52nd
Lockamy	Allen L.	Elizabeth	Sampson	23 Jun 1885	Co C 54th
Lockeman	John A.	Rachel	Lincoln	21 Jun 1885	Co K 52nd
Lockerman	Sion	Nancy	Sampson	25 May 1885	Co D 10th Artillery
Lofon	Monroe	Mary	Haywood	22 Jun 1885	Co C Thomas' Legion
Loftin	W. W.	Margaret	Duplin	6 Jul 1885	Co C 2nd
Loftis	Robert	Malissa	McDowell	2 Jun 1885	Co K 22nd
Logan	Phillip	Sarah	Cleveland	1 Jun 1885	Co H 30th
Long	Calvin J.	Emily	Franklin	26 Jun 1885	Co G 47th
Long	F. M.	Henrietta	Rutherford	6 Jun 1885	Co G 50th
Long	Griffin	Elva	Wayne	30 May 1885	Co G 2nd
Long	John F.	Clerisa	Haywood	30 May 1885	Co I 62nd
Long	S. M.	Violet	Jackson	29 Jun 1885	Co B 25th
Long	William J.	Martha S.	Person	13 Jun 1885	Co E 15th
Louie	Wesley	Mary	Davidson	8 Jun 1885	Co B 48th
Lourance	N. C.	Harriet	Catawba	2 Jun 1885	Co I 49th
Love	Albert G.	Ardelia	Alamance	22 Jun 1885	Co K 47th
Lovelace	George	Martha	Rockingham	28 May 1885	Co H 45th
Lovelace	William G.	Mary	Cleveland	6 Jul 1885	Co D 55th
Loveless	Amstide	Elizabeth	Alleghany	12 Jun 1885	Co F 22nd
Lovett	Aaron F.	Angelina	Wilkes	8 Jun 1885	Co G 30th
Lovett	Hiram	Athy Ann	Robeson	18 Jun 1885	Co K 40th
Lovett	Joshua	Elizabeth	Cumberland	1 Jun 1885	Co C 3rd
Low	Gideon	Naomi	Transylvania	2 Jun 1885	Co K 62nd
Lowder	John A.	Catharine	Stanly	2 Jun 1885	Co B 5th
Lowder	Lee	Malinda	Stanly	15 Jun 1885	Co K 28th
Lowdermilk	William	S. E.	Caldwell	2 Jun 1885	Co I 26th
Lowe	J. L.	Frances	Wake	24 Jun 1885	Co D 24th
Lowman	Levi	Sarah	Burke	6 Jul 1885	Co C 6th
Lowry	Alex	Rachel	McDowell	2 Jul 1885	Co A 49th
Loyd	James W.	Mary A. C.	Franklin	5 Jul 1885	Co A Camp Guard
Loyd	Nathanial	Martha	Vance	5 Jun 1885	Co K 54th
Lucas	Henry	Virginia	Wilson	22 Jun 1885	Co A 55th
Lucas	James A.	Nancy	Cleveland	23 May 1885	Co B 34th
Lucas	John	Mary	Rowan	4 Jul 1885	Co K 8th
Lucas	Phillip D.	Martha Ann	Cleveland	30 May 1885	Co F 34th
Lucas	Sherrod	Sophia	Sampson	10 Jun 1885	Co I 46th
Lunsford	Joseph H.	Esther	Watauga	1 Jun 1885	Co E 37th
Lyda	A. W.	Nancy	Henderson	22 Jun 1885	Co B 16th
Lylerly	Christopher	Elizabeth	Stanly	11 Jun 1885	Co F 5th
Lynch	John E.	Nancy	Orange	11 Jun 1885	Co A 66th
Lynch	William	Polly	Johnston	2 Jun 1885	Co C 50th
Lyndon	Josiah W.	Nancy	Montgomery	14 Sep 1885	Co E 52nd
Mabe	Carter	Fannie	Stokes	2 Jun 1885	Co H 53rd
Mabe	Jesse	Rhoda	Stokes	20 Jun 1885	Co H 53rd
Mabe	Marklin	Susan	Stokes	2 Jun 1885	Co F 21st
Mabe	Moses	Susan	Stokes	2 Jun 1885	Co A 2nd
Mabe	Philip	Eddy	Stokes	5 Jul 1886	Co G 21st
Mabry	Isah	Adaline	Stanly	23 Jun 1885	Co C 42nd

date of soldier's death	Place of death	Cause of death	Other details
4 Jul 1862	Madison VA	disease	
21 Aug 1863	Fort Delaware DE	disease	
23 Jun 1863	Petersburg VA	disease	
16 Jan 1864	Petersburg VA	disease	
15 Nov 1862	Winchester VA	disease	
29 Mar 1863	TN	disease	
20 Oct 1864	NC	disease	
15 Sep 1862	VA	disease	
1 Nov 1864	VA	disease	
1 Jul 1863	Gettysburg PA	KIA	
11 Jul 1862	Petersburg VA	disease	
2 May 1863	VA	KIA	
10 Oct 1863	Camp Douglas IL	disease	
13 Dec 1862	Fredericksburg VA	KIA	
11 Jun 1864	VA	wounds	wounded Battle of Wilderness VA
25 Jun 1862	Seven Pines VA	KIA	
1 Jun 1864	Petersburg VA	KIA	
Dec 1863	MD	disease	
1865	VA	disease	
1863 or 1864	Point Lookout MD	disease	captured Gettysburg
27 Sep 1861	VA	disease	
4 Mar 1864	VA	disease	
Dec 1861	VA	disease	
Mar 1862	Aqua Creek VA	disease	
Jan/Feb 1864	Rock Island IL	disease	
8 Jun 1863	Richmond VA	disease	
Dec 1864	Lynchburg VA	disease	
15 Jun 1864	VA	wounds	wounded Cold Harbor VA
17 Jun 1864		disease	captured 17 Jan 1864 near Petersburg; sent to Point Lookout MD, then Elmyra NY; paroled and started home, but died on the way
Jul 1863	Gettysburg PA	KIA	
1 Jul 1862	Malvern Hill VA	KIA	
31 Jan 1864	Camp Holmes NC	disease	b. 1827 Granville Co NC; some documents say surname was Floyd
3 Sep 1862	Goldsboro NC	disease	
1863	DE	disease	dropped dead
3 May 1863	VA	KIA	
Nov 1862	NC	disease	
Jul 1864	Point Lookout MD	disease	captured 27 May 1864
15 Jul 1864	VA	disease	
27 Dec 1862	VA	disease	
		disease	captured 15 Jan 1864 TN; affadavit says he enlisted in federal army from Rock Island IL and that widow was already collecting federal pension
3 Jul 1863	Gettysburg PA	KIA	
Aug 1864	Petersburg VA	KIA	2nd Lt.
1 Feb 1864	SC	disease	
13 Aug 1862	Richmond VA	disease	
1864 or 10 Feb 1865	NC	disease	
30 Aug 1873	Stokes Co NC	wounds	wounded 1 Jul 1863 Gettysburg; lost an eye and died later of complications
21 Aug 1862	Mansassas Junction VA	disease	had one eye when he enlisted
1 May 1863	Raleigh NC		
1 Sep 1862	Gordonsville VA	disease	couple m. 22 Sep 1846 Stokes Co
Dec 1874	Stanly Co NC	wounds	wounded 8 Mar 1865 NC

Surname	Soldier's First Name	Widow's First Name	County of application	Date of application	Company & regiment
Mabry	John B.	Mary Elizabeth	Halifax	23 Jun 1885	Co I 12th
Maden	James P.	S. T.	Iredell	12 May 1885	Co H 11th
Malone	Willis	Nancy	Cumberland	28 May 1885	Co D 57th
Maloney	James S.	Nancy	Rowan	1 Jun 1885	Co C 57th
Malpass	Amos	Catharine	Pender	1 May 1885	Co E 18th
Maner	Anias	Catharine	Montgomery	25 Jun 1885	Co K 5th Cavalry
Maner	James	Ann	Montgomery	13 Jun 1885	Co E 52nd
Mangum	L. D.	Mellisa	Johnston	30 Jun 1885	Co D 26th
Manning	Abram	Elizabeth	Pitt	4 Jul 1885	Co D 3rd
Manning	James S.	Ila	Columbus	4 May 1885	Co H 33rd
Marks	Thomas	Nancy	Stanly	4 Jul 1885	Co C 42nd
Marks	Zucius	Emeline	Harnett	9 Jun 1885	Co G 63rd Cavalry
Marley	John F.	Emily	Wilkes	8 Jun 1885	Co F 52nd
Marlow	Benjamin	Isabell	McDowell	30 May 1885	Co K 60th
Marlow	John A.	W. C.	Columbus	30 May 1885	Co A Tucker's regiment
Marshall	James	Sarah	Stokes	3 Jul 1885	Co A 61st
Marshall	R. N.	Dorinda	Alexander	30 May 1885	Co G 38th
Martin	A. H.	M. L.	Cherokee	30 Jun 1885	Co A 2nd
Martin	C. G.	Mary	Cleveland	31 May 1885	Co F 34th
Martin	G. W.	P. E.	Stokes	30 Jul 1887	Co H 22nd
Martin	Isaac	Ann	Wayne	1 Jul 1885	Co G 55th
Martin	John H.	E. L.	Jackson	1 Jun 1885	Co G 69th
Martin	John W.	Emily	Martin	30 Apr 1885	Co B 13th Artillery
Martin	Larkin	Mary Ann	Chatham	14 Sep 1885	Co D 61st
Martin	M. L.	A. L.	Cherokee	13 Jun 1885	Co A 2nd
Martin	Mason C.	Sarah	Stokes	2 Jun 1885	Co G 53rd
Martin	W. H.	Francis	Wake	1 Jun 1885	Co I 3rd
Mash	Jesse	Elizabeth	Ashe	6 Jul 1885	Co G 56th
Mashburn	Baxter	Nancy	McDowell	29 Jun 1885	Co A 47th
Mason	J. T.	Rebecca	Franklin	9 Jun 1885	Co E 23rd
Massagee	Absalom	Barbara	Lincoln	20 May 1885	Co K 47th
Massey	O. K.	Elizabeth	Nash	20 Jun 1885	Co D 47th
Massey	Ruffin R.	Elizabeth	Nash	18 Jun 1885	Co B 47th
Massey	William H.	Hollan	Cumberland	6 Jul 1885	Co G 33rd
Matherly	Henry	Betsy	Davidson	6 Jun 1885	Co A 21st
Mathis	David	Rebecca	Jackson	3 Jun 1885	Co C 16th
Matney	John W.	Cintha E.	Wilkes	12 Jun 1885	Co I 26th
Matthews	Daniel James	Nancy E.	Duplin	6 Jul 1885	Co B 3rd
Matthews	James	Frances	Alamance	16 Jul 1885	Co E 13th
Matthews	John	Nancy	Moore	21 Jul 1885	Co C 7th
Matthews	Josiah	Sallie Ann	Pitt	29 May 1885	Co H 27th
Mauldin	David A.	Elizabeth	Montgomery	2 Jun 1885	Co C 42nd
Maultsby	Neill A.	Margaret	Columbus	30 May 1885	Co H 51st
Maxwell	William P.	Dicy	Henderson	6 Jul 1885	Co D 60th
May	A. N.	Emily	Alamance	5 Jul 1887	Co E 20th
May	Martin Alphonso	Eliza Jane	Guilford	2 Jul 1885	Co B 45th
May	Simon J.	Margaret	Guilford	6 Jul 1885	Co E 22nd
May	William R.	Mary A.	Guilford	6 Jul 1885	Co C 45th
Mayberry	Elisha	Sallie Ann	Caldwell	3 Jul 1885	Co I 26th
Mayhew	Moses	Nancy	Iredell	4 Jun 1885	Co A 45th
Mays	R. S.	L. S.	Iredell	26 Jun 1885	Co B 13th
Mays	R. W.	E. W.	Iredell	3 Jul 1885	Co B 2nd
Mayse	Joseph	Patsy	Surry	1 Jun 1885	Co I 18th
Maze	Joseph	Patsy	Surry		
McAfee	Madison M.	Jane	Buncombe	1 Jun 1885	Co I 25th

date of soldier's death	Place of death	Cause of death	Other details
May 1863	Elmyra NY	wounds	wounded at Chancellorsville VA
20 Jan 1864	Charlottesville VA	disease	
10 Oct 1864	Cumberland Co NC	wounds	wounded 11 Jul 1864 Camp Hill VA
1863	Danville VA	disease	
9 Aug 1862	VA		
1 Aug 1864	VA	wounds	wounded Battle of Middleburg VA
3 Jul 1863	Gettysburg PA	KIA	
Jun 1862	VA		
Jul 1863	Gettysburg PA	KIA	
May 1864	Elmyra NY		
10 Mar 1865	Wise's Forks NC	KIA	
20 Sep 1864	NC	wounds	name actually Zachariah; regiment originally 5th Cavalry
20 May 1864	Lynchburg VA	wounds	couple m. 3 Nov 1857 Wilkes Co NC
6 Dec 1863	Atlanta GA	disease	
1864	Point Lookout MD	disease	
Aug 1864	Stokes Co NC	disease	died at home on sick furlough
2 Jan 1865	Petersburg VA	disease	
7 May 1864	VA	KIA	
May 1863 or May 1864	VA		different dates on same form
22 Jun 1862	VA	disease	
1 Jul 1862	Raleigh NC	disease	
Nov 1862	Strawberry Plains TN	disease	
12 Jan 1865	Fort Fisher NC	KIA	
24 Oct 1864	VA	wounds	wounded 30 Sep 1864 Fort Harrison VA
7 May 1864	near Fredericksburg VA	KIA	
Sep 1864	Winchester VA	KIA	
3 Jul 1863	Gettysburg PA	KIA	
1 Jan 1865	VA	KIA	
30 Jul 1862	VA	disease	
1 Jul 1863	Gettysburg PA	KIA	
20 Jun 1864	near Bermuda Hundred VA	KIA	
3 Jun 1864	Cold Harbor VA	KIA	
25 May 1865	NY	disease	
14 Mar 1862	NC		
after Jul 1863		wounds	wounded at Gettysburg
	VA		
3 Jul 1863	Gettysburg PA	KIA	
18 Apr 1864	Orange Courthouse VA	wounds	wounded at Gettysburg
3 Jul 1862	VA		
10 Apr 1865	Elmyra NY	disease	
15 Jun 1864	White Oak Swamp VA	KIA	
16 Jul 1862	NC	disease	
17 Jun 1864	VA	wounds	wounded at Petersburg
1 Jan 1863	Murfreesboro TN	disease	
20 Nov 1864	Alamance Co NC	disease	died at home on sick furlough
after 5 Mar 1862	Orange Courthouse VA	disease	enlisted 5 Mar 1862
May 1862	Seven Pines VA	KIA	
Jul 1863	Gettysburg PA	KIA	
25 Aug 1862	Petersburg VA	disease	
1 Jul 1863	Gettysburg PA	KIA	
20 Apr 1864	Tarboro NC	disease	
3 Jun 1864	Camp Chase OH	disease	captured Mar 1864
1865	Elmyra NY	disease	
			same as Joseph Mayse
2 Aug 1864	Madison Co NC	disease	

Surname	Soldier's First Name	Widow's First Name	County of application	Date of application	Company & regiment
McAllister	George W.	Martha	Gaston	22 Jun 1885	Co H 37th
McAulay	Martin A.	Adeline	Montgomery	25 Jun 1885	Co E 28th
McBroom	John W.	Mary	Orange	28 May 1885	Co D 56th
McCain	Joseph M.	Elizabeth	Person	8 Jul 1886	Co I 45th
McCall	J. F.	Catharine	Mecklenburg	6 Jul 1885	Co H 35th
McCall	Sidney	M. V.	Caldwell	2 Jun 1885	Co D 18th
McCallum	Angus	Sarah E.	Moore	4 Jun 1885	Co D 49th
McCauley	Charles J.	Julia	Orange	23 May 1885	Co G 27th
McCorkle	Robert B.	Martha	Union	20 Jul 1885	Co B 43rd
McCray	John Calhoun	Sarah	Davidson	5 May 1885	Co F 15th
McCullen	James	Sarah J.	Sampson	3 Jul 1885	Co C 63rd
McCurry	Walter	Elizabeth	Mitchell	15 Jun 1885	Co B 5th
McDaniel	David	Barbara	Cleveland	7 Jul 1885	Co G 49th
McDaniel	Joseph R.	Elizabeth	Rutherford	2 Jun 1885	Co D 16th
McDaniel	Lewis	Nancy	Rutherford	20 Jun 1885	Co I 50th
McDaniel	Moses W.	Elizabeth	Buncombe	8 Jun 1885	Co E 18th
McDaniel	Thomas	Louisa	Wilkes	25 Apr 1885	Co F 52nd
McDaniel	William	Sallie	Alexander	11 May 1885	Co H 55th or Co G 18th
McDonald	John	Mary Ann	Davidson	22 Jun 1885	Co A 15th
McDonald	Norman	Jane	Moore	10 May 1885	Co C 3rd
McDonald	William	Seney	Cabarrus	1 Jul 1887	Co F 57th
McDowell	J. C. S.	Julia	Burke	10 Jul 1886	34th
McEachern	C. H.	Philadelphia	Cabarrus	20 May 1885	Co H 7th
McElrath	James	Martha	Buncombe	24 Jun 1885	Co B 16th
McElroy	James W.	Rebecca	Union	10 Jun 1885	Co B 53rd
McFadyen	Lauchlin	Eliza	Robeson	3 Jun 1885	Co D 2nd
McFarland	William	Rebecca	Polk	3 Jun 1885	Co A Palmetto Sharp Shooters
McFatter	Alexander	Dorothy	Johnston	6 Aug 1885	Co H 30th
McGee	Andrew	Peggy	Forsyth	6 Jul 1885	Co D 21st
McGee	John	Martha	Macon	4 May 1885	Co C 6th
McGhee	F. M.	Matilda	Wilkes	3 Jul 1885	Co I 32nd
McGhee	John H.	Sarah F.	Wake	22 Jun 1885	Co G 7th
McGinnis	George L.	Sarah	Lincoln	6 Jul 1885	Co H 37th
McGinnis	Larkin	Susannah	Rutherford	12 May 1885	Co E 12th
McGinnis	Sidney A.	Sophia	Lincoln	13 Jun 1885	Co A 11th
McGowan	Noah	Ann H.	Onslow	22 Jun 1885	Co E 4th
McGrady	Jacob	Jane	Ashe	22 Jun 1885	Co K 37th
McGuist	David	Mary	Union	18 May 1885	Co B 43rd
McHone	Anderson	Paulina	Stokes	2 Jun 1885	Co A 2nd
McInnis	John	Nancy	Moore	2 Jun 1885	Co D 49th
McIver	John W.	Flora	Moore	27 Jun 1885	Co H 30th
McKay	J. P.	Ann	Iredell	27 Jun 1885	Co C 4th
McKee	David	Elizabeth	Bladen	25 May 1885	Co B 18th
McKeithan	Sanborn	Catherine J.	Richmond	29 Jun 1885	Co D 12th VA
McKinney	Burnice	Elizabeth	Cleveland	14 May 1885	Co B 34th
McKinney	Jesse	Phoeba	Surry	6 Jul 1885	Co A 28th
McKinney	Moses	Elizabeth	Mitchell	6 Jul 1885	Co I 29th
McKinney	Thomas	Nancy	McDowell	22 Jun 1885	Co A 58th
McKinney	Willis A.	Biddie S.	Rutherford	30 Jun 1885	Co D 55th
McKinsie	Nelson	Sophia	Sampson	1 Jun 1885	Co A 36th
McKissick	Calvin	Fannie	Orange	1 Aug 1887	Co E 35th
McKnight	Marion	Caroline	Forsyth	4 Jun 1885	Co K 21st
McKoy	L. L.	Mary	Montgomery	3 Jun 1885	Co E 52nd
McLaggart	James F.	F. A.	Cherokee	2 Jul 1885	Co B Walker's Battalion

date of soldier's death	Place of death	Cause of death	Other details
Jul 1863	VA	disease	
31 May 1865	Newport News VA	disease	POW
16 Jun 1862	Orange Co NC	disease	died at home on sick furlough
20 May 1864	Spotsylvania Court House VA	wounds	wounded Battle of Wilderness
24 Sep 1864	VA	wounds	wounded Petersburg VA
18 Sep 1862	Sharpsburg MD	KIA	
14 Aug 1864	Elmyra NY	disease	
25 Jan 1864	NC	wounds	
19 Apr 1864	Plymouth NC	KIA	
16 Feb 1881	Davidson Co NC	wounds	wounded Apr 1864 Wilderness VA
18 Jun 1863	Middleburg VA	KIA	
1 Apr 1863	DE	disease	captured in KY
1 Nov 1862	VA	disease	
5 May 1864	Wilderness VA	KIA	
10 Jun 1864	NC	disease	
7 Oct 1863	VA		
Mar 1865	Point Lookout MD	disease	
6 Mar 1864	Orange Courthouse VA	disease	
15 May 1864	Spotsylvania Court House VA	wounds	
15 Dec 1862	near Winchester VA	disease	
24 Oct 1862	Richmond VA	disease	
8 May 1863	Chancellorsville VA	KIA	Colonel of the regiment
after 28 Jul 1864	VA	wounds	wounded & captured 28 Jul 1864 near Richmond and reported dead a few days later
18 May 1864	Spotsylvania Court House VA	KIA	
1 Jul 1863	Gettysburg PA	KIA	
1863	Richmond VA	drowned	drowned in Canal Basin
9 Jul 1862	Richmond VA	disease	
28 Nov 1863	VA	wounds	wounded Kelly's Ford VA
4 May 1863	Chancellorsville VA	KIA	muster roll may say Andy Mager
23 Apr 1864	Plymouth NC	KIA	
10 Jul 1863	Gettysburg PA	wounds	
3 Jul 1863	Gettysburg PA	KIA	
27 May 1862	near Hanover Courthouse VA	KIA	
27 Jun 1862	VA	KIA	
Jan 1865	Point Lookout MD		captured 2 Jul 1863 Gettysburg
5 Feb 1864	VA	disease	
3 Jul 1863	Gettysburg PA	KIA	
1 Jun 1862	NC	disease	
7 Jun 1863	VA	wounds	died after his leg was amputated
16 Nov 1864	Petersburg VA	KIA	
29 Oct 1864	NC	disease	
9 Oct 1863		disease	
15 Oct 1861	NC	disease	
Jul 1865 (sic)	VA		
23 Sep 1863	NC	disease	
3 May 1863	VA	KIA	
20 Feb 1862	TN	disease	
Mar 1863	Big Creek Gap TN	disease	
14 Jul 1863	VA		
31 Jul 1863	NC	disease	
1 Jul 1862	Malvern Hill VA	KIA	
1 Oct 1861	Culpeper Courthouse VA	disease	
3 Jul 1863	Gettysburg PA	KIA	
2 May 1863	TN	disease	

Section I — Widow Applications

Surname	Soldier's First Name	Widow's First Name	County of application	Date of application	Company & regiment
McLean	Elias	Allice	Robeson	6 Jul 1885	Co A 46th
McLean	James M.	Catherine J.	Guilford	20 Jun 1885	Co E 2nd
McLean	John	Mary	Harnett	16 Jun 1885	Co H 50th
McLean	Joseph E.	Lucy	Carteret	1 Jul 1885	Co B 27th
McLelland	Joseph S.	Temperance	Alexander	4 Jul 1885	Co F 37th
McLeod	Lewis H.	L. H.	Moore	1 Jun 1885	Co H 30th
McLoud	James H.	C. E.	Buncombe	Jul 1885	Co D 62nd
McLure	James H.	Elizabeth	Stanly	4 Jul 1885	Co H 14th
McMahan	Samuel	Winnie	Yancey	2 Jul 1885	Co B 29th
McMasters	R. C.	Mary	Randolph	1 Aug 1887	Co L 22nd
McMillian	Archibald	Christina	Moore	6 Jun 1885	Co D 49th
McMillian	John J.	Mary	Sampson	17 Jun 1887	Co C 1st
McNair	Duncan E.	Mary E.	New Hanover	29 Apr 1885	Co H 3rd
McNair	John N.	C. L.	Richmond	1 May 1885	Co H 37th
McNatt	John	Mary A.	Robeson	13 Jul 1885	Co G 33rd
McNeely	Jonathan	Sarah	Cleveland	2 Jun 1885	Co F 55th
McNeill	Archibald	Jane	Moore	1 Jun 1885	Co H 26th
McNeill	Hector	Elizabeth	Moore	9 May 1885	Co D 48th
McNeill	Neill A.	Rosa Ann	Moore	17 Jun 1885	Co F 30th
McSwain	B. H.	Mary	Cleveland	18 Jun 1885	Co D 55th
McSwain	G. W.	S. R.	Cleveland	30 May 1885	Co H 28th
McSwain	George	Hannah	Cleveland	3 Jul 1885	Co I 38th
McSwain	William D.	Serena	Cleveland	10 Aug 1885	Co H 28th
McVey	William	Elizabeth	Yancey	12 Jun 1885	Co B 58th
Meadows	D. A.	Nancy	Alexander	11 Jun 1885	Co G 37th
Meadows	Jere S.	Sarah	Pender	11 Jun 1885	Co H 55th
Meadows	R. G.	Eupha	Buncombe	4 Jul 1885	Co F 60th
Medley	Francis M.	Martha	Durham	30 May 1885	Co I 47th
Medlin	Garrison	Mary	Union	5 Jul 1886	Co D 37th
Medlin	Jesse	Nancy	Davidson	8 May 1885	Co I 42nd
Medlin	Richard	Kiddy	Franklin	20 Jun 1885	Co K 24th
Medlin	Sidney A.	Mary A.	Wake	8 May 1885	Co I 47th
Medlin	William M.	Eliza	Union	11 Jun 1885	Co I 53rd
Medlock	Cornelius	Margaret	Caldwell	15 Jun 1885	Co B 19th Cavalry
Melvin	Isaac	Rebecca	Harnett	6 Jul 1885	Co I 31st
Mercer	Lott	Lizzie	Duplin	6 Jul 1885	Co A 36th
Meridith	John	Cynthia	Davidson	15 Jun 1885	Co D 7th
Merritt	Benjamin R.	Elizabeth	Halifax	5 Jul 1886	Co F 36th
Merritt	Isaac J.	Susan	Wayne	5 May 1885	Co B 51st
Merritt	Robert V.	Martha	Halifax	17 Jun 1885	Co F 43rd
Merritt	William	Susan	Granville	6 Jul 1885	Co G 31st
Micheals	Jacob	Elizabeth	Burke	5 Jun 1885	Co K 35th
Middleton	Nathan	Mary	Jackson	9 May 1885	Co F 39th
Miller	A. B.	Polly	Wilkes	9 May 1885	Co C 30th
Miller	Alexander M.	Edith	Rowan	6 May 1886	Co E 27th
Miller	Caleb	S. L.	Catawba	2 Jul 1887	Co C 28th
Miller	Felix	Elizabeth	Davidson	1 Jun 1885	Co H 48th
Miller	Jacob	Siloma	Davidson	1 Jun 1885	Co H 48th
Miller	Jacob A.	Joyce	Stanly	12 May 1885	Co K 5th
Miller	James C.	Mary	Alexander	12 Jun 1885	Co D Mallett's Bttn
Miller	James M.	Rosella	Buncombe	4 May 1885	Co K 11th
Miller	John E.	Mary Jane	Duplin	25 May 1885	Co A 36th
Miller	John Q.	Sarah	Davidson	4 Jun 1885	Co I 14th
Miller	Joseph	Lavina	Rowan	8 May 1885	Co C 57th

date of soldier's death	Place of death	Cause of death	Other details
1864	VA	KIA	
27 Jun 1862	VA	KIA	
6 Jun 1865	Charlotte NC	disease	
29 May 1865	Point Lookout MD	wounds & disease	captured Jun 1864
Aug 1864	Alexander Co NC	disease	died at home on sick furlough
29 Jul 1862	VA	disease	
19 Jan 1864	Camp Douglas IL		captured 9 Sep 1863 Cumberland Gap TN
2 Jul 1863	Gettysburg PA	KIA	
12 Mar 1863	GA	disease	
28 Jun 1863	VA	disease	
31 Aug 1862	Petersburg VA	disease	
20 Oct 1886	Franklin NC	wounds	wounded 3 May 1863; see same man in wounded
17 Sep 1862	Sharpsburg MD	KIA	Lt.
15 Dec 1864	VA	disease	
9 Aug 1862	VA		
10 Jul 1864	Cleveland Co NC	wounds	wounded 3 Jul 1863 Gettysburg
22 Aug 1880	Moore Co NC	wounds & disease	wounded 14 Oct 1863 VA
7 Dec 1862	VA		
16 Jul 1862	VA	disease	
12 May 1864	Cleveland Co NC	disease	died at home on sick furlough
11 Feb 1863	Cleveland Co NC	disease	died at home on sick furlough
Aug 1862	VA		
15 Oct 1864	Richmond VA	disease	
26 Mar 1863	TN	disease	
13 Dec 1862	VA	KIA	
1 Jul 1863	Gettysburg PA	KIA	
Jan 1864	GA	disease	
1 Apr 1865	NY	disease	
23 Dec 1864	Point Lookout MD	disease	
15 Mar 1865	Davidson Co NC	wounds	died at home
1 Sep 1864	near Petersburg VA	KIA	
21 Aug 1864	Petersburg VA	KIA	
5 May 1864	VA	KIA	
15 Feb 1865	VA	wounds	wounded at Hatcher's Run VA
Jul 1863	Charleston SC	wounds	wounded Battery Wagner
1 Feb 1864	VA	disease	
5 May 1864	VA	KIA	
8 Dec 1885	Halifax Co NC		see his application in wounded files
Jul 1864	VA		
1 Jul 1863	Gettysburg PA	KIA	
15 Jan 1864	Elmyra NY	disease	captured 7 Aug 1863 near Culpeper Courthouse VA and sent first to Point Lookout MD
11 Feb 1863	Richmond VA	disease	
20 Sep 1863	GA	KIA	
12 Apr 1865	Elmyra NY	disease	captured 12 May 1864 Spotsylvania Courthouse VA; affadavit from brother Columbus Miller
Jun 1864	VA	wounds	wounded Spotsylvania Courthouse VA
15 Dec 1862	VA	disease	Lt
29 May 1864	Gordonsville VA	disease	
17 Sep 1862	Sharpsburg MD	KIA	
28 Oct 1862	Winchester VA	disease	
8 Apr 1863	Raleigh NC	disease	
7 Feb 1865	VA	wounds	
9 Oct 1862	NC	disease	
14 May 1864	VA		
after 3 May 1863	Washington DC	wounds	wounded & captured 3 May 1863

Section I — Widow Applications

Surname	Soldier's First Name	Widow's First Name	County of application	Date of application	Company & regiment
Miller	William J.	Mary	Wilkes	4 Jul 1885	Co K 53rd
Millican	Benjamin	Mary	Columbus	4 Jul 1885	Co C 18th
Milligan	Hiram	Amy	Catawba	15 Jun 1885	Co G 57th
Mills	Edward J.	Catherine	Pender	15 Jun 1885	Co K 3rd
Mills	Gilbert	T. A.	Iredell	13 May 1885	Co K 56th
Mills	Joseph H.	Martha	Columbus	8 Jun 1885	Co D 20th
Mills	Matthew A.	Roxy C.	Anson	4 Jul 1885	Co H 43rd
Mimms	Thomas Q.	Clarisa N.	Chatham	2 Jun 1885	Co H 47th
Minnis	Allen	Mary	Alamance	19 Jun 1885	Co K 6th
Minnis	John	Sarah	Orange	6 Jul 1885	Co G 44th
Mints	Stephen	Rebecca	Brunswick	12 Jul 1880	Co G 36th
Misenheimer	Daniel	Eliza	Rowan	11 May 1885	Co D 10th
Misenheimer	James M.	Dilly	Cabarrus	20 Jun 1885	Co A 52nd
Mitcham	William	Emeline	Chatham	2 Jun 1885	Co F 33rd
Mitchell	John	E. J.	McDowell	23 Jun 1885	Co B 35th
Mitchell	Pinkney	Mary Lee	Rockingham	30 Jun 1885	Co G 14th
Mitchell	Thomas J.	Eliza	Bertie	30 Jun 1885	Co G 32nd
Mitchell	William	Elizabeth	Johnston	1 Jun 1885	Mallet's Battalion
Mock	Henry A.	Elizabeth	Davie	6 Jul 1885	Co F 13th
Mock	Lewis W.	Elizabeth	Alexander	2 Jun 1885	Co I 40th
Modlin	Ashley	Sarah	Martin	5 Aug 1888	Co H 1st
Moffitt	Zeno	Lottie	Randolph	20 Jun 1885	Co F 24th
Monk	Andrew J.	Elva	Orange	18 Jun 1885	
Monroe	Duncan J.	Isabella	Cumberland	1 Jun 1885	Co D 8th
Monteith	R. A.	Jane	Mecklenburg	28 May 1885	Co C 27th
Montgomery	Thomas L.	Emily	Person	1 Jun 1885	Co B 4th
Moody	Golston	Caroline	Watauga	20 Jul 1885	Co E 37th
Moody	Joseph	Rebecca	Halifax	5 Jul 1886	Co K 1st
Moore	Aaron	Margaret	Moore	30 Jul 1886	Co A 5th
Moore	Alexander	Nancy	Halifax	8 Jun 1885	Co B 44th
Moore	Anderson	Susannah	Wilkes	6 Jul 1885	Co D 33rd
Moore	E. W.	M. S.	Clay	25 Jun 1885	Co D 25th
Moore	Isaiah	Sarah	Halifax	17 Jun 1885	Co H 61st
Moore	Jesse L.	Hannah	Randolph	16 May 1885	Co E 44th
Moore	Jesse Marshall	Mary	Cabarrus	29 Jun 1885	Co C 33rd
Moore	Joseph Z.	Sarah	Caswell	1 Jul 1885	Co G 23rd
Moore	Lewis H.	Elizabeth	Martin	6 Jul 1885	Co A 17th
Moore	Richard H.	Mary Ann	Robeson	15 Jun 1885	Co E 51st
Moore	Robert	Elizabeth	Watauga	15 Jun 1885	Co C 30th
Moore	Robert R.	Maggie	Person	23 Jun 1885	Co A 24th
Moore	Thomas L.	M. S.	Buncombe	2 Jun 1885	Co I 25th
Moore	W. H.	Adlaid	Moore	19 May 1885	Co D 35th
Moore	William	Jane	Cleveland	19 May 1885	Co H 34th
Moran	Samuel M.	Sarah	Chatham	15 Sep 1888	Co G 26th
Morgan	Daniel	Louisa	Iredell	6 Jul 1885	Co H 4th
Morgan	David	Rebecca	Guilford	24 Jun 1885	Co C 45th
Morgan	G. W.	A. A.	Buncombe	2 Jun 1885	Co A 60th
Morgan	John P.	Rachel	Rowan	27 May 1885	Co H 5th
Morgan	Joseph B.	Elizabeth	Moore	2 Jun 1885	Co I 6th
Morgan	Martin	Eady	Stanly	4 Jul 1885	Co I 52nd
Morgan	P. S.	Margaret	Transylvania	3 Jul 1885	Co K 62nd
Morgan	Porter O.	Alzira	Rutherford	1 Jun 1885	Co G 50th

date of soldier's death	Place of death	Cause of death	Other details
1 Jul 1863	Gettysburg PA	KIA	
4 May 1864	VA	KIA	
25 Aug 1864	Petersburg VA	KIA	
1 Jul 1862	VA	KIA	
23 May 1865	NY	disease	
3 May 1863	VA	KIA	
6 Jul 1862	Richmond VA	disease	
10 Jun 1863	Goldsboro NC	disease	
15 Apr 1862	Ashland VA	disease	
11 May 1864	Spotsylvania Court House VA	KIA	
15 Jan 1865	Elmyra NY		
17 Sep 1862	MD	KIA	
3 Jul 1863	Gettysburg PA	KIA	
7 Nov 1862	Gordonsville VA	disease	
25 Mar 1865	Petersburg VA	KIA	
15 Jun 1865	Point Lookout MD		wounded & captured 19 Sep 1864 Winchester VA; couple m. 31 May 1849
4 Jul 1863	Gettysburg PA	KIA	
9 Mar 1863	Raleigh NC	disease	body brought home for burial by wife's brother
1/6 Mar 1865	Elmyra NY	disease	
11 Jul 1863	Fort Fisher NC	disease	
22 Jun 1888	Martin Co NC	wounds	see his application in wounded files
10 Oct 1864	Elmyra NY	disease	captured 17 Jun 1864 VA
Sep 1862	NC	disease	no company & regiment given
12 Mar 1865	Randolph Co NC	disease	died at home on sick furlough
20 May 1862			
29 Nov 1864	Petersburg VA		
8 Sep 1862	NC	disease	
15 Mar 1862	Fredericksburg VA	disease	
1 Jun 1862	VA		
2 Oct 1864	VA		
May 1863	VA	disease	couple m. 31 May 1856
13 Feb 1862	SC	disease	
10 Mar 1865	NC		
Oct 1864	Elmyra NY or Philadelphia PA	wounds	wounded & captured 17 Jun 1864 Petersburg VA
5 May 1864	Wilderness VA	KIA	
17 Aug 1864	VA	KIA	
Jun 1864	Cold Harbor VA	KIA	
3 May 1865		disease	captured 1 Jun 1864
11 May 1863	Richmond VA	disease	
17 Sep 1862	NC		
20 Dec 1864	Polk Co NC	accidental discharge of own gun	while pursuing the enemy he tripped; made shoes in Asheville NC before war
3 Jul 1862	VA		
1/2 Jul 1863	Gettysburg PA	KIA	
Feb 1886	Chatham Co NC	disease	see his application in wounded files
3 May 1863	VA	KIA	
1 Jul 1863	Gettysburg PA	KIA	
25 Apr 1865	near Asheville NC	KIA	
12 May 1864	Spotsylvania Court House VA	KIA	
19 Aug 1864	Moore Co NC	disease	died at home on sick furlough; served 57th regiment at time of death
after 3 Jul 1863	Fort Delaware DE	wounds	wounded & captured at Gettysburg
29 Jun 1863	Cumberland Gap TN	disease	
after 5 Feb 1865	Fort Delaware DE	disease	captured 5 Feb 1865 GA

Surname	Soldier's First Name	Widow's First Name	County of application	Date of application	Company & regiment
Morgan	Samuel F.	Susan	Montgomery	1 Jun 1885	Co F 44th
Morgan	Simeon	Lively	McDowell	30 Jun 1885	Co G 58th
Morgan	Stephen W.	N. C.	Buncombe	27 Jun 1885	Co C 60th
Morgan	Thomas	Mary Jane	Surry	27 Jun 1885	Co E 53rd
Morgan	Wiley	Louisa	Nash	25 May 1885	Co A 47th
Morris	Neely	Sarah	McDowell	29 Jun 1885	Co K 11th
Morris	Robert	Mary	Stanly		Co I 52nd
Morris	Willis	Eliza	Nash/ Wilson	1 Jun 1885	Co A 33rd
Morrison	Daniel A.	Margaret	Cumberland	15 Jun 1885	Co C 54th
Morrow	Daniel	Jemima	Caldwell	15 Jun 1885	Co H 58th
Morrow	Nathan	Elizabeth	Caldwell	5 Jun 1885	Co H 55th
Morton	Alexander	Nancy	Wake	10 Jun 1885	Co G 23rd
Morton	Ezekiel R.	Sarah	Stanly	29 May 1885	Co K 28th
Morton	William B.	Haniel	Forsyth	2 Jul 1885	Co D 45th
Morton	William F.	Balinda	Montgomery	4 Jul 1887	Co G 40th
Moseley	Alexander	Martha	Franklin	1 Jun 1885	Co F 8th
Moseley	J. F.	Mourning	Nash	27 Jun 1885	Co H 12th
Moser	John H.	Polly	Stokes	27 Jun 1885	Co D 53rd
Mosley	William C.	Margaret	Union	30 Jul 1887	Co B 26th
Moss	Abner C.	Elizabeth	McDowell	1 Jun 1885	Co A 49th
Moss	John W.	Elizabeth	Forsyth	12 Aug 1886	Co K 48th
Moss	Whitson	Sarah	Mecklenburg	1 Jun 1885	Co H 57th
Motley	George S.	R. H.	Halifax	11 Jun 1885	Co D 24th
Motley	William S.	Sarah	Halifax	3 Jul 1885	Co D 24th
Mount	S. S. C.	N. D.	Cherokee	7 Jul 1885	Co C 39th
Moye	James	Nancy	Nash	2 Jun 1885	Co K 24th
Moye	William	Mary	Pitt	7 Jul 1885	Co I 67th
Moyer	D. M.	E. M.	Mecklenburg	15 Jun 1885	Co I 52nd
Mull	George	Harriett	Caldwell	8 Jun 1885	Co C 18th
Mullis	John P.	Lydia	Anson	22 Jun 1885	Co I 53rd
Mulwell	James O.	Susan L.	Watauga	25 Jun 1885	Co E 58th
Munds	Samuel	Mary	Wake	2 Jun 1885	Co C 30th
Murchison	A. B.	Nancy	Montgomery	10 Nov 1885	Co C 14th
Murdoch	David	Rosannah	Rowan	12 Nov 1885	Co I 2nd
Murph	Daniel Washington	Eliza Amanda	Catawba	12 Jun 1885	Co K 10th
Murphy	James	Sarah	Alexander	23 Jun 1885	Co K 7th
Murphy	James M.	Mahala	Franklin	6 Jul 1885	Co B 66th
Murphy	John	I. S.	Cumberland	10 Jun 1885	Co B 5th
Murphy	John C.	Martha	Franklin	6 Jul 1885	Co K 44th
Murphy	Thompson	Elizabeth	Person	6 Jul 1885	54th
Murray	James F.	Mary	Alamance	26 May 1885	Co I 5th
Murray	John H.	Orpy	Wilson	16 Jun 1885	Co B 2nd
Murray	John W.	S. E.	Cleveland	22 Jun 1885	Co I 56th
Murray	William S.	Eliza	Franklin	30 Jul 1885	Co K 24th
Musselwhite	Eli	Emily	Robeson	18 Jun 1885	Co K 40th
Musslewhite	Phillip	E. S.	Cumberland	30 May 1885	Co G 24th
Mustian	William J.	Susan B.	Warren	30 Jun 1885	Co G 43rd
Myers	Jesse	Elizabeth	Davie	2 Jun 1885	Co F 22nd
Nance	David T.	Eliza	Columbus	2 Aug 1885	Co F 24th
Nance	James C.	Sarah P.	Union	22 Nov 1885	Co D 37th
Nance	Joseph W.	E. D.	Rockingham	27 Jun 1885	Co H 28th
Nance	William	M. A.	Catawba	29 Jun 1885	Co I 11th
Nangle	Levi	Frances	Catawba	6 Jul 1885	Co E 57th
Nanney	James H.	Louisa	Rutherford	6 Jul 1885	Co F 43rd

date of soldier's death	Place of death	Cause of death	Other details
15 Jan 1863	NC	disease	
14 Jun 1863	Clinton TN	disease	
14 Oct 1863	Atlanta GA	wounds	wounded 21 Sep 1863 Chickamauga GA
Jan 1863	Raleigh NC	disease	
24 Sep 1863	NC	disease	
1863	Elmyra NY	disease	captured Gettysburg; widow dead by 8 Jan 1888
3 Jul 1863	Gettysburg PA	KIA	no dates on application
15 Sep 1862	VA	disease	
1867	Cumberland Co NC	wounds	wounded Jul 1864 VA
May 1863	near Clinton TN	disease	
1/3 Aug 1862	Caldwell Co NC	disease	died at home on sick furlough
Jul 1862	VA	wounds	wounded 31 May 1862 Swan Point VA
Aug 1862	Richmond VA	disease	
20 May 1863	Danville VA	wounds	wounded at Petersburg
18 Jan 1865	Fort Fisher NC	KIA	
13 Mar 1864	NC	wounds & disease	
5 Jul 1864	VA		
19 Oct 1864	Middletown VA	KIA	
23 Apr 1863	NC	disease	
4 Apr 1863	Raleigh NC	disease	
17 Jun 1862	NC	disease	
13 May 1863	Farmville VA	wounds	
4 Nov 1865	Halifax Co NC	disease	wounded 1863 but returned to regiment
15 May 1864	NC	train accident	
8 Apr 1863	Spanish Fort AL	KIA	captain
17 Sep 1864	VA	disease	
Sep 1864	Richmond VA	disease	POW at Point Lookout MD but was being moved when he died
21 Aug 1864	Petersburg VA	KIA	
17 Dec 1862	VA		
13 Mar 1865	Anson Co NC	disease	died at home on sick furlough
after Nov 1863	Rock Island IL		captured Missionary Ridge TN
26 May 1863	Raleigh NC	disease	
15 Oct 1862 or 1863	Winchester VA	disease	
19 Oct 1862	Richmond VA	disease	
25 Dec 1864	Fort Fisher NC	KIA	
1 Oct 1862	VA	disease	
about 1870	Franklin Co NC	wounds	wounded Jul 1864 VA and had his arm amputated
19 Mar 1865	NC	KIA	
3 Dec 1864 or 1 Oct 1864	VA		wounds
1 Sep 1864	VA	disease	no company given
13 Dec 1862	VA	KIA	
Sep 1861	NC		
21 Aug 1864	VA	KIA	
24 Jun 1864	near Petersburg VA	KIA	
15 Mar 1864	NY	disease	
25 Sep 1863	MD		
28 Jun 1862	Wilmington NC	disease	
20 Jun 1864	Staunton VA	wounds	wounded Battle of Wilderness
6 Mar 1865	Greensboro NC	disease	
28 Dec 1862	Fredericksburg VA		
18 Oct 1864	Elmyra NY	disease	captured 28 Jul 1864
Sep 1863	VA	disease	
12 Jun 1863	Winchester VA	disease	
Sep 1863	Rutherford Co NC	disease	died at home on sick furlough

Surname	Soldier's First Name	Widow's First Name	County of application	Date of application	Company & regiment
Nanney	Joseph G.	Arminda	Rutherford	6 Jun 1885	Co F 43rd
Nanney	William M.	Nancy J.	Rutherford	2 Jun 1885	Co G 50th
Nantz	J. A.	Julia	Iredell	22 Jun 1885	Co K 56th
Narron	James H.	Annie	Wilson	8 Jun 1885	Co A 55th
Naylor	Abram	Patience	Sampson	3 Jun 1885	Co A 36th
Neal	Elisha Carson	Elizabeth	McDowell	16 May 1885	Co B 22nd
Neal	G. B.	Barbara	Lincoln	1 Jun 1885	Co D 37th
Neal	Joseph H.	Caroline P.	Warren	1 Aug 1887	Co K 12th
Nealy	Edmond	Elizabeth	Columbus	10 Jun 1885	Co D 20th
Nelson	A. S.	Nancy A.	Randolph	25 Jun 1885	Co I 35th
Nelson	Henry St. George	Trucy	Chatham	8 Jul 1889	
Nelson	William	Angeline	Rockingham	30 Jul 1886	William's Co 7th
Nevill	Willis Burton	Mary	Granville	4 Jul 1885	Co A 44th
Newell	Boswell	Martha	Mecklenburg	1 Jul 1885	Co C 10th
Newman	A. W.	Margaret E.	Sampson	17 Aug 1885	Co A 36th
Newman	John	Effie	Polk	29 Jun 1885	Co G 42nd
Newman	Thomas	Edna	Vance	29 Jun 1885	Co I 23rd
Newman	Tyrell	Angeline	Cherokee	1 Jun 1885	Co A 2nd Cavalry
Newsom	James W.	Mary J.	Warren	1 Jun 1885	Co A 14th
Newsom	Washington	Elizabeth	Yadkin	17 Aug 1885	Co F 33rd
Newton	Andrew A.	Mary	Cleveland	4 Jul 1885	Co I 48th
Newton	Ebenezer G.	Eliza	Burke	18 Jun 1885	Co F 56th
Newton	John G.	Sallie E.	Vance	6 Jul 1885	Co C 46th
Newton	William T.	Polly Ann	Anson	11 May 1885	Co B 31st
Nicholls	Anderson	Katherine	Wilkes	11 May 1885	Co C 26th
Nicholls	James	Martha J.	Wilkes	16 May 1885	Co C 26th
Nicholls	James O'Kelly	Elizabeth	Durham	1 Jun 1885	Co B 6th
Nicholls	John	Clarisa H.	Wilkes	6 Jul 1885	Co K 53rd
Nichols	M. F.	Sallie Ann	Durham	29 May 1885	Co B 6th
Nickelson	John F.	Eliza	Stokes	6 Jun 1885	Co H 22nd
Nix	William	Barbara	Buncombe	1 Jul 1885	Co A 25th
Nixon	Archibald	Susan E.	Lincoln	1 Jun 1885	Co G 52nd
Nixon	J. M.	B. E.	Mecklenburg	6 May 1886	Co G 32nd
Nixon	Sidney G.	Elizabeth	Mecklenburg	6 Jul 1885	Co G 52nd
Nixon	William	Mary	Randolph	6 Jul 1885	Co H 3rd
Nobles	B. H.	Mary G.	Columbus	16 May 1885	Co E 36th
Nobles	Manuel	Elizabeth	Columbus	1 Jun 1885	Co G 51st
Nodine	Charles	Mary	Polk	3 Jun 1885	Co I 54th
Norman	Eli	Clarissa	Surry	3 Jun 1885	Co A 25th
Norman	Henry H.	Elizabeth	Washington	30 Jun 1886	Navy
Norman	Jesse	Elizabeth	Surry	3 Jun 1885	Co I 18th
Norman	William	Martha	Forsyth	27 Jun 1885	Co F 28th
Norman	William H.	Judith	Surry	30 Apr 1885	Co I 18th
Norris	Daniel	Nancy J.	Columbus	15 Jun 1885	Co D 30th
Norris	John	Marena N.	Polk	15 Jun 1885	Co H 3rd
Norville	Ivey	Eliza	Pitt	22 Jun 1885	Co E 43rd
Norville	John T.	S. E.	Rutherford	24 Jul 1886	Co I 35th
Nowell	J. H.	Martha Jane	Franklin	12 Aug 1885	Co F 47th
Null	Daniel	Sallie	Catawba	27 May 1885	Co F 38th
Oakley	Freeman	Louisa	Pitt	5 Jul 1885	Co I 44th
Oakley	Thomas	Eliza	Rockingham	1 Aug 1887	Co A 45th
O'Bryan	Elijah	Jane	Robeson	13 Jun 1885	Co E 44th
Odom	Moore	Narcissa	Northampton	29 Jun 1885	Co A 15th
Odom	W. H.	Emily	Anson	11 Jun 1885	Co A 59th

date of soldier's death	Place of death	Cause of death	Other details
15 Nov 1864	Rutherford Co NC	disease	died at home on sick furlough
3 Aug 1862	Petersburg VA	disease	
Sep 1864	Point Lookout MD	disease	
Nov 1864	Point Lookout MD	disease	
11 Feb 1864	NC	disease	
12 Jul 1865		disease	captured 1 Apr 1865
4 Jul 1863	PA	KIA	
after 4 Jul 1862	Richmond VA	disease	
Jun 1862	near Richmond VA	fell on a stump while marching & received internal injuries	
20 Jun 1864	near Petersburg VA	KIA	
30 Jul 1864	VA	disease	company & regiment not given
11/12 Jan 1864	Columbia SC	disease	
26 Jun 1863	South Anna River VA	KIA	Sgt
1 Apr 1865	Wilmington NC	disease	
1 Sep 1864	Elmyra NY	disease	
1 Mar 1864	Goldsboro NC	disease	
Mar 1864	VA	disease	
Jul 1861	Goldsboro NC	disease	
19 Oct 1864	Strasburg VA	KIA	
24 Jun 1864	VA		
Apr 1863	Cleveland Co NC	disease	died at home on sick furlough
17 Jun 1864	Point Lookout MD	disease	
12 May 1864	Spotsylvania Court House VA	KIA	
Mar 1864	Petersburg VA	disease	
2 Jul 1863	Gettysburg PA	KIA	couple m. Feb 1849
6 Jan 1862	NC	disease	couple m. 2 May 1857 Charity Church
19 Jun 1863	Petersburg VA	disease	
2 Jan 1864	Orange Courthouse VA	disease	couple m. 6 Dec 1856
29 Jan 1863	Lynchburg VA	disease	
1 Mar 1863	Richmond VA	disease	
22 Apr 1862	Goldsboro NC	disease	
2 Jul 1863	Gettysburg PA	KIA	
3 Jul 1863	Gettysburg PA	KIA	
25 Jan 1864	VA		
7/8 Apr 1865	VA	KIA	drowned in a river during battle
26 Mar 1864	Fort Fisher NC	disease	
Aug 1863	Richmond VA	disease	
4 Jul 1862	VA	disease	
13 Jul 1863	Goldsboro NC	disease	
Jan 1865	Wilmington NC	disease	
1 Dec 1862	Richmond VA	disease	
15 Mar 1863	VA	disease	
1 Oct 1862	near Winchester VA	disease	
3 May 1864	VA	KIA	
20 Jan 1865	Camp Chase OH	disease	captured 20 Jul 1864 Winchester VA; buried near camp in grave 844
10 Jun 1864	Petersburg VA	wounds	wounded at Petersburg
1864	Elmyra NY	disease	captured 1864 VA
Jun 1864	Hart's Island NY	disease	
23 Mar 1865	Catawba Co NC	disease	died at home on sick furlough
Jul 1863	Hanover Junction VA	disease	
24 Aug 1864	Petersburg VA	disease	
28 Nov 1863	Chatham Co NC	disease	died at home on sick furlough
24 Sep 1862	Richmond VA	wounds	
11 May 1865	Point Lookout MD		captured 4 Mar 1865 NC

Section I — Widow Applications

Surname	Soldier's First Name	Widow's First Name	County of application	Date of application	Company & regiment
Odom	William W.	Martha E.	Hertford	7 Aug 1885	Co K 33rd
Oliphant	Joseph D.	Charlotte	Rowan	13 Mar 1886	Co K 55th
O'Quinn	Alexander	Susan	Harnett	4 May 1885	Co H 50th
O'Quinn	Edmond L.	Harriett	Harnett	4 May 1885	Co F 15th
O'Quinn	Wiley J.	Mary J.	Harnett	20 Jun 1885	Co F 15th
Ore	Benjamin F.	Mary Elizabeth	Stokes	22 Jun 1885	Co H 53rd
Orr	John W.	Dorcas	Mecklenburg	14 Jul 1885	Co C 1st
Orr	Thomas	Margaret	Transylvania	24 Jul 1885	Co E 62nd
Orr	V. C. V.	Mary E.	Transylvania	24 Jul 1885	Co E 62nd
Osburn	Enoch	Johannah	Ashe	6 Jul 1885	Co A 37th
Ottaway	William E.	Mary	New Hanover	23 Jun 1885	Co E 3rd
Outlaw	John H.	Caroline	Duplin	3 Jun 1885	Co A 43rd
Overby	John	Sarah	Johnston	4 Jun 1885	Co F 10th
Overcash	Aaron J.	Sarah	Rowan	8 Jun 1885	Co B 57th
Overcash	John J.	D.	Rowan	6 Jul 1885	Co E 34th
Overton	Asa	Martha	Randolph	6 Jul 1885	Co I 5th
Owen	Alford	Rachael	Davidson	15 Jun 1885	Co G 48th
Owen	Dempsey	Nancy	Onslow	30 Jun 1886	Co G 3rd
Owen	Lucian	Mary Ann	Sampson	18 May 1885	Co I 46th
Owens	Elisha	Cherrie	Wilson	2 Jun 1885	
Owens	John A.	Malinda	Surry	22 Jun 1885	Co E 53rd
Owens	William F.	Margaret	Rowan	8 Jun 1885	Co G 33rd
Owens	Zachariah	Rachel	Ashe	6 Jul 1885	Co A 37th
Owensby	A. Whittington	Amy S.	McDowell	6 Jul 1885	Co F 58th
Owensby	Alston	Mary	McDowell	6 Jul 1885	Co B 35th
Owensby	Caliph	Kitty A.	McDowell	9 Jun 1885	Co C 60th
Owensby	Minyard	Dicey	Buncombe	9 Jun 1885	Co B 35th
Pace	John	Mary Ann	Henderson	3 Jun 1885	Co B 34th
Padgett	C. A. C.	Minerva	Rutherford	3 Jun 1885	Co F 18th
Padgett	James	Mary	Onslow	16 Jun 1885	Co G 4th Cavalry
Padgett	L. G.	Cynthia	Cleveland	16 Jun 1885	Co H 28th
Padgett	William	Nancy	Duplin	3 Jun 1885	Co A 43rd
Painter	Joseph	Jane	Rutherford	6 Jul 1885	Co K 50th
Painter	Wyatt	Sarah F.	Granville	17 Jun 1885	Co A 50th
Pair	William Robert	Louisiana M.C.	Halifax	26 May 1885	Mason's Artillery or Co G 61st Infantry
Palmer	D. M.	Sallie	Union, SC	2 Jun 1885	Co H 58th
Palmer	Presly	Elizabeth	Stokes	22 Feb 1885	Co I 18th
Panther	Joel	Jane	Rutherford	8 Jun 1885	Co K 50th
Pardew	James W.	Mary	Wilkes	8 Jun 1885	Co G 54th
Pardue	L. J.	Jane A.	Tuscaloosa AL	22 Jun 1885	Co K 1st
Parham	George K.	Martha L.	Robeson (Vance)	29 Jun 1885	Co E 15th
Parish	Stephenson	Dicey	Johnston	22 Jun 1885	Co C 53rd
Parker	Alburtus	Sarah	Lincoln	13 Jul 1885	Co A 23rd
Parker	Hamilton	Didema	Cleveland	7 Jul 1885	Co I 38th
Parker	J. Calvin	Angelina	Randolph	7 Jul 1885	
Parker	J. P.	Nancy	Jackson	6 Jul 1885	Co G 62nd
Parker	Jackson	Mary	McDowell	1 Jun 1885	Co K 49th
Parker	James Pinkney	Amanda	Catawba	9 May 1885	Co A 23rd
Parker	John	Levisa	Wilkes	8 Jul 1887	Co C 56th
Parker	Joseph	Rebecca	Cleveland	22 Jun 1885	Co B 49th
Parker	Josiah	Tempie H.	Nash	3 Jun 1885	Co I 30th

date of soldier's death	Place of death	Cause of death	Other details
1 Feb 1864	near Guinea Station VA	disease	
16 Jul 1865	Rowan Co NC	disease	captured, taken sick & released and died at home
24 Jun 1862	Goldsboro NC	disease	
Jun 1862	Richmond VA	disease	
May 1863	NC	disease	
19 Sep 1864	Winchester VA	KIA	
22 Sep 1863	VA	KIA	
22 Mar 1863	TN	disease	
8 Feb 1863	TN	disease	
14 Nov 1862	VA	disease	
1862	MD	disease	
18 Jul 1864	Snakes' Gap VA	KIA	
Dec 1862	Wilmington NC	disease	
2 Jul 1863	Gettysburg PA	KIA	
May 1864	Richmond VA	disease	
15 Jun 1864	Spotsylvania Court House VA	KIA	
2 Nov 1862	VA		
2 Jul 1863	Gettysburg PA	KIA	application actually from Wilson Co
5 Jul 1863	near Drewry's Bluff VA	disease	
20 Oct 1863	NC		no company & regiment given
May 1865	Point Lookout MD	disease	
	Point Lookout MD	disease	no date given
17 Feb 1865	Orange Courthouse VA	wounds	wounded Aug 1863
6 Jan 1863	Deep Creek TN		
19 May 1862	Kinston NC	disease	
25 Oct 1863	Chickamauga GA	KIA	
Apr 1862	NC	disease	
after 9 Sep 1863	Camp Douglas IL	disease	captured 9 Sep 1863 TN
3 May 1863	VA	KIA	
1863	Petersburg VA	disease	
15 Apr 1863	NC	disease	
1 Jul 1863	Gettysburg PA	KIA	
15 Feb 1865	Wilmington NC	disease	
11 Feb 1863	NC		
26 May 1863	Richmond VA	disease	
23 Sep 1863	Chickamauga GA	KIA	
13 Dec 1862	Fredericksburg VA	KIA	
1 Feb 1865	Wilmington NC	disease	
Oct 1864	VA	wounds	
24 Mar 1873			discharged 11 Apr 1862; application filed with state of AL
10 Dec 1863	Charlottesville VA	disease	affadavit from son S. W. Parham of Robeson Co NC; Sgt
30 Dec 1862	VA	disease	
21 Jan 1866	Lincoln Co NC	disease	came home sick at the end of the war and never recovered
20 May 1862	VA	disease	
			application does not give regiment or death information
3 Jun 1864	Camp Douglas IL	disease	
15 May 1862	VA	disease	
18 Sep 1864	Elmyra NY	disease	captured 12 May 1864 Spotsylvania CH VA
21 Jul 1864	Richmond VA	disease	couple m. 6 Apr 1844 Wilkes Co NC
1 Oct 1864	VA	KIA	
27 Jul 1862	NC	disease	

Surname	Soldier's First Name	Widow's First Name	County of application	Date of application	Company & regiment
Parker	Lee	Sarah	Iredell	1 Jun 1885	Co I 7th
Parker	Nicholas	Charity	Sampson	2 Jul 1885	Co B 57th
Parker	Samuel	Mary Jane	Wayne	1 Jun 1885	Co H 2nd
Parker	Wiley	Rosa	Anson	4 Jul 1885	Co K 28th
Parks	Andrew J.	Louisa	Halifax	27 Apr 1885	Co D 48th
Parks	Jesse	Priscilla	Rowan	27 Apr 1885	Co G 48th
Parks	William A.	Nancy	Rowan	20 Jun 1885	Co C 10th
Parnell	E. P.	Martha	Montgomery	1 Jun 1885	Co A 21st
Parris	James P.	Hulah Elizabeth	Polk	28 Aug 1885	Co B 64th
Parrish	Caswell J.	Mary A.	Johnston	18 Jun 1885	Co H 31st
Parrish	John	Polley	Wilson	6 Jul 1885	Co C 43rd
Parrish	Stephen	Finetta	Johnston/ Harnett	6 Jul 1885	Co C 21st
Parsons	John	Elizabeth	Catawba	24 Jun 1885	Co H 37th
Parsons	Mumford S.	Elizabeth A.	Richmond	24 Jun 1885	Co E 52nd
Parsons	Nelson	Amanda	Pitt	1 Jun 1885	Co I 44th
Parteet	Alfred	Matilda	Wilkes	1 Jun 1885	Co B 1st
Paschall	Robert A.	Martha D.	Warren	30 May 1885	Co C 46th
Pasour	Ephraim	Barbara	Gaston	30 May 1885	Co H 37th
Pasour	Levi	Nancy	Gaston	26 Jun 1885	Co E 34th
Pate	Thoroughgood	Christian	Richmond	7 Sep 1885	Stewart's Co 46th
Patterson	Duncan A.	Annie	Harnett	9 Jun 1885	Co E 8th
Patterson	George M.	Sarah E.	Rowan	5 Jun 1885	Co C 33rd
Patterson	James A.	Sarah	Gaston	4 Jul 1885	Co H 52nd
Patterson	Joseph A.	Margaret L.	Cabarrus	4 Jul 1885	Co C 7th
Patterson	M. M.	C. J.	Cleveland	1 Jun 1885	Co G 49th
Patton	Mathew	Eliza	Alamance	6 Jul 1885	Co E 13th
Paul	John	Lucy Ann	Richmond	6 Jul 1885	Co E 52nd
Peacock	Ephraim	Ruth	Randolph	1 Jun 1885	Co I 22nd
Peacock	William R.	Rebecca Jane	Wake	1 Jul 1885	Co F 5th
Peal	Eli	Livester	Martin	12 Jul 1886	Co H 17th
Pearce	Alfred	Aldaline	Chatham	4 Jul 1887	Co A 5th
Pearce	Allen	Lizzie	Franklin	19 Jun 1885	Co B 47th
Pearce	Allison	Sarah R.	Montgomery	2 May 1885	Co F 44th
Pearce	James	Asenetha G.	Moore	4 May 1885	Co H 46th
Pearce	Strickland	Margaret	Franklin	2 Jul 1885	Co H 48th
Pearcy	Job	Elizabeth	Burke	8 Jun 1885	Co E 28th
Pearsall	George W.	Sarah	Wayne	8 Jun 1885	Co G 55th
Peck	Julius	N. E.	Stanly	4 Jul 1885	Co F 5th
Peedin	Isaiah	Teletha	Wayne	4 Jul 1885	Co C 5th
Peele	David	Martha	Richmond	23 May 1885	Co F 18th
Peele	William	Nancy	Surry	4 May 1885	Co H 21st
Pegram	Henry J.	Eliza	Guilford	6 Jul 1885	21st
Pegram	Jesse	Elizabeth	Guilford	6 Jul 1885	21st
Pender	Andrew	Milly	Orange	8 May 1885	Co E 31st
Pender	T. R.	Lurana	Alamance	30 May 1885	Co A 2nd
Pendergrass	Robert	Elizabeth	Vance	18 Jun 1885	Co G 43rd
Pendleton	Richard	Delia	Franklin	1 Jun 1885	Co E 15th
Penland	John H.	E. J.	Buncombe	15 Jun 1885	Co I 25th
Pennell	Thomas	Loreza	Caldwell	25 May 1885	Co I 26th
Pennwright	John H.	Fanny A.	Forsyth	16 Jun 1885	Co K 52nd
Penny	John J.	Elizabeth	Bladen	6 Jul 1885	Co H 18th
Perdue	J. J.	Jane	Rockingham	6 Jul 1885	Co D 45th
Perdue	John	Ruth	Rockingham	5 Jul 1885	Co D 45th
Perdue	Robert	Mary A.	Vance	4 Jul 1885	Co G 43rd
Perkins	James S.	Margaret	Lincoln	16 May 1885	Co D 23rd
Perlier	William R.	Jane	Alexander	5 Jun 1885	Co B 26th

date of soldier's death	Place of death	Cause of death	Other details
1863	Spotsylvania Court House VA	KIA	
17 May 1864	Richmond VA	wounds	died after leg was amputated
3 May 1863	VA	KIA	
13 Jul 1862	Richmond VA	disease	
10 Sep 1864	Snicker's Gap VA	KIA	
17 Sep 1862	Sharpsburg MD	KIA	
10 May 1865	Point Lookout MD	disease	
4 May 1863	Fredericksburg VA	disease	
4 Nov 1862	Henderson Co NC	disease	died at home on sick furlough
9 Mar 1863	Wake Co NC	disease	died at home on sick furlough
1 Jul 1863	Gettysburg PA	KIA	
Jul 1863	Gettysburg PA	KIA	MIA
Jul 1863	Gettysburg PA	KIA	
Jul 1862	Raleigh NC	disease	
Sep 1864	City Point VA	wounds	wounded & captured Petersburg VA
14 Jul 1862	Richmond VA		
27 May 1862	Goldsboro NC	disease	
3 May 1863	VA	KIA	
3 May 1863	VA	KIA	
Mar 1863	Raleigh NC		
20 Apr 1864	Plymouth NC	KIA	
12 May 1864	VA	KIA	
14 Mar 1864	Lincoln Co NC	disease	Sgt
20 Nov 1862	Cabarrus Co NC	wounds	wounded Battle of Sharpsburg MD
30 Jul 1864	Petersburg VA	KIA	
after Jul 1863	Gettysburg PA	KIA	MIA
Jul 1863	Point Lookout MD	disease	
1 Feb 1865	VA		
Jun 1863	Danville VA	disease	
20 May 1864	Bermuda Hundred VA	KIA	
10 Dec 1862	Lynchburg VA	disease	
25 Feb 1865	Richmond VA	disease	
2 Jun 1864	Richmond VA	wounds	
5 May 1864	Wilderness VA	KIA	
15 Jun 1864	near Richmond VA	KIA	
24 Dec 1862	Big Creek Gap TN	disease	
1 Jun 1864	Frazier's Farm VA	KIA	
2 Jul 1863	Gettysburg PA	KIA	
25 Jul 1862	VA		
19 Mar 1865	VA	wounds	
30 Aug 1861	VA	disease	
8 Jun 1864	VA	disease	company not given
12 Aug 1881	Guilford Co NC	wounds	wounded 12 Aug 1861; no company given
Mar 1865	Point Lookout MD		
1 Jan 1865	Point Lookout MD	disease	
25 Mar 1865	Petersburg VA	KIA	
on/after 14 Sep 1862	MD	KIA	MIA 14 Sep 1862
22 Jul 1862	NC	disease	
22 Dec 1864	PA	disease	
1 Jul 1863	Gettysburg PA	KIA	
30 Jun 1862	Frazier's Farm VA	KIA	
2 Feb 1862	NC	disease	
2 May 1862	NC	disease	
Jun 1862	Wilmington NC	disease	
1862	Mount Jackson VA	disease	buried in Mount Jackson Confederate Cemetery
7 Mar 1863	Wilkes Co NC	disease	died at home on sick furlough

Section I — Widow Applications

Surname	Soldier's First Name	Widow's First Name	County of application	Date of application	Company & regiment
Perry	Alfred W.	Mary Ann	Beaufort	22 Jun 1885	Co D 5th
Perry	Jonas	Eliza	Nash	25 May 1885	Co A 47th
Perry	Lindsey	Cithy	Nash	8 Jul 1889	Co B 47th
Perry	Orcu	Catalona	Chatham	6 Jul 1885	Co G 40th
Perry	William	Winnie	Davie	4 Jun 1885	Co G 4th
Peterson	Fleet	Matilda	Sampson	25 May 1885	Co E 2nd
Petree	Jacob	Henrietta	Forsyth	25 May 1885	Co K 52nd
Pettigrew	John A.	Frances A.	Caswell	5 Jul 1886	Co A 13th
Pharr	John E. S.	E. J.	Mecklenburg	4 Jul 1885	Co F 57th
Phelps	Henderson	Elisabeth	Davidson	29 Jun 1885	Co H 13th
Philbeck	William H.	Polly	Cleveland	1 Jun 1885	Co I 56th
Phillips	Abraham P.	Rachel C.	Yadkin	13 Jun 1885	Co F 28th
Phillips	Benjamin	Susan Ann	Duplin	18 Jun 1885	Co E 20th
Phillips	Daniel J.	Margaret E.	Cumberland	23 Jul 1885	Co K 5th
Phillips	E. H.	Winiford Hepsey	Johnston	6 Jul 1885	Co C 24th
Phillips	Elias	Penelope	Robeson	12 Jun 1885	Co A 46th
Phillips	Elijah F.	Elizabeth	Alexander	12 Jun 1885	Co K 7th
Phillips	James	Sally	Orange	27 Jun 1885	Co G 44th
Phillips	James A.	Elizabeth H.	Alamance	27 Jun 1885	Co C 6th
Phillips	Joel	Sarah L.	Guilford	8 Jul 1885	Co A 8th
Phillips	L. S.	Elizabeth Ann	Moore	13 Jun 1885	Co E 3rd
Phillips	Reuben James	Rebecca Ann	Anson	1 Jun 1885	Co D 43rd
Phillips	Richard Greene	Sallie R.	Stokes	24 Jun 1885	Co K 2nd
Phillips	Richmond	Elizabeth	Wake	8 Jun 1885	Co B 47th
Philmon	Jacob	Elizabeth	Union	1 Jun 1885	Co A 27th
Phipps	C. D.	Lucinda	Yancey	27 Jun 1885	Co C 55th
Pickerell	James W.	Elizabeth	Rockingham	2 Jun 1885	Co K 13th
Pickett	James E.	Catherine	Alamance	2 Jun 1885	Co K 6th
Pierce	Allison D.	Nancy	Moore	6 Jul 1885	Co C 35th
Pierce	John A.	Sarah	Gaston	3 Aug 1885	Co H 49th
Piercy	Joshua J.	Mary A.	Warren	15 Jun 1885	Co E 1st
Pierman	John A.	Temperance	Halifax	11 May 1885	Co F 43rd
Pigg	Amos	Jane G.	Union	1 Jun 1885	Co B 26th
Pike	Edward	Sarah Jane	Warren	12 Jul 1886	Co K 12th
Pike	John	Dorcas	Chatham	12 Jul 1886	Co G 26th
Pilkington	Stephen R.	Polly Ann	Johnston	4 Jul 1885	Co C 5th
Pipes	Thomas	Elizabeth	Caldwell	25 May 1885	Co B 37th
Pipkins	William	Elizabeth	Chatham	8 Jun 1885	Co F 50th
Pittman	Henry	Harriet T.	Halifax	3 Jun 1885	Co F 26th
Pittman	Joel	Julia	Johnston	1 Jun 1885	Pott's Battery
Pittman	Josiah	Margaret	Mitchell	13 Jun 1885	Co I 29th
Pitts	Conrad	Lydia	Catawba	4 Jun 1885	Co C 28th
Plummer	Thornton H.	Mary Ann	Stokes	15 Jun 1885	Co D 53rd
Plyler	Henry Goodman	Amanda	Iredell	3 Jun 1885	Co C 48th
Plyler	Peter W.	Nancy C.	Union	19 Jun 1885	Co E 48th
Poe	A. J.	Nancy	Harnett	1 Jun 1885	Co G 48th
Poe	Logan	Candace	Chatham	27 Jun 1885	Co G 48th
Poindexter	Albert	Lucinda	Macon	9 May 1885	Co A 65th
Poindexter	G. W.	L. R.	Forsyth	8 Jun 1885	Co G 28th
Poland	Alfred	Nancy W.	Nash	1 Jun 1885	Co J 30th
Pool	Hartwell S.	Eliza	Montgomery	2 Jun 1885	Co H 14th
Pool	Joshua A.	Sarah J.	Montgomery	11 Jun 1889	Co A 10th
Poovy	Henry F.	Emeline	Catawba	10 Jun 1885	Co C 28th
Poovy	William F.	Lavinia	Caldwell	4 Jul 1885	Co E 28th
Pope	David	G. E.	Alexander	4 Jul 1887	Co G 38th
Pope	John	Susan	Caldwell	4 Jul 1885	Co F 7th

date of soldier's death	Place of death	Cause of death	Other details
15 Jan 1865	Fort Fisher NC	KIA	
4 May 1864	Wilderness VA	KIA	
27 Oct 1864	VA		
2 Apr 1865	Elmyra NY	disease	captured Fort Fisher NC
11 Jun 1864 (sic)	VA	wounds	wounded at Chancellorsville VA
29 Nov 1863	Staunton VA	wounds	
15 Oct 1863	Point Lookout MD	disease	
5 Apr 1865	near Farmville VA	KIA	
12 Dec 1862	Richmond VA	disease	
8 Jun 1864	Richmond VA	wounds	
15 Jul 1863	VA	disease	
5 May 1864	Wilderness VA	KIA	
1 Mar 1863	Richmond VA	disease	
14 Sep 1863	VA		
11 Aug 1864	Wilson NC	disease	
1863	VA	disease	
27 Jun 1862	Cold Harbor VA	KIA	
	Richmond VA		no date given
Feb 1865	VA	disease	
1864	SC	disease	
30 Sep 1862	MD		
8 Jun 1862	Wilmington NC	disease	
3 May 1863	VA	KIA	
Jun 1865	NY	disease	
24 Aug 1864	Ream's Station VA	KIA	
2 Jan 1863	TN	disease	
3 May 1863	Chancellorsville VA	KIA	
24 May 1863	Richmond VA	wounds	widow brought body home for burial
20 Apr 1864 or 23 Oct 1864	Moore Co NC	disease & wounds	
16 May 1863	Drewry's Bluff VA	KIA	
1864	Lynchburg VA	disease	
18 Jul 1864	Charlestown VA (now WV)	KIA	
3 Jul 1863	Gettysburg PA	KIA	
22 Apr 1862	VA	disease	
1 Jul 1863	Gettysburg PA	KIA	
May 1864	Point Lookout MD	wounds	
22 Apr 1862	NC	disease	
18 Jul 1862	VA	disease	
1 Mar 1865	Point Lookout MD	disease	captured Fort Fisher NC
16 Apr 1864	VA	disease	
25 Oct 1864	Allatoona GA	KIA	
May 1864	VA	wounds	wounded Battle of Wilderness
Sep 1864	VA	disease	
17 Sep 1862	Sharpsburg MD	KIA	
13 Dec 1862	Fredericksburg VA	KIA	
8 Aug 1862	VA	disease	
17 Sep 1862	PA	KIA	
after 20 Sep 1863	Camp Chase OH	wounds	wounded & captured Chickamauga GA
3 Jul 1863	Gettysburg PA	KIA	
16 Dec 1862	NC	disease	
9 Nov 1862	VA	disease	
after 1 Jan 1865			captured 1 Jan 1865 near Savannah GA
2 Jul 1863	Gettysburg PA	KIA	
15 Nov 1862	VA	disease	
20 Jun 1863	VA		
3 May 1863	Chancellorsville VA	KIA	

Surname	Soldier's First Name	Widow's First Name	County of application	Date of application	Company & regiment
Pope	Lafayette	E. M.	Catawba	12 May 1885	Co F 55th
Pope	Thomas	Susan C.	Orange	19 Jun 1885	Co E 31st
Poplin	Green	Lucinda	Yadkin	1 Jun 1885	Co G 54th
Poplin	Thomas	Sarah	Stanly	19 Jun 1885	Co F 5th
Porter	Eli	R. C.	Duplin	23 Jun 1885	Co E 3rd
Porter	George	Caroline	Anson	22 Jun 1885	Co I 43rd
Porter	J. H.	Margaret	Sampson	22 Jun 1885	Co I 46th
Porter	James N.	Barbara	Cumberland	2 Jun 1885	Co C 54th
Porter	Joseph M.	M. D.	Cleveland	27 Jun 1885	Co G 49th
Poteet	Albert L.	Louisa	Burke	13 May 1885	Co D 6th
Potter	Drury	Mary Jane	Lenoir	29 Jun 1885	Co D 27th
Potts	William	Fanny	Davie	18 Jun 1885	Co E 42nd
Powell	Daniel	Margaret	Cumberland	4 May 1885	Co A 11th
Powell	Edward Y.	Mary J.	Northampton	4 May 1885	Co I 12th
Powell	Wiley	Adaline	Wake	27 Jun 1885	Co C 31st
Powell	William B.	Sarah J.	Halifax	26 Jun 1885	Co F 12th
Powell	William Z.	Margaret J.	Halifax	16 Jun 1885	Co K 1st
Powers	Alexander	Lincey S.	Stokes	12 Jun 1885	Co D 45th
Powers	Franklin	Mary	Rockingham	8 Jun 1885	Co D 45th
Powers	James	Mary Ann	Robeson	6 May 1886	Co D 51st
Powers	Matthew	Lucinda	Robeson	3 Jul 1885	Co F 3rd
Preslar	Darlin	Mary	Alexander	15 Jun 1885	Co B 26th
Presnell	David	Elizabeth	Yancey	2 Jul 1885	Co C 58th
Presnell	James M.	Nancy	Randolph	3 Jun 1885	Co B 52nd
Presnell	William	Susan	Alexander	30 Jun 1885	Co I 5th
Prestwood	Cicero	Rebecca	Caldwell	11 Jun 1885	Co F 26th
Prestwood	Evander McIver	Caroline	Caldwell	4 Jul 1887	Co F 26th
Prestwood	Fabious	Delila	Caldwell	2 Jul 1885	Co I 26th
Pretty	George	Eliza May	Granville	30 Jun 1885	Co D 66th
Price	Eli	Elizabeth M.	Alamance	3 Jul 1886	Co I 8th
Price	Henry	Sarah J.	Wayne	3 Jul 1885	Co G 55th
Price	Jackson	Francis	Wilson	2 Jun 1885	Co A 55th
Price	Jesse	Penelope	Martin	1 Jun 1885	Co F 17th
Price	John	Mary	Alexander	12 Jun 1885	Co F 52nd
Price	Smith	Sarah	Wilkes	1 Jun 1885	Co F 52nd
Price	William H.	S. J.	Wayne	13 Oct 1887	
Pridgen	Blaney W.	Elizabeth H.	Lenoir	8 Jun 1885	Co G 40th
Pridgen	Bryant	Sally	Robeson	18 Jun 1885	Co F 51st
Pridgen	David J.	Sarah A.	Cumberland	22 Jun 1885	Co C 3rd
Pridgen	Isaiah	Mary E.	Pender	22 May 1885	Co E 18th
Pridgen	Sandy	Mary	New Hanover	25 May 1885	Co E 1st
Priest	William	Sarah	Richmond	6 Jul 1885	Co D 46th
Privett	Sampson	Amanda	Ashe	28 Jul 1887	Co B 37th
Proctor	Aaron	Mary	Wayne	22 Jun 1885	Co C 2nd
Proctor	Granberry	Elizabeth	Nash	26 Jun 1885	Co D 47th
Proctor	William	Nancy	Cleveland	1 Jul 1885	Co B 49th
Propst	Thomas	Mary	Burke	1 Jul 1885	Co E 16th
Pruitt	Squire	Lucinda	Wilkes	19 May 1885	Co D 13th
Puckett	Emerson	Cornelia	Nash	3 Jun 1885	Co A 47th
Puckett	M. F.	Elizabeth M.	Mecklenburg	25 May 1885	Co H 35th
Pugh	Alpheus	Sarah	Randolph	17 Jun 1885	Co D 22nd
Pulley	Robert H.	Mary C.	Craven	2 Jul 1885	Co D 5th
Pullian	James	Nancy L.	Person	20 Jun 1885	Co I 45th
Pullian	Simeon L.	Martha E.	Stokes	23 Jun 1885	Co D 57th
Pully	R. H.		Craven		Co H 34th

date of soldier's death	Place of death	Cause of death	Other details
24 Sep 1862	VA	disease	
Jul 1864	near Petersburg VA	disease	
6 Apr 1865	near Richmond VA	KIA	
15 Oct 1862	VA	wounds	
17 Sep 1862	Sharpsburg MD	KIA	
Jun 1864	VA	wounds	wounded Fort Harrison VA 29 May 1864
4 Jul 1862	VA	disease	
3 Jun 1864	Cold Harbor VA	KIA	
Aug 1862	NC	disease	
17 Sep 1862	Sharpsburg MD	KIA	
25 Aug 1864	Ream's Station VA	KIA	
6 Feb 1863	Petersburg VA	disease	couple m. Feb 1860
1 Jul 1863	Gettysburg PA	KIA	
Aug/Sep 1862	VA		
20 May 1864	near Petersburg VA	KIA	
11 Nov 1864	VA	wounds	wounded 28 Oct 1864 near Petersburg VA
4 Jul 1863	Gettysburg PA	KIA	
27 Mar 1864	VA	disease	
13 Jul 1864	near Washington DC	KIA	
May 1863	NC	disease	
16 Sep 1862	MD	KIA	
1864	Point Lookout MD		
1 Dec 1862	VA	disease	
3 Jul 1863	Gettysburg PA	KIA	
after 20 Mar 1865	Point Lookout MD		captured 20 Mar 1865 Petersburg VA
14 Oct 1863	Bristoe Station VA	KIA	
11 Jun 1865	Hart's Island NY	disease	
1 Jun 1862	Fort Fisher NC	disease	
17 Jun 1864	near Petersburg VA	KIA	
25 Mar 1865		wounds	captured Jun 1864 Cold Harbor VA
19 Jul 1863	Fort Delaware DE	disease	
Jul 1863	Falling Water VA	KIA	
1 Dec 1863	VA	disease	
30 Nov 1862	NC		
20 May 1865	MD	disease	
Jul 1863	Chester PA		company & regiment not given
31 Jan 1864	Fort Johnson NC	disease	
1863	Wilmington NC	disease	
16 Oct 1863	Cumberland Co NC		died at home; detailed at arsenal
2 Apr 1865	near Petersburg VA	wounds	
4 Jul 1864	VA		
May 1864	Staunton VA	wounds	wounded at Battle of Wilderness VA
1864	Elmyra NY	disease	captured Spotsylvania Courthouse VA
Apr 1863	VA	disease	
Oct 1864	MD	disease	
20 Mar 1864	NC	disease	
1 Jun 1862	Richmond VA	KIA	
22 Sep 1864	Richmond VA		couple m. Jan 1860 Wilkes Co NC
1 Jul 1863	Gettysburg PA	KIA	
25 Mar 1865	Petersburg VA	wounds	wounded 20 Mar 1865 Petersburg VA
31 May 1862	Seven Pines VA	KIA	
13 Dec 1864 (sic)	Fredericksburg VA	KIA	
15 Oct 1864		disease	POW
13 Dec 1862	VA	KIA	
13 Dec 1862	Fredericksburg VA	KIA	Lt; native of Granville Co; no application, just affadavit

Surname	Soldier's First Name	Widow's First Name	County of application	Date of application	Company & regiment
Putman	Leroy	Margaret A.	Cleveland	23 Jun 1885	Co H 34th
Putman	P. G. Sr.	Sarah	Cleveland	9 Jun 1885	Co H 34th
Putnam	Adolphus S.	E. E.	Cleveland	23 Jun 1885	Co G 18th
Query	Francis W.	Mary	Iredell	1 Jul 1885	Co K 7th
Query	Robert S.	Margaret J.	Cabarrus	2 Jun 1885	Co C 8th
Quinn	David	Sarah	Duplin	9 Jun 1885	Co G 61st
Rabon	Calvin	Nancy	Wake	5 May 1885	Co E 47th
Rackley	Hardy	F.C.	Duplin	6 Jun 1885	Co C 63rd
Rader	Jonas	Kizah	Caldwell	18 Jun 1885	Co F 26th
Rambeaut	Henry L.	Mary	Wake	30 Jun 1887	Co C 31st
Ramsey	T. J.	Malissa	Cleveland	23 May 1885	Co I 38th
Ramsey	W. F.	Martha	Wake	16 Jun 1885	Co A 10th
Randall	Calip	Agness	Cleveland	16 Jun 1885	Co F 55th
Randall	John A.	Margaret R.	Rutherford	20 Jul 1887	Co D 55th
Randall	Robert H.	Hannah	Cleveland	2 Jul 1885	Co C 17th
Rankin	N. A.	Rebecca C.	Gaston	6 Jun 1885	Co H 37th
Rape	Samuel M.	Sarah	Union	22 Jun 1885	Co D 37th
Raper	Calvin	Elizabeth	Wilson	22 Jun 1885	Co A 55th
Raper	Robinson	Nancy	Johnston	25 May 1885	Co E 50th
Rawls	Joseph A.	Levina C.	Bertie	18 Jun 1885	Co C 3rd
Ray	Robert	Sally	Orange	18 Jun 1885	Co G 27th
Rayner	Marshall	Rachel	Durham	1 Jun 1885	Co E 46th
Rayner	William Ervin	Susan	Sampson	3 Jun 1885	Co E 18th
Read	Samuel	Margaret	McDowell	6 Jul 1885	Co F 58th
Reagan	David	Martha	Person	20 Jun 1885	Co A 24th
Reaves	John	Emaline	Chatham	27 Jun 1885	Co D 15th or Co V 43rd
Reaves	John	Mary	Macon	4 May 1885	Co K 9th Cavalry
Rector	Gilbright	Elizabeth	Catawba	30 Jun 1885	Co F 38th
Redditt	William H.	Minnie	Craven	10 Jun 1885	Gunboat Navy
Redmon	Hosea A.	Angeline	Iredell	1 Jul 1885	Co E 54th
Redmon	L. H.	Caroline	Buncombe	19 Jun 1885	Co K 60th
Reece	John C.	Mary	Surry	15 Jun 1885	Co A 2nd
Reece	William	Eleanor	Randolph	16 May 1885	Co M 22nd
Reed	Charles	Christinana	Buncombe	16 May 1885	Co H 29th
Reed	Mathew H.	Susan	Stokes	3 Jun 1885	Co H 22nd
Reeves	C. A.	Eliza	Montgomery	2 May 1885	Co D 14th
Reeves	George W.	Winnifred	Harnett	1 Jun 1885	Co I 24th
Reeves	John W.	Caroline	Orange	3 Jul 1885	Co D 36th
Reeves	Whitson A.	Caroline	Stanly	6 Jul 1885	Co F 44th
Register	Samuel R.	Arabella	Sampson	6 Jun 1885	Co B 51st
Reid	Nathaniel M.	Nancy	Alamance	8 Jun 1885	Co G 22nd
Reid	William	Susan	Alexander	13 Jun 1885	Co A 22nd
Reider	Noah	Mary	Montgomery	1 Jun 1885	Co H 44th
Reinhardt	Charles	Susan	Lincoln	6 Jun 1885	Co I 11th
Reinhardt	Elias	Eliza	Catawba	6 Jun 1885	Co F 23rd
Reinhardt	Levi	Mary	Catawba	30 May 1885	Co F 23rd
Reinhardt	W. P.	Frances	Gaston	22 Jun 1885	Co M 16th
Reitzel	Christopher	Elizabeth	Forysth	26 May 1885	Co D 21st
Reminger	Reuben	Mary J.	Forysth	8 Jun 1885	Co G 2nd
Renn	J. H.	Jackqualine	Franklin	23 Jun 1885	Co D 8th
Revels	John T.	Louisa	Rowan	22 Jun 1885	Co K 57th
Reynolds	Eban	Martha	Montgomery	2 Jun 1885	Co H 13th

date of soldier's death	Place of death	Cause of death	Other details
27 Jun 1862	Seven Pines VA	KIA	
after 15 Jul 1864	Point Lookout MD	disease	captured 15 Jul 1864 VA
Oct 1862	Winchester VA	disease	
21 May 1864	Spotsylvania Court House VA	KIA	
Feb 1865	Hilton Head Island SC	disease	captured 1864 near Savannah GA
18 Jul 1864	VA	KIA	
1 Jul 1863	Gettysburg PA	KIA	
1864	Point Lookout MD	disease	captured 1863
1 Apr 1862	NC	disease	
3 Oct 1863	Summerville SC	disease	
1 Jul 1863	Gettysburg PA	KIA	
2 Jul 1863	Gettysburg PA	KIA	
5 Nov 1862	Raleigh NC	disease	
Aug 1862	Goldsboro NC	disease	
Apr 1865	near Petersburg VA	wounds	
30 Jun 1862	VA	KIA	
4 Jul 1862	Governor's Island NY	disease	POW
3 Feb 1864	Point Lookout MD		
24 Apr 1862	NC	disease	
27 Mar 1865	NC	disease	captured 13 Jan 1865 Fort Fisher and sent to Elmyra NY; paroled before his death
after Oct 1863	Richmond VA		captured Oct 1863 Bristoe Station VA and sent to Point Lookout MD, then back to Richmond
3 Jul 1864	Farmville VA	disease	
1 Jun 1862		KIA	
20 Sep 1863	Chickamauga GA	KIA	
25 Dec 1861	NC	disease	
20/25 Jul 1862	Petersburg VA	disease	
Sep 1864	near Ream's Station VA	wounds	wounded 29 Aug 1864
2 Mar 1862	Goldsboro NC	disease	
Jan 1865	NC	disease	
Sep 1864	VA	disease	
5 Oct 1864	Camp Douglas IL	disease	
12 Jan 1863	Guinea Station VA	disease	
15 Jun 1862	Jamestown NC	disease	started home on sick furlough
17 Nov 1861	NC	disease	
6 May 1862	VA	disease	
1 Sep 1862 (sic)	Sharpsburg MD	KIA	
20 Jul 1863	Petersburg VA	disease	
Mar 1865	Elmyra NY		captured Feb 1865
15 Aug 1863	Richmond VA	disease	
5 Jul 1864	Petersburg VA	wounds	
15 Aug 1863	VA	wounds	wounded 4 May 1863 Chancellorsville VA
1 Sep 1861	Alexander Co NC	disease	
Nov 1864	NC		
2 Jun 1864	Bedford Co VA	disease	
2 May 1863	VA	KIA	
after 12 May 1864	Washington DC	wounds	wounded & captured 12 May 1864 Spotsylvania Courthouse VA
1 May 1862	Richmond VA	disease	
13 Sep 1861	VA	disease	
15 Jul 1863	near Gettysburg PA	disease	
20 Jan 1865	MD	disease	
Mar 1865	VA	disease	
6 May 1864	VA	wounds	wounded Battle of Wilderness; name may have been Elien or Elias

Section I — Widow Applications

Surname	Soldier's First Name	Widow's First Name	County of application	Date of application	Company & regiment
Reynolds	Elias E.	Eliza. Jane	Jackson	21 May 1885	Co H 16th
Reynolds	F. Harvey	Mary	Catawba	16 Jun 1885	Co C 28th
Reynolds	Peter	Rebecca	Columbus	4 Jul 1885	Co G 51st
Reynolds	William	Lou Ella	Rutherford	6 Jul 1885	Co E 64th
Rezins	Richard H.	Mellisent	Wilson	3 Jun 1885	Co G 23rd
Rhea	John W.	Charlotte	Cherokee	24 Jul 1885	Co F 39th
Rhew	John Wilson	Mary Ann	Orange	30 May 1885	Co K 19th
Rhoads	Andrew	Ann	Henderson	8 May 1885	Co H 25th
Rhoads	Jesse	M. J.	Buncombe	26 Jun 1887	Co D 66th
Rhodes	Jesse	Susan	Davidson	4 Jul 1885	Co B 48th
Rhodes	R. S.	Savannah	Stokes	30 Jun 1885	Co D 45th
Rice	John L.	Martha	Buncombe	6 Jul 1885	Co C 14th
Rich	John H.	Nancy	Buncombe	16 Jun 1885	Co B 45th
Rich	Joseph A.	M. M.	Buncombe	1 May 1885	Co F 25th
Rich	Josiah	Rebecca	Burke	22 Jun 1885	Co B 46th
Richardson	Canada	Jane	Ashe	6 Jul 1885	Co A 26th
Richardson	George	Jane	Union	6 Jul 1885	Co F 48th
Richardson	J. D.	Sally	Wake	16 Jun 1885	Co E 47th
Richardson	Joseph L.	Mary A.	Stokes	16 Jun 1885	Co M 21st
Richardson	Joseph W.	Anna	Stokes	23 May 1885	Co L 21st
Richardson	Peter	Nancy	Randolph	18 Jun 1885	Co D 22nd
Richardson	William	Rosalie	Rockingham	22 May 1885	Co M 21st
Richie	Joseph C.	Lucinda	Catawba	23 May 1885	Co I 11th
Richie	William Franklin	Priscilla R	Iredell	5 Jul 1885	Co E 11th
Rickard	John L.	Mary Ann	Davidson	5 Jul 1887	salt maker
Ricks	William Henry	Sarah	Cherokee	12 Sep 1885	Co A 29th
Riddick	Annuel	Mary J.	Guilford	1 Jun 1885	Co G 46th
Riggan	Matthew	E. H.	Warren	1 Jun 1885	Co I 1st
Riggan	Peter	Elizabeth	Warren	1 Jun 1885	Co C 46th
Riggan	Sugar A.	Sarah	Warren	3 Jul 1885	Co B 36th
Riggs	Daniel	Mary J.	Surry	30 Jun 1885	Co I 18th
Riggs	I. Newton	Mary	Onlsow	1 Jun 1885	Co G 3rd
Riley	James	Caroline	Orange	27 Apr 1885	Co D 6th
Riley	Simpson	Lucinda	Orange	1 Jul 1885	Co D 56th
Riley	William	Judy	Orange	4 Jun 1885	Co D 56th
Riley	William H.	Catherine	Orange	4 Jun 1885	Co F 33rd
Rimer	David A.	Rebecca	Rowan	2 Jun 1885	Co A 46th
Ring	William	Rebecca	Surry	18 Apr 1885	Co A 28th
Ringold	B. F.	Catherine	Cumberland	27 Jun 1885	Co E 8th
Rink	Andy	Eveline	Catawba	6 Jul 1885	Co I 11th
Ritter	John	Susan	Pitt	16 May 1885	Co G 13th
Rivenbark	James M.	Dolly	Sampson	2 Jun 1885	Co G 61st
Rivers	John	Elizabeth	Warren	22 Jun 1885	Co C 46th
Roach	William	Elizabeth	Rockingham	5 Jul 1886	Co E 45th
Roach	William	Elizabeth	Rockingham	5 Sep 1887	Co L 21st
Roane	John R.	Mary S.	Macon	27 Jun 1885	Co D 62nd
Robbins	Elbert	Amanda	Nash	3 Jun 1885	Co D 1st
Robbins	Elias	Emeline	Randolph	6 Jul 1885	Co B 52nd
Robbins	Harmon	Mary	Randolph	1 Jun 1885	Co I 22nd
Robbins	Isaac	Mary	Randolph	1 Jun 1885	Co F 46th
Robbins	William	Mary	Columbus	27 Jun 1885	Co G 36th
Roberson	Isaac	Lucy B.	Forsyth	20 May 1885	Co H 16th
Roberson	John	Zilpha	Mitchell	16 Jun 1885	Co E 6th
Roberson	Mitchell	Margaret	Yancey	2 Jul 1885	Home Guard
Roberson	Samuel	Mary	Yancey	21 Jul 1885	Co C 16th

date of soldier's death	Place of death	Cause of death	Other details
26 Jul 1862	Mechanicsville VA	KIA	
11 Nov 1862	VA	disease	
	Columbus Co NC	disease	no date given; died at home on sick furlough
22 Jul 1864 (sic)	Missionary Ridge TN	KIA	
1864	VA	disease	
31 Dec 1862	TN		
after Apr 1865	Point Lookout MD	disease	captured Apr 1865 Appomattox VA
21 Jun 1864	Richmond VA	disease	
11 Jan 1863	Murfreesboro TN	disease	
5 Nov 1862	Staunton VA	disease	
2 Apr 1865	Richmond VA	disease	
1 Jan 1864	Buncombe Co NC	disease	died at home on sick furlough
2 Jun 1864	Richmond VA	disease	
28 Jun 1864	Petersburg VA	wounds	wounded 19 Jun 1864 Petersburg VA
Dec 1863	near Orange Courthouse VA	shot by order of court martial	
20 Mar 1862	NC	disease	
18 Aug 1862	Richmond VA	KIA	
31 Mar 1865	Ream's Station VA	KIA	
13 Dec 1862	VA	KIA	
May 1863	VA	wounds	wounded Chancellorsville
23 May 1865	Randolph Co NC	disease	captured Fishers Hill VA & sent to Point Lookout MD; paroled 14 May 1865 & died after returning home
22 Apr 1864	NC	KIA	
5 May 1864	Wilderness VA	KIA	
8 Jul 1863		wounds	wounded 1 Jul 1863 Gettysburg
9 Jan 1865	Wilmington NC	disease	
27 Jul 1864	Cherokee Co NC	KIA	killed by federal raiders
29 Oct 1862	Staunton VA	disease	
11 Oct 1861	VA	disease	
May 1864	Richmond VA	disease	
Jun 1864	Elmyra NY	wounds & disease	
3 Oct 1864	Point Lookout MD	disease	
Jul 1862	VA	wounds	wounded 1 Jul 1862 Malvern Hill VA
	Orange Co NC	disease	died at home on sick furlough
May 1864	Raleigh NC	wounds	wounded Apr 1864 at Plymouth NC
Mar 1864	Weldon NC	disease	
3 Apr 1865	near Petersburg VA	KIA	
1 Jan 1864	Richmond VA	disease	
8 Aug 1861	NC	disease	
13 Jun 1864	near Richmond VA	wounds	
3 Apr 1865	Richmond VA	wounds	wounded near Petersburg VA
1862	near Chancellorsville VA	disease	
4 Jun 1864	VA	KIA	
12 May 1864	Spotsylvania Court House VA	KIA	
Oct 1862	VA	disease	
Oct 1861	NC	disease	
26 Oct 1864	SC	disease	
17 Sep 1862	MD	KIA	
1 Oct 1864	Elmyra NY	disease	
11 Apr 1865	Randolph Co NC	disease	died at home on sick furlough
5 Mar 1863	SC	disease	
			no date given
12 Apr 1865	near Petersburg VA	wounds	
1862	near Hanover Courthouse VA	disease	
after Oct 1863	Camp Chase OH	disease	captured Oct 1863
1863	MD		

Surname	Soldier's First Name	Widow's First Name	County of application	Date of application	Company & regiment
Roberts	E. M.	Mary J.	Wake	18 Jun 1885	Co K 14th
Roberts	Frank N.	Meriah	Cumberland	5 Jul 1885	Co B 56th
Roberts	Green	Carolina	Durham	8 May 1885	Co B 6th
Roberts	Herod	Delphia	Caldwell	11 May 1885	Co I 26th
Roberts	John K.	Elizabeth	Cherokee	4 Jul 1885	Co C 39th
Roberts	Moses	R. C.	Buncombe	4 Jul 1885	Co D 29th
Roberts	William	Malinda	Caldwell	21 May 1885	Co H 21st
Robertson	Alfred	Prudence	Martin	6 Jul 1885	Co B 40th
Robertson	Charles	Annesa	Martin	18 Jun 1885	Co H 1st
Robertson	Ewel L.	Mary A.	Rockingham	3 Jun 1885	Co D 45th
Robertson	James	Irma	Randolph	18 May 1885	Co B 45th
Robertson	M. N.	Ruth	Rutherford	25 May 1885	Co B 35th
Robeson	Gilbert	Phebe	Yancey	2 Jul 1885	Co G 27th
Robeson	James A.	Mary Ann	Burke	22 Jul 1887	Co E 6th
Robeson	Leander	Jane	Cherokee	22 Jul 1887	Co E Thomas' Legion
Robinett	Jesse F.	Nancy	Alexander	12 Jun 1885	Co G 37th
Robinett	William Anson	Ruth	Alexander	12 Jun 1885	Co G 37th
Robinson	Day	Sallie	Vance	29 Jun 1885	Co G 23rd
Robinson	Edwin	Rachel	Onslow	29 Jun 1885	Co G 3rd
Robinson	Henry H.	Peggy	Vance	6 Jul 1885	Capt Parham's Co
Robinson	J. L.	Jane	Clay	29 Jul 1887	Co E Walker's Bttn
Robinson	James		Cumberland		
Robinson	Livingston	Ann	Montgomery	6 Jul 1885	Co E 28th
Robinson	Sam	Mary Jane	Vance	2 Jun 1885	
Robuck	Samuel H.	Charity	Martin	12 Jun 1885	Co H 1st
Rochelle	Blaney J.	Hezzie E.	Pender	2 Jul 1885	Co K 3rd
Rodgers	Hiram	Elizabeth	Yancey	15 Jun 1885	Co G 58th
Rogers	Jesse T.	Leanne	Alexander	12 Jun 1885	Co G 37th
Rogers	William Lee	Mecia	Alamance	30 May 1885	Co I 57th
Rohn	Isaac	Sarah	Gaston	30 May 1885	Co E 6th
Roland	Robert	Marinda	Yancey	18 May 1885	Co C 58th
Roope	King M.	Louisa	Ashe	2 Jul 1885	Co D 50th
Roper	Barney	Ann	Burke	2 Jul 1885	Co A 6th
Ross	Ezekiel	Mary	Union	1 Jun 1885	Co C 10th
Ross	Joseph	May	Alamance	6 Jul 1885	Co I 57th
Ross	Osborn	E. L.	Cleveland	20 Jul 1885	Co F 56th
Ross	Thomas	Catherine	Wake	20 May 1885	Co I 47th
Rountree	Gordon	Emeline	Gates	11 Jul 1885	Co I 55th
Row	Henry	Susan	Davidson	25 Jun 1885	Co B 48th
Rowan	John J.	Eliza	New Hanover	8 Jun 1885	Co B 36th
Rowe	William D.	Mary E.	New Hanover	7 Jun 1885	Co F 3rd
Royster	Soliman	Sallie	Person	12 Jun 1885	Co A 50th
Rumage	Harris	Rutha	Stanly	8 Jun 1885	Co I 52nd
Rumage	Nathan	Elizabeth	Stanly	6 Jul 1885	Co F 5th
Rumple	Peter A.	Elizabeth	Rowan	6 Jul 1885	Co B 46th
Rusher	George A.	Salina	Rowan	28 May 1885	Co D 42nd
Russ	Jonathan	Nancy	Bladen	1 Jun 1885	Co F 53rd
Russell	Abednego	Mariah	Wilkes	8 Jun 1885	Co K 52nd
Russell	J. C.	L. A.	Randolph	27 Jun 1885	Co E 28th
Russell	James	Emma	Anson	27 Jun 1885	Co K 43rd
Russell	Lewis W.	R. Caroline	Wilkes	2 Jul 1885	Co G 18th
Russell	Pleasant	Louvinia	Davidson	6 Jul 1885	Co C 38th
Russell	William	Mara	Montgomery	6 Jul 1885	Co K 34th
Rutherford	William	Nancy	Haywood	27 Jun 1885	Co I 25th

date of soldier's death	Place of death	Cause of death	Other details
17 Nov 1864	Winchester VA	KIA	
18 Jun 1864	VA	KIA	
1 May 1864	Cedar Creek VA	wounds	
10 Jul 1862	Morehead City NC	disease	
27 Sep 1862	Cumberland Gap TN	disease	
15 Jan 1864	Chickamauga GA	disease	
5 May 1864	Wilderness VA	KIA	
6 Feb 1865	Fort Anderson NC	wounds	wounded at Fort Fisher NC
15 Nov 1864	VA	disease	
10 Oct 1864	Rockingham Co NC	disease	died at home on sick furlough
after Jul 1863		wounds	wounded & captured Gettysburg
Dec 1864	near Petersburg VA	KIA	
31 Dec 1862	TN		
17 Feb 1865	Point Lookout MD		
14 Mar 1865	Danville VA		captured Portsmouth VA & was going home after being paroled
24 Jul 1862	Richmond VA	disease	
30 Jun 1862	VA	disease	
Nov 1863	Richmond VA		
17 May 1881	Onslow Co NC	wounds	wounded 1 Jul 1862 Malvern Hill VA
Sep 1862	Sharpsburg MD	KIA	no regiment shown
after 1863	IN	disease	captured 1863
after Jul 1863		wounds	wounded Gettysburg; no application
13 Dec 1862	Fredericksburg VA	KIA	
27 May 1863	NC	disease	no company & regiment given
9 Dec 1862	VA		
3 May 1863	VA	KIA	
May 1863	Knoxville TN	disease	
12 May 1864	Ream's Station VA	KIA	
14 Jan 1863	NC	disease	
1 Apr 1865	MD		
10 Jul 1864	GA	KIA	
1 Jan 1863	Southampton Co VA	disease	
Oct 1862	Richmond VA	disease	
25 Apr 1863	NC	disease	
29 May 1863	Richmond VA	wounds	wounded Chancellorsville
5 May 1863	NC	disease	
3 Jul 1863	Gettysburg PA	KIA	
Jul 1863	Gettysburg PA	KIA	
25 Jun 1862	VA	KIA	
15 Jan 1865	NC	wounds	wounded Fort Fisher NC
17 Sep 1862	Sharpsburg MD	KIA	
27 Jan 1865	Summerville SC	disease	
10 Aug 1864	Stanly Co NC	wounds	wounded near Petersburg VA
Sep 1864	Elmyra NY		captured 19 May 1862 VA & taken first to Point Lookout MD
14 Oct 1863	VA		
12 Apr 1865	Salisbury NC	disease	
4 Jul 1863	Gettysburg PA	KIA	
after 3 Jul 1863	NY	wounds	wounded & captured 3 Jul 1863 Gettysburg
9 Apr 1863	Lynchburg VA	disease	
6 Jun 1864	Richmond VA	disease	
1865	NY		POW
1 Aug 1864	near Lynchburg VA	wounds	wounded Battle of the Wilderness VA; blacksmith
Mar 1865	near Petersburg VA	KIA	
29 Aug 1863	VA	disease	

Section I — Widow Applications

Surname	Soldier's First Name	Widow's First Name	County of application	Date of application	Company & regiment
Rutledge	E. H.	Martha	Stokes	30 May 1885	Co D 53rd
Sahms	John	Jane	Gaston	30 Jun 1885	Co M 16th
Sain	Noah	Catherine	Lincoln	1 Jun 1885	Co G 57th
Sams	George W.	Sarah J.	Alamance	7 Jul 1885	Co F 45th
Sanders	Aaron T.	Nancy	Montgomery	6 May 1885	Co H 14th
Sanders	William J.	Susan	Wake	4 May 1885	Co A 20th
Sandling	Crawford W.	Mary G.	Franklin	2 Jun 1885	Co I 55th
Sands	James	Lydia	Stokes	2 Jun 1885	Co A 2nd
Sapp	John	Elizabeth	Stokes	22 Jun 1885	Co D 45th
Sary	James	Elitha	Wilson	4 Jul 1885	Co F 61st
Sasser	B. W. F.	Elizabeth	Wayne	1 Jun 1885	Co H 13th
Satterfield	Wesly	Julia	Rockingham	4 Jul 1885	Co E 7th reserves
Sauls	Andrew	Abby	Wayne	20 Jun 1885	Co D 4th
Sauls	J. B.	Edith	Wake	8 Apr 1886	Co K 22nd
Saunders	Richard A.	Sophia	Gates	25 Jun 1885	Co B 5th
Savage	William H.	Judah	Stokes	25 Jun 1885	Co H 53rd
Sawyer	James R.	Deborah	Alamance	12 Jun 1885	Co H 6th
Scarlett	George W.	Nancy	Rockingham	28 May 1885	Co G 14th
Scarlett	W. F.	Louisa Mariah	Wilkes	2 Jun 1885	Co H 23rd
Scoggins	Stephen	Jemima	Moore	19 May 1885	Co E 56th
Scott	Abraham A.	Martha J.	Cabarrus	8 Jun 1885	Co H 57th
Scott	Humphrey P.	Rachel	Haywood	18 Jun 1885	Co C Thomas' Legion
Scott	Leonard H.	Elizabeth R.	Yadkin	13 Jun 1885	Co I 21st
Scott	Rayford	Rachel J.	Onslow	3 Jul 1885	Co B 41st
Scott	Theophilus Girdieu	Eliza	Burke	30 May 1885	Co B 54th
Scott	Thomas L.	M. M.	Forsyth	30 Jun 1885	Co D 21st
Scott	William	Mary	Johnston	29 May 1885	Co E 24th
Scott	William C.	Margaret	Wake	30 Jun 1885	Co G 7th
Seaford	Eli	Margaret	Rowan	12 Jun 1885	Co B 46th
Seagle	Alfred A.	Narcissus	Alexander	16 May 1885	Co G 11th
Seagle	George	Sarah Ann	Lincoln	18 Jun 1885	Co B 23rd
Seamon	A. J.	Nancy J.	Montgomery	11 Jun 1885	Co A 33rd
Seamont	Lawson	Angeline	Davie	22 Jun 1885	Co F 42nd
Searcey	John	Martha	Buncombe	3 Dec 1885	Co K 60th
Seitz	G. L.	Jane C.	Gaston	4 Jul 1885	Co F 23rd
Sellars	John W.	Elizabeth W.	Brunswick	15 Jun 1885	Co G 36th
Sellars	Thomas A.	Charity	Brunswick	30 May 1885	Co G 36th
Sellers	George	E. C.	Gaston	6 Jul 1885	Co D 37th
Sellers	Jacob	Rachel	Haywood	22 Jun 1885	Co I 62nd
Sellers	John	Eliza E.	Brunswick	18 May 1885	Co G 36th
Sellers	John	Mary	Anson	6 Jul 1885	Co B 31st
Sentell	Jasper	Sarah C.	Henderson	25 Jun 1885	Co D 65th
Senter	Caleb O.	Fanny	Gaston	1 Jun 1885	Co H 52nd
Settliff	Alexander	Uni	Rockingham	22 Jun 1885	Co I 13th
Settliff	Daniel	T. E.	Rockingham	6 Jul 1885	Co H 45th
Settliff	William Daniel	Eliza	Rockingham	21 May 1885	Co E 45th
Setzer	David P.	Barbara	Catawba	6 Jul 1885	AR
Setzer	Harvey	M. L.	Catawba	30 Jun 1885	Co E 57th
Setzer	Rubin	Sophrona	Caldwell	15 Jun 1885	Co A 7th
Setzer	Thomas D.	Elizabeth	Caldwell	15 Jun 1885	Co F 26th
Sevinse	George	Mary	Anson		
Sexton	Alsey	Margaret E.	Harnett	6 Jul 1885	Co C 31st
Sexton	Joseph	Mourning	Ashe	8 Jun 1885	Co A 37th
Sexton	Samuel	Sarah Frances	Tyrrell	2 May 1885	Co G 1st
Seyman	Anson	Barbara	Catawba	6 Jul 1885	Co F 38th

date of soldier's death	Place of death	Cause of death	Other details
1 May 1862	NC	disease	
30 May 1862	Seven Pines VA	KIA	MIA
26 Dec 1862	VA	wounds	wounded 13 Dec 1862 Fredericksburg VA
4 Jul 1863	Gettysburg PA	KIA	
17 Sep 1862	Sharpsburg MD	KIA	
27 Jun 1864	VA	KIA	
18 Aug 1864	Weldon RR VA	KIA	
14 Feb 1862	Stokes Co NC	disease	died at home on sick furlough
May 1864	Hanover Junction VA	wounds	wounded 24 May 1864
16 Nov 1862	Wilson NC	disease	
12 May 1863	VA		
5 Jan 1865	Branchville SC	disease	
after Jul 1863	Fort Delaware DE		captured Gettysburg and never heard from again
5 May 1864	Wilderness VA	KIA	
3 Jul 1863	Gettysburg PA	KIA	
24 Jan 1865	Richmond VA	disease	
12 Aug 1863	VA	disease	
10 Dec 1862	MD	disease	
3 Jul 1863	Gettysburg PA	KIA	couple m. 22 Feb 1860 Wilkes Co NC
15 Aug 1864	Richmond VA	disease	
13 Dec 1862	VA	KIA	
19 Jan 1863	Strawberry Plains TN	disease	
Jul 1863	VA		
May 1865	Point Lookout MD	disease	
Apr 1865	Fort McHenry MD	wounds	wounded & captured 9 Apr 1865 Appomattox Courthouse VA
19 Mar 1863	Richmond VA	disease	
25 Jun 1862	near Richmond VA	KIA	
16 Jun 1862	Lynchburg VA	disease	
13 Dec 1862	VA	KIA	
1 Jul 1863	Gettysburg PA	KIA	
1 Jul 1863	Gettysburg PA	KIA	
14 Mar 1862	NC	KIA	
31 Mar 1863	NC	disease	
Feb 1863	Tullahoma TN	disease	
5 Aug 1863	Staunton VA	wounds	wounded Gettysburg
Feb 1865	Elmyra NY	disease	
15 Mar 1865	Danville VA	disease	POW
22 Jul 1864	VA	disease	
16 Oct 1863	MD	disease	
Jan/Feb 1865	Elmyra NY	disease	captured 15 Jan 1865 Fort Fisher NC; Sgt
May 1864	Drewry's Bluff VA	KIA	
Feb 1865	Richmond VA	disease	captured 6 Jun 1863 KY; died after being paroled
12 Aug 1864	Shohola PA	train wreck	POW
1862	Richmond VA	disease	
1 Aug 1864	Richmond VA	disease	
4 Jul 1862	NC	disease	
Aug 1862	AR	KIA	company & regiment not given but enlisted AR
1 Mar 1865	VA	disease	
14 Mar 1862	NC	KIA	
19 May 1862	NC	disease	
			empty folder
Mar 1865	Elmyra NY	disease	
Jan 1865	Elmyra NY		
6 Jun 1862	VA		
23 Jun 1864	Richmond VA	disease	

Surname	Soldier's First Name	Widow's First Name	County of application	Date of application	Company & regiment
Seymour	James	Susan	Lenoir	6 Jul 1885	Co C 27th
Shamel	J. W.	Mary A.	Forsyth	4 Jul 1887	Co B 6th
Sharp	Ashford	Elizabeth J.	Caswell	4 Jul 1887	Co E 31st
Sharp	Davidson	S. L.	Iredell	4 May 1885	Co E 49th
Sharpless	William J.	Margaret A.	Duplin	1 Jun 1885	Co A 43rd
Shaver	Lee (W. L.)	Elizabeth	Iredell	1 Jun 1885	Co G 58th
Shearin	E. David	Martha E.	Halifax	30 Jun 1885	Co G 12th
Shearin	Nathaniel M.	Martha E.	Halifax	7 Aug 1885	Co A 24th
Shearin	Nicholas	Elizabeth J.	Warren	17 Jun 1885	Co B 30th
Shearin	Thomas G.	Frances	Warren	6 Jun 1885	Co B 30th
Sheets	Jesse B.	Elizabeth	Ashe	21 May 1885	Co A 34th
Sheets	John	Mary	Rowan	2 Jun 1885	Co D 42nd
Sheffield	Isham	Annie	Moore	6 Jul 1885	Co H 26th
Sheffield	Issac	Mary	Moore	2 Jun 1885	Co H 46th
Shelfer	John	Jane	Jones	1 Jun 1885	Co G 2nd
Shelton	Dempsey	Amanda	Forsyth	29 Jun 1885	Co G 75th
Shelton	J. F.	Caroline	Jackson	1 Jul 1885	Co C 6th
Shepherd	George	Elizabeth	Alamance	2 Jul 1885	Co A 53rd
Shepherd	Grandison	Serena	Yancey	6 Jul 1885	Co C 58th
Shepherd	J. Paisley	Mitilda	Guilford	20 Jun 1885	Co B 27th
Shepherd	John	N. E.	Mecklenburg	12 Jun 1885	Co G 56th
Shepherd	John	Sarah	Catawba	6 Jul 1885	Co E 57th
Sherrill	Alfred S.	Sarah	Alexander	17 Jun 1885	Co G 37th
Sherrill	John N.	M. E.	Lincoln	1 Jun 1885	Co K 49th
Shipman	Charles B.	Rebecca	Henderson	6 Jul 1885	Co E 64th
Shipp	John	Polly	Sampson	26 May 1885	Co G 3rd
Shoat	John	Jane	Ashe	3 Jun 1885	Co F 22nd
Shook	John	Rhoda	Catawba	25 Jun 1885	
Shook	Joseph P.	Sarah	Mitchell	1 Jun 1885	Co F 26th
Shore	John H.	Martha A.	Forsyth	4 Jul 1885	Co G 8th
Shore	Thomas N.	Charity	Forsyth	30 May 1885	Co I 33rd
Shore	Daniel	Elizabeth	Yadkin	3 Jun 1885	Co H 3rd
Shores	Anderson	Elizabeth	Surry	16 Jun 1885	Co B 21st
Shores	John C.	Almeda	Yadkin	3 Jul 1885	Co H 21st
Short	W. W.	Anna	Burke	8 May 1885	Co B 11th
Shropsere	William	Sallie	Rockingham	29 Jun 1885	Co H 45th
Shropshire	Henry	Susan	Surry	2 Jun 1885	Co B 2nd
Shrouse	Joseph	Nancy	Lincoln	5 Jul 1885	Co K 46th
Shuler	David	Sarah	Davidson	6 Jul 1885	Co G 46th
Shultz	Edmond J.	Cynthia	Stokes	2 Jun 1885	Sr reserves; Navy
Sides	Christopher	Frances E.	Rowan	9 May 1885	Co H 14th
Sides	D. S.	Mary C.	Cabarrus	3 Jun 1885	Co C 33rd
Sides	Jacob	Martha	Mecklenburg	30 May 1885	Co D 28th
Sides	Louis	Jane	Gaston	27 Jun 1885	Co F 23rd
Sides	Moses	Nancy K.	Catawba	12 May 1885	Co H 42nd
Sides	Ransom	Elizabeth	Rowan	14 May 1885	Co C 49th
Sigmon	Benjamin	Susanah	Catawba	23 Jun 1885	Co E 57th
Sigmon	Elija	Linna L.	Lincoln	26 Jun1885	Co I 11th
Sigmon	Elkana	Harriet	Catawba	26 Jun 1885	
Sigmon	Enoch	Elizabeth	Burke	29 Jun 1885	Co E 16th
Sigmon	Henry	C. E.	Catawba	13 Jun 1885	Co I 49th
Sigmon	Martin	Sally	Catawba	13 Jun 1885	Co C 28th
Sigon	Hiram S.	Minerva J.	Stokes	28 May 1885	Co G 21st

date of soldier's death	Place of death	Cause of death	Other details
Sep 1862	Sharpsburg MD	KIA	
27 Nov 1864	Camp Chase OH	disease	
1 May 1863	near Richmond VA	KIA	
18 Aug 1864	Petersburg VA	KIA	
1 Jul 1863	Gettysburg PA	KIA	
17 Jun 1864	Bethel Church GA	KIA	
May 1862	near Suffolk VA	train wreck	
25 Oct 1864	Richmond VA	disease	
Jul 1862	Malvern Hill VA	KIA	see Thomas G. Shearin file
	near Washington DC	wounds	no date given; letter in file with information on Nicholas Shearin
20 Jul 1862	VA	wounds	wounded 6 Jul 1862
Apr 1863	Hamilton NC	disease	
1864	NC	disease	
5 Jun 1864	Cold Harbor VA	KIA	
15 Jan 1865	Richmond VA	disease	
1 Jan 1864	Petersburg VA	disease	
1864	VA	disease	listed as J. L. Shelton on roster
Sep 1863	VA	disease	
20 Nov 1862	Jacksboro TN	disease	
after Sep 1863	Point Lookout MD or on his way home	disease	captured Sep 1863 Bristoe Station VA
24 Jul 1864	VA	KIA	
Jun 1864	Cold Harbor VA	KIA	
24 Aug 1864	near Richmond VA	disease	
15 May 1865	Point Lookout MD	disease	captured 1 Apr 1865 near Petersburg VA
15 Dec 1863	NC	disease	
Oct 1863	NC	disease	
1 Sep 1862	VA	disease	
		shot for desertion	no date, place or regiment given
1 Jul 1863	Gettysburg PA	KIA	
1 Feb 1865	NC	disease	
6 Mar 1863	Forsyth Co NC	disease	died at home on sick furlough
11 Feb 1864	VA	disease	
20 Jul 1862	Richmond VA	KIA	
Jun 1862	Chancellorsville VA	wounds	wounded at either Cross Keys or Fort Republic
1 Jul 1862	Wilmington NC	disease	
Mar 1865	VA	KIA	
25 Mar 1862	Surry Co NC	disease	died at home on sick furlough
Sep 1862	Orange Courthouse VA	KIA	
10 May 1864	Spotsylvania Court House VA	KIA	
21 Sep 1864	SC	disease	he was a guard at Greensboro NC, transferred to Raleigh & then Charleston SC
May 1863	Richmond VA	wounds	wounded at Chancellorsville VA
Nov 1880	Cabarrus Co NC	wounds	wounded 6 May 1864; lost right leg & right arm
28 Jun 1862	Seven Pines VA	KIA	
3 Jul 1863	Gettysburg PA	KIA	
12 Mar 1863	Catawba Co NC	disease	died at home on sick furlough
14 Dec 1864	near Petersburg VA	KIA	
2 Jul 1864	Point Lookout MD	disease	
Mar 1864			captured 1 Jul 1863 Gettysburg
11 Nov 1862	Winchester VA	disease	company & regiment not given
9 Jul 1863	Richmond VA	wounds	wounded at Chancellorsville VA
1 Jul 1862	VA	KIA	
10 Jul 1864	VA	disease	
25 May 1862	VA		

Surname	Soldier's First Name	Widow's First Name	County of application	Date of application	Company & regiment
Sikes	William	Susan	Currituck	30 Jun 1885	Co B 8th
Sillavent	Hardee	Isabella	Johnston	2 Jun 1885	Co F 10th
Simmons	Amos	Nancy E.	Surry	6 Jul 1885	Co E 53rd
Simmons	Elias	Elisa	Pitt	22 Jun 1885	Co K 17th
Simmons	Elijah	Mochel	Catawba	20 Jun 1885	Co B 42nd
Simmons	John	Jane	Wilkes	18 Jun 1885	Co B 37th
Simmons	Wiley	Anna J.	Cumberland	18 Jun 1885	Co I 51st
Simms	William James	Catharine N.	Cumberland	11 Jul 1885	Co F 3rd
Simpkins	Benjamin	Martha Ann	Pitt	4 May 1885	Co I 44th
Simpson	Isaac	Lucy P	Stanly	3 Jul 1885	Co K 28th
Simpson	Isham	Elizabeth	Surry	7 May 1885	Co A 2nd
Simpson	Nelson	Anna	Stanly	14 Jul 1885	Co K 28th
Simpson	William	Mary	Martin	14 Jul 1885	Co H 1st
Sims	John	Harrit	Polk	6 Jul 1885	Co D 16th SC
Single	Alfred	Sarah A.	Rowan	23 Jul 1887	Co A 20th
Sink	Jacob	Sarah	Forsyth	6 Jul 1885	Co G 33rd
Sink	John	Lucy	Davidson	28 May 1885	Co H 1st
Sipe	David	Mary E.	Catawba	16 May 1885	Co C 28th
Sisk	John M.	Virginia A.	Stokes	3 Jun 1885	Co F 21st
Sizemore	John	Elizabeth	Davie	31 Aug 1885	Co C 28th
Sizemore	William	Elizabeth	Forsyth	3 Jul 1885	Co K 4th
Sizemore	William Jordan	Louisa	Chatham	4 May 1895	Co G 40th
Slattany	N.	Mary A.	Henderson	29 Jun 1885	Co I 16th
Slatton	James E.	Martha Ann H.	Jackson	17 May 1887	Co B 25th
Sledge	Adolphus L.	Odelia F.	Halifax	30 May 1885	Co G 61st
Sloop	Monroe	Catharine A.	Rowan	23 May 1885	Co C 57th
Slough	Solomon	Hannah	Cabarrus	5 Jul 1885	Co C 33rd
Smathers	Philip	J.L.D.	Haywood	15 Jun 1885	Co C 1st
Smiley	William H.	Manerva	Warren	13 May 1885	
Smith	Albert	Mary B.	Nash	13 Jun 1885	Co I 30th
Smith	Albert G.	Louisa	Halifax	26 Jun 1885	Co F 43rd
Smith	Alfred A.	Britty Ann	Wake	30 Jun 1885	Co C 31st
Smith	Andrew H.	C. E.	Durham	2 Jun 1885	Co E 31st
Smith	Angus	Mary A.	Moore	4 May 1885	Co C 3rd
Smith	Archibald	Amanda	Catawba	30 Jun 1885	Co B 54th
Smith	Basil T.	Martha A.	Chatham	6 Jul 1885	Co E 44th
Smith	Benjamin	Sarah	Durham	4 Jul 1885	Co I 47th
Smith	Bracey	Eliza	Columbus	9 Jun 1887	Co G 20th
Smith	C. A. D.	S. A.	Buncombe	2 Jun 1885	Co G 50th
Smith	Conner	Nancy	Chatham	7 Jul 1885	Co E 44th
Smith	Cullen	Lukey Ann	Pitt	12 May 1885	Co I 44th
Smith	David G.	Nancy	Lincoln	15 Jun 1885	Co I 11th
Smith	Drury	Elizabeth	Surry	16 Jun 1885	Co D 37th
Smith	Elias	Louisa	Halifax	19 May 1885	Co H 32nd
Smith	Elisha	Nancy E.	Lincoln	20 Jun 1885	Co F 56th
Smith	Evan	Matilda	Sampson	29 May 1885	Co F 20th
Smith	Freeman	Virginia or Lucy Jane	Surry	6 Jul 1885	Co A 28th
Smith	George	Elizabeth	Davidson	20 Jun 1885	Co E 54th
Smith	George	Margaret	Rowan	1 Jun 1885	Co H 5th
Smith	Henry	Elizabeth	Alexander	16 Jun 1885	Co G 37th
Smith	Hillery B.	Tempie	Lenoir	6 Aug 1885	Co C 66th
Smith	Hinton	Julia Ann	Lenoir	2 Jun 1885	Co F 5th or Latham's L
Smith	Isaac	Anna	Orange	12 Jun 1885	Co F 44th

date of soldier's death	Place of death	Cause of death	Other details
Sep 1863	Wilmington NC	wounds	wounded Feb 1862 Roanoke Island NC
2 May 1865	Elmyra NY	disease	
1 Mar 1863	VA	disease	
22 Jun 1864	Petersburg VA	wounds	
12 Mar 1865	near Kinston NC	KIA	
1863	Culpeper Courthouse VA	wounds	wounded Seven Days Battle
1 May 1864	NC	disease	
1 Nov 1863	VA	wounds	wounded Stasburg VA
1863	Orange Courthouse VA	disease	
15 Jan 1863	VA		
10 Oct 1863	Gordonsville VA	disease	
15 Sep 1864	Petersburg VA	disease	
1 Jun 1862	Ellysons Mills VA	KIA	
15 Apr 1864	Greenville Co SC	disease	died at home on sick furlough; her maiden name was Pierce
19 May 1864	Chancellorsville VA	wounds	
20 Feb 1864	Orange Courthouse VA	disease	
21 Mar 1864	Richmond VA	disease	
3 Jul 1863	VA		
19 Sep 1864	Winchester VA	KIA	
9 Jun 1862	Richmond VA	KIA	
17 Jun 1877	Forsyth Co NC	wounds	wounded Sharpsburg MD
1 May 1865	Elmyra NY		captured at Fort Fisher NC
15 Sep 1864	VA	disease	
	Petersburg VA	KIA	no date given
27 Oct 1864	near Petersburg VA	KIA	
19 Nov 1862	Charlottesville VA	disease	
after 3 May 1863	Cabarrus Co NC	wounds	wounded at Chancellorsville VA; Lt
12 Jan 1863	Strawberry Plains TN	disease	
27 Mar 1865	Granville Co NC	disease	no company & regiment given
3 May 1863	Chancellorsville VA	KIA	
Sep/Oct 1864	Elmyra NY	train wreck injuries	
20 Nov 1863	Charleston SC	disease	
1 Feb 1865	Durham Co NC	disease	died at home on sick furlough
8 Oct 1863	VA		
1 Feb 1865	near Lynchburg VA	disease	
27 Jan 1864	Raleigh NC	disease	
1 Jan 1865	Richmond VA	disease	
1863	Elmyra NY	disease	
Mar 1865	SC	disease	captured Feb 1865 Cheraws SC
1 Apr 1864	Chatham Co NC	disease	died at home on sick furlough
Oct/Nov 1863	Bristoe Station VA	KIA	
3 Jul 1863	Gettysburg PA	KIA	
Apr 1865	Surry Co NC	disease	
after 10 May 1864	Elmyra NY	wounds	wounded & captured 10 May 1864 Spotsylvania Courthouse VA
16 May 1864	Weir Bottom Church VA	wounds	died after leg was amputated
Mar 1865	Petersburg VA	KIA	MIA
Feb 1865	Elmyra NY	disease	captured Chancellorsville VA
1864	VA		
2 Feb 1865	Point Lookout MD		captured 19 May 1864 VA
2 Jun 1865	Baltimore MD	disease	captured 5 May 1864 Wilderness VA & sent first to Point Lookout MD, then Elmyra NY; died after being paroled
21 May 1864	Bermuda Hundred VA	KIA	
14 Mar 1862	New Bern NC	KIA	
19 Oct 1863	Lynchburg VA	disease	

Section I — Widow Applications

Surname	Soldier's First Name	Widow's First Name	County of application	Date of application	Company & regiment
Smith	J. B.	Velera	Chatham	2 Jul 1885	Co G 26th
Smith	Jackson	Patience	Burke	4 Jul 1885	Co A 6th
Smith	James	Lovy Ann	Polk	2 Jun 1885	Co A Henry's Bttn
Smith	James A.	Fennie	Alexander	12 May 1885	Co B 55th
Smith	James T.	Catherine	Davidson	1 Jun 1885	Co B 48th
Smith	Jefferson	Sallie	Stokes	6 Jul 1885	Co G 61st
Smith	John	C. W.	Yadkin	15 Jun 1885	Co F 28th
Smith	John	Elizabeth	Surry	6 Jun 1887	Co B 2nd
Smith	John	Samantha	McDowell	2 Jul 1888	C B 3rd
Smith	John B.	Nancy	Nash	24 Jul 1885	Co I 1st
Smith	Joseph R.	Mary Ann	Rockingham	29 Jun 1886	Co G 4th
Smith	Josiah	Patsy	Sampson	20 Jun 1885	Co H 20th
Smith	L. F.	E. S.	Caldwell	7 Dec 1885	Co G 37th
Smith	Larkin	Dorcas	Johnston	1 Jun 1885	Co C 36th
Smith	Lewis H.	Mary P.	Wilkes	6 Jul 1885	Co F 37th
Smith	Madison	Margaret	Guilford	4 Jul 1885	
Smith	Morgan	Elizabeth A.	Columbus	3 May 1885	Co G 6th
Smith	Nathan	Jemima	Montgomery	13 Jun 1885	Co K 34th
Smith	Nathaniel	Catherine	Alexander	6 Jul 1885	Co K 7th
Smith	Oliver	Mary J.	Cleveland	4 Jul 1885	Co M 16th
Smith	Reuben	Julia	Montgomery	16 May 1885	Co E 28th
Smith	Silas L.	Maria	Rowan	19 May 1885	Co H 5th
Smith	Soloman		Polk	27 Jun 1885	Co I 34th
Smith	Thomas	Elizabeth	Richmond	6 May 1885	Co D 12th VA Light Artillery
Smith	Thomas R.	Mary	Halifax	22 Jun 1885	Co I 1st
Smith	Tolliver	Sally	Polk	4 Jul 1885	Co I 34th
Smith	W. B.	Rebecca	Stanly	12 Jun 1885	Co E 48th
Smith	W. J.	L. M. or Matilda	Alexander	20 Jun 1885	Co G 37th
Smith	Wiley	Lucy Ann	Forsyth	2 Jun 1885	Co G 21st
Smith	William J.	Rachel R.	Alamance	10 Jun 1885	Co K 6th
Smith	William R.	Sylva	Stanly	29 May 1885	Co C 23rd
Smith	William T.	Matilda	Stokes	26 May 1885	Co H 22nd
Smith	Zimmeria	Charity	Forsyth	13 Jun 1885	Co K 31st
Sneed	Wiliam Irvin	Elizabeth	Nash	22 Jun 1885	Co H 32nd
Snider	William	Ester	Stokes	1 Jun 1885	16th
Snipes	Nelson	Betsy	Robeson	4 May 1885	Co E 51st
Sorrells	Henry J.	Adrah E.	Haywood	2 Jul 1885	Co F 25th
South	Britton	Sarah Ann	Watauga	3 Jun 1885	Co E 27th
Southard	Levi	Sarah L.	Surry	4 May 1885	Co A 28th
Southard	Martin	Ruth	Yadkin	20 Nov 1886	Co A 28th
Southerland	Abram	Isey Jane	Pender	4 Jul 1885	Co C 51st
Sowers	George S.	Emily	Davidson	20 Jul 1885	Co H 48th
Sowers	Valentine	Emeline	Davidson	9 Jun 1885	Co H 48th
Spainhour	Solomon	Mary	Stokes	29 May 1885	Co E 21st
Sparkman	W. P.	Ada	Robeson	1 Jun 1885	Co F 51st
Spaugh (Spach)	Harrison	Mary A.	Forsyth	6 Jul 1885	Co G 35th
Speagles	Aaron	Cassayanah	Catawba	6 Jul 1885	Co I 11th
Spears	Allen	Margaret	Union	1 Jun 1885	Co E 48th
Spears	J. J.	Mary H.	Mecklenburg	1 Aug 1885	Co I 37th
Spears	Jesse B.	Mary E.	Craven	4 Jul 1885	Co I 44th
Spears	John	Lucy	Halifax	18 May 1885	Co G 61st
Spears	Josiah W.	Martha H.	Rowan	1 May 1885	Co K 8th
Speight	Jervis	Edith	Robeson	3 Jun 1885	Co G 24th

date of soldier's death	Place of death	Cause of death	Other details
after 10 Feb 1863	Elmyra NY	disease	captured 10 Feb 1863 NC; widow d. 1887
3 Dec 1862	Richmond VA	disease	
22 Oct 1863	Warm Springs NC	KIA	
Feb 1864	VA	KIA	
19 Sep 1862	MD	wounds	wounded 17 Sep 1862 Sharpsburg MD; died after leg was amputated
after Aug 1863	Point Lookout MD?	wounds	apparently wounded & captured Morris Island SC; had brother James
9 Aug 1863	Richmond VA		
Jul 1863	Wilson Co NC	disease	
7 Aug 1863	near Petersburg VA	disease	
2 Sep 1862	VA	disease	
3 May 1863	Chancellorsville VA	KIA	
10 Jun 1864	Washington DC		
3 May 1863	VA	KIA	
after 15 Jan 1865	Point Lookout MD	wounds	wounded & captured 15 Jan 1865 Fort Fisher NC
15 Nov 1862	Richmond VA	disease	couple m. 11 Dec 1846/7 Wilkes Co NC
27 Nov 1864	Greensboro NC	disease	no company & regiment given
	Camp Chase OH	disease	no date given
27 Jun 1862	VA	KIA	
30 Jun 1862	VA	KIA	
11 Jun 1874	Cleveland Co NC	wounds	wounded 26 Jun 1862 VA
2 Aug 1862	VA	disease	
13 Jan 1863		disease	
10 Dec 1862	High Point NC	disease	no application
10 Oct 1864	Bald Head Island NC	disease	also served Co A 13th NC Light Artillery
after 27 Jun 1863	Halifax Courthouse VA	wounds	wounded 27 Jun 1863 Cold Harbor VA
20 Dec 1861	High Point NC	disease	
15 Aug 1863	VA		
8 Oct 1864	Alexander Co NC	disease	died at home on sick furlough
18 Jun 1864	Tarboro NC	disease	
21 Jul 1861	near Bristoe Station VA	disease	
6 Apr 1863	VA		
1 Jul 1863	Gettysburg PA	KIA	
18 Jul 1863	Charleston SC	KIA	
Jun 1862	VA	disease	
15 Mar 1865	VA	disease	no company given
May 1864	Drewry's Bluff VA	KIA	
30 Jul 1862	Petersburg VA	disease	
Dec 1862	Richmond VA	disease	
1 Jun 1865	Elmyra NY	disease	
13 Dec 1862	Fredericksburg VA	KIA	second application from Surry Co NC
10 Jun 1864	VA		
27 May 1864	Farmville VA	disease	
Mar 1864	near Richmond VA	disease	
1864	Point Lookout MD	disease	
after Jun 1864	Elmyra NY	disease	captured Jun 1864
10 Sep 1865	Forsyth Co NC	disease	died at home on sick furlough
9 Oct 1864	Richmond VA	disease	
6 Mar 1864	Gordonsville VA	disease	
27 May 1862	VA		
29 Oct 1864	VA	wounds	
27 Jul 1863	near Fredericksburg VA	struck by lightning	
1865	VA	disease	
Sep 1862	Martinsburg VA	wounds	wounded at Sharpsburg MD

Section I — Widow Applications

Surname	Soldier's First Name	Widow's First Name	County of application	Date of application	Company & regiment
Spivey	Wright	Elizabeth H.	Columbus	1 Jun 1885	Co H 33rd
Spivy	John	Mary	Moore	4 Jul 1885	Co H 46th
Springs	Aaron	Laura	Bladen	2 Jun 1885	Co H 3rd
Sprinkle	Franklin	S. M.	Iredell	2 May 1885	Co H 4th
Sprinkle	James H.	Nancy S.	Yadkin	9 May 1885	Co I 18th
Sprinkle	Martin	Sarah E.	Forsyth	4 Jul 1885	Co D 21st
Spurlin	John W.	J. C.	Cleveland	1 Jun 1885	Co C 15th
Squires	James W.	Lou	Mecklenburg	3 Jun 1885	Co K 30th
Stafford	Samuel H.	Martha D.	Forsyth	22 Jun 1885	Co I 54th
Stallings	Franklin	Patsy	Nash	8 Jun 1885	Co I 30th
Stallings	H. B.	Jane	Nash	8 Jun 1885	Co A 47th
Stallings	Henry	Elizabeth	Greene	6 Nov 1885	Co K 33rd
Stallings	John	Lucy A.	Halifax	15 Jun 1885	Co G 43rd
Stallings	Willie	Janey Ann	Wilson	1 Jul 1889	Co I 30th
Stallions	Henry	Elizabeth	Greene	6 Jul 1885	Co K 33rd
Stamey	Joshua	Fanny	Burke	2 Jul 1885	Co D 11th
Stamper	Ira	Joicey	Ashe	22 Jun 1885	Co H 26th
Stamper	James	Nancy	Catawba	16 Jun 1885	Co F 32nd
Stancill	C. S.	T. H.	Cabarrus	6 Jul 1885	Co H 7th
Standly	James	T. J.	Caswell	1 Jul 1885	Co I 5th
Stanley	James H.	Mahala	Brunswick	6 Jul 1885	Co K 36th
Stanley	John	Perlina Ann	Lenoir	15 Jun 1885	Co F 66th
Stanley	Joshua	Fanny	Burke		
Stanly	William R.	Eliza Ann	Rockingham	8 Jun 1885	Co G 4th
Stansberry	Robert	Lenna	Halifax	29 Jun 1885	Co K 1st
Starbuck	Hezekiah	S. F.	Forsyth	18 Jun 1885	Co G 21st
Starling	Duncan J.	Rebecca A.	Cumberland	20 Jun 1885	Co E 33rd
Starnes	David	Rebecca	Alexander	15 Jun 1885	Co A 18th
Starnes	Henry H.	Jane	Rowan	4 Jul 1885	Co H 5th
Starnes	Simon	Sarah E.	Caldwell	30 Apr 1885	Co C 18th
Starnes	William	Margaret E.	Union	6 Jul 1885	Co E 45th
Starr	Edmond Jones	Fatima	Catawba	16 May 1885	Co C 28th
Steele	Archibald N.	Sally	Iredell	6 Jul 1885	Co H 4th
Stegall	Thomas B.	Adaline	Union	2 Jun 1885	Co I Sr reserves
Stephens	John H.	Susan	Stokes	27 Jun 1885	Co F 21st
Stephens	Joseph E.	Mary T.	Columbus	25 Jun 1885	Co C 18th
Stephens	Joshua	Jane	Buncombe	25 Jun 1885	Co A 58th
Stephens	Matthew	Sarah J.	New Hanover	4 Jul 1885	Co D 7th
Stephens	Samuel M.	Mary J.	Columbus	15 Jun 1885	Co C 18th
Stephenson	Jonathan	Sarah Ann	Johnston	22 Jun 1885	Co D 50th
Stepp	Silas H.	Eleanor	Buncombe	23 Jun 1885	Co D 65th
Stevenson	James M.	Christiana E.	New Hanover	1 Jun 1885	Light Artillery or 36th
Steward	Joseph	Elizabeth	Mitchell	20 Jun 1885	Co B 58th
Stewart	G. W.	Martha	Rockingham	12 Jun 1885	Co G 45th
Stewart	John	Sarah J.	Sampson	5 Apr 1880	Co D 36th
Stewart	John M.	M. A.	Alexander	13 Jun 1885	Co H 56th
Stiles	John	Martha	Franklin	3 Jul 1885	Co B 66th
Stiles	W. L.	Talisha	Cherokee	2 Jul 1885	Co C 39th
Stiller	Henry	Elizabeth	Alleghany	27 Jun 1885	Co D 33rd
Stilwell	Henry J.	Angeline	Burke	19 May 1885	Co K 35th
Stilwell	John N.	Jane C.	Union	1 Jun 1885	Co F 35th
Stogner	Holden	Caroline	Cabarrus	15 Jun 1885	Co K 49th
Stoker	Robert	Lucy Jane	Rowan	20 Jun 1885	Co D 28th

date of soldier's death	Place of death	Cause of death	Other details
	Elmyra NY	disease	no date given
1 Apr 1863	VA	disease	
12 May 1864	Spotsylvania Court House VA	KIA	
29 May 1862	Richmond VA	disease	
May 1863	VA	KIA	
19 Sep 1864	Winchester VA	KIA	
10 Apr 1864	VA	disease	
12 May 1864	Spotsylvania Court House VA	KIA	
26 Jul 1864	Point Lookout MD	disease	
3 May 1863	VA	KIA	
Oct 1863	Richmond VA	disease	
1863	Lynchburg VA	disease	see Henry Stallions
Apr 1865	Petersburg VA	KIA	
1865	Nash Co NC	disease	
1863	VA		may be same person as Henry Stallings
Aug 1864	Petersburg VA	shot for desertion	
1863	Burke Co NC	wounds	wounded at Gettysburg
9 May 1864	Spotsylvania Court House VA	KIA	
13 Dec 1862	Fredericksburg VA	KIA	
10 Apr 1862	VA		
after 15 Feb 1865	NC	disease	captured 15 Feb 1865 Fort Fisher NC; paroled from Point Lookout MD & died coming home
1864	near Petersburg VA	KIA	
			empty folder
18 Feb 1862	Smithfield NC	disease	
20 Oct 1861	VA		
7 Jan 1863	VA	disease	
25 May 1865	NY	disease	
13 Sep 1864	Elmyra NY		captured 12 May 1864 Spotsylvania CH VA
1 Jul 1863	Gettysburg PA	KIA	
15 Nov 1862	VA	disease	
25 Dec 1863	VA	disease	
5 Jul 1864	Richmond VA	disease	
Jun 1862	Richmond VA	KIA	Seven Days Battles
14 Nov 1864	Salisbury NC	prison outbreak	was a guard at the POW camp
15 Sep 1861	Front Royal VA	disease	
10 Oct 1864	Elmyra NY	disease	
28 Mar 1870	Mitchell Co NC	wounds	wounded 31 Dec 1862 Murfreesboro TN
7 May 1864	Spotsylvania Court House VA	KIA	
13 Dec 1863	VA		
1865	SC	disease	
Jan 1865	Elmyra NY		captured 22 Jun 1864 NC
15 Jan 1865	Fort Columbus NY	wounds	wounded & captured Fort Fisher; apparently served 40th & 6th artillery; Major
31 Mar 1863	Jacksboro TN	disease	
2 Jun 1862	Petersburg VA	disease	
9 Apr 1865	Elmyra NY	disease	captured Fort Fisher NC
3 Mar 1865	Elmyra NY	disease	captured 13 May 1864 Drewry's Bluff VA and sent to Point Lookout MD, then Elmyra NY
1 Jan 1865	near Wilmington NC	KIA	
21 Apr 1862	near Clinton TN	disease	
1 Jul 1862	VA	KIA	
1864	Richmond VA	disease	
1 Jul 1862	VA	KIA	
17 Sep 1862	Sharpsburg MD	KIA	
Dec 1864	Point Lookout MD	disease	

Surname	Soldier's First Name	Widow's First Name	County of application	Date of application	Company & regiment
Stokes	James	Caroline	Yadkin	11 Jul 1885	Co B 38th
Stokes	W. B.	Nancy	Pitt	10 Jun 1885	Co D 3rd
Stoltz	Joel	Lucinda	Forsyth	6 Jul 1885	Co K 21st
Stone	Alexander	Adaline	Mecklenburg	5 Jul 1885	Co E 11th
Stone	Andrew J.	Emily H.	Chatham	2 Jul 1885	Co D 61st
Stone	John H.	Martha A.	Rockingham	1 Aug 1887	Co F 45th
Stone	John S.	Sophia	Harnett	27 Jun 1885	Co H 50th
Stone	William	Rebecca	Wilkes	2 Jun 1885	Co B 1st
Stone	William J.	Barbara	Davidson	26 May 1885	Co I 2nd
Stough	Allison	Elizabeth	Cabarrus	19 May 1885	Co C 33rd
Stout	Lorenzo D.	Eliza E.	Randolph	30 Jun 1885	Co D 22nd
Strain	John	Caroline	Wake	2 Jun 1885	Co C 53rd
Street	Winbreck	Eliza	Duplin	20 Jun 1885	Co E 30th
Strickland	Anderson P.	Julia M.	Franklin	1 Aug 1887	Co K 24th
Strickland	Benjamin F.	Jennie	Sampson	15 Jun 1885	Co E Mallett's Bttn
Strickland	Daniel	Alice	Columbus	18 Jun 1885	Co E 36th
Strickland	Hillery V.	Sarah A.	Cumberland	6 Jul 1885	Co C 64th
Strickland	James W.	Hester A.	Johnston	1 Jun 1885	Co G 55th
Strickland	Martin	Margaret	Sampson	4 Jul 1885	Co A 36th
Strickland	Nathaniel	Sarah Ann	Columbus	3 Jun 1885	Co E 36th
Strickland	William	Maria	Columbus	4 May 1885	Co E 36th
Strickland	William	Sarah	Harnett	1 Jun 1885	Co I 31st
Stroud	H. Calvin	Sarah H.	Orange	15 Jun 1885	Home Guard
Stuart	Samuel	Elizabeth	Alamance	5 Jun 1885	Co G 44th
Sturdivant	Caswell H.	E. P.	Columbus	6 Jul 1885	Co K 43rd
Sturgill	Joseph	Matilda	Alleghany	2 Jun 1885	Co K 37th
Suits	Jonathan	Margaret	Guilford	26 May 1885	Co E 22nd
Sullivan	Ezekiel M.	Clara Ann	Lincoln	2 Jun 1885	Co G 57th
Summers	Bazil P.	M. L.	Yadkin	18 May 1885	Co A 33rd
Summey	Andrew	F. E.	Gaston	24 Aug 1885	Co H 37th
Summit	Daniel F.	Sallie	Gaston	30 May 1885	Co D 1st
Summit	Isaac L.	Paulina	Catawba	2 Jun 1885	Co K 46th
Sutton	Chesley W.	Nancy	Alamance	4 May 1885	Co E 13th
Swain	Eli	Sarah Ann	Forsyth	6 Jul 1885	Co B 1st
Swink	George	Mary	Anson	21 May 1885	Co E 52nd
Swink	John	Malinda	Burke	16 May 1885	Co F 55th
Swink	Peter R.	Mary	Buncombe	29 Jun 1885	Co K 8th
Swinson	Jesse W.	Nancy	Onslow	22 Jun 1885	Co A 55th
Sykes	John W.	Millie A.	Montgomery	26 Jun 1885	Co K 14th
Sykes	W. M.	Elizabeth C.	Wake	8 May 1885	Co E 47th
Talley	James H.	Eliza T.	Durham	5 Jun 1885	Co I 23rd
Talton	Drury	Julia Ann	Anson	10 Jun 1885	Co I 43rd
Tarlton	William R.	Mary Jane	Anson	4 Jul 1885	Co I 43rd
Tart	W. B.	Winniford	Harnett	25 Jun 1885	Co B 10th
Tate	John P.	M. A.	Haywood	5 Jun 1885	Co C 62nd
Tate	Thomas O.	Martha A.	Forsyth	11 Jul 1885	Co I 33rd
Tatum	Hilory S.	Kate	Sampson	4 Jul 1885	Co G 3rd
Taylor	Abram J.	Nancy	Cumberland	1 Jun 1885	Co I 57th
Taylor	Caswell	Barbary	Davidson	30 Jun 1885	Co A 14th
Taylor	Fredrick	Sally	Wilson	15 Jun 1885	Co B 2nd
Taylor	George	Sarah E.	Caldwell	4 Jun 1889	Co D 11th
Taylor	Giles	Lucinda	Forsyth	1 Jun 1885	Co F 42nd

date of soldier's death	Place of death	Cause of death	Other details
Apr 1862	VA		
17 Sep 1862	Sharpsburg MD	KIA	
16 Dec 1862	Richmond VA	disease	
after 27 Jan 1864	MD	disease	captured 27 Jan 1864
18 May 1864	Drewry's Bluff VA	KIA	
2 Jan 1863	Goldsboro NC	disease	couple m. 8 Sep 1859 Rockingham Co NC
Apr 1862	Harnett Co NC	disease	died at home on sick furlough
6 Feb 1864	VA	disease	
1 Jul 1864	Point Lookout MD	disease	
Mar 1864	Point Lookout MD	disease	
22 Feb 1870	Randolph Co NC		claims he received a bad inoculation, but remained with regiment until end of war
12 May 1864	Spotsylvania Court House VA	KIA	
	VA		no date given
18 Sep 1864	VA	wounds	wounded 18 Aug 1864 Petersburg VA
1 Aug 1863	Raleigh NC	disease	
Jun 1862	Brunswick NC	disease	
15 Nov 1862	Richmond VA	disease	
after Jul 1863	Elmyra NY	disease	captured Jul 1863
Mar 1865	Elmyra NY	disease	captured Jan 1865 Fort Caswell
12 Mar 1864	Elmyra NY	disease	captured Fort Fisher NC
1865	Richmond VA	disease	captured Fort Fisher NC; paroled from Elmyra NY and died going home
4 Jun 1864	VA	wounds	wounded Cold Harbor VA
Feb 1865	Kinston NC	disease	
20 Dec 1864	Orange Courthouse VA	disease	
20 Sep 1864	VA		captain
15 Oct 1864	Richmond VA	wounds	wounded at Petersburg VA
3 May 1863	VA	KIA	
13 Jul 1863	Jordan Springs VA	disease	
6 Dec 1862	VA	disease	
27 May 1862	VA	KIA	
1864	VA	wounds	wounded 25 Nov 1863 Mine Run VA; name on roster as David F. Summerit; enlisted Orange Co NC
25 Aug 1863	Ream's Station VA	KIA	color bearer
17 Sep 1862	MD	KIA	
1 Feb 1864	Plymouth NC	KIA	
18 May 1865	Fort Delaware DE	wounds & disease	wounded & captured 6 Apr 1865 Petersburg VA
1 Sep 1865	Fort Delaware DE	disease	
5 Aug 1864	Richmond VA	disease	
5 May 1864	near Petersburg VA	KIA	
17 Sep 1862	Sharpsburg MD	KIA	
8 Dec 1864	Danville VA	disease	
1 May 1862	Petersburg VA	disease	
6 Jul 1862	Petersburg VA	disease	
18 Sep 1864	Winchester VA	KIA	
4 Mar 1864	Smithville VA	disease	
28 Jan 1865	Camp Douglas IL	disease	
4 Jun 1863	Richmond VA	disease	
24 Nov 1862	VA	disease	
11 Nov 1881	Cumberland Co NC	injuries from train wreck 15 Jul 1864 Shohola PA	captured 1 Jun 1864 Cold Harbor VA & sent to Elmyra NY
11 Sep 1862	MD	KIA	
Aug 1862	Richmond VA		
16 Dec 1863	Richmond VA	disease	
7 Jul 1864	VA		

Section I — Widow Applications

Surname	Soldier's First Name	Widow's First Name	County of application	Date of application	Company & regiment
Taylor	John	Mary	Robeson	17 Jun 1887	Co A 46th
Taylor	John M.	Talitha	Wayne	24 Jul 1893	Co D 27th
Taylor	John W.	Phebe C.	Sampson	4 Aug 1885	Co B 1st
Taylor	Wilson G.	Lucy Ann	Edgecombe	6 Jul 1885	Co H 32nd
Teachey	Daniel William	Margaret A.	Duplin	13 Jun 1885	Co B 3rd
Teachey	Marshall	Harriet	Duplin	12 Jun 1885	Co E 30th
Teague	Andrew J.	Lovina	Alexander	12 Jun 1885	Co E 37th
Teague	G. G.	Margaret M.	Alexander	6 Jul 1885	Co G 37th
Teague	Isaac	Polly	Moore	20 Jun 1885	Co H 26th
Teague	Isaac B.	Esther	Davidson	19 Jun 1885	Co D 10th
Teague	Joseph	Emily	Forsyth	13 Jun 1885	Co G 2nd
Teal	John C.	Jane	Montgomery	18 Jun 1885	Co C 23rd
Tedder	James	Martha Julia Ann	Wilkes	23 Jun 1885	Co F 52nd
Tedder	John J.	Mary E.	Columbus	13 Jun 1885	Capt Bruce's Co
Teel	James	A. E.	Pitt	7 Jul 1885	Co E 55th
Teel	William E.	Sarah J.	Pitt	10 Jun 1885	Co D 3rd
Teeters	Joseph	Rutha C.	Stanly	2 May 1885	Co C 42nd
Terrell	William P.	Frances E.	Rockingham	15 Jun 1885	Co G 45th
Terry	James B.	Charity	Stokes	22 Jun 1885	Co H 53rd
Tesseneer	Jackson	Anzilla	Rutherford	22 Jun 1885	Co I 56th
Tesseneer	Joel	Cindarilla	Rutherford	20 Jul 1887	Co I 56th
Tessenyear	Joseph	Cyndriller	Cleveland	1 Jun 1885	Co I 56th
Tew	Daniel	Isabelle	Sampson	2 Jun 1885	Co I 46th
Tew	William R.	Minta M.	Sampson	8 Jul 1885	Co C 38th
Thagard	James B.	Nancy	Cumberland	4 Jul 1887	Co C 36th
Tharp	Benjamin	Mary A.	Iredell	12 Jul 1888	Co H 4th
Thayer	Kindred	Martha	Randolph	13 Jun 1885	Co B 52nd
Thigpen	Amos	Nancy A.	Duplin	13 Jun 1885	Co B 3rd
Thigpen	Joseph	Edith	Duplin	4 Mar 1886	Co A 38th
Thomas	J. G.	Margaret	Gaston	25 Jun 1885	Co H 49th
Thomas	Jesse	Delilah	Moore	13 Jun 1885	Co D 49th
Thomas	John I.	Mary L.	Duplin	6 Jul 1885	Co C 51st
Thomas	Joseph	L. C.	Nash	2 Jul 1885	Co K 12th
Thomas	Robert	Permelia	Rockingham	2 Jun 1885	Co D 45th
Thomas	Wiley	Ann	Moore	1 Jun 1885	Co D 49th
Thomas	William	Elizabeth	Chatham	1 Jun 1885	Co H 30th
Thompkins	Alfred	Sarah	Alleghany	7 Jul 1885	Co D 37th VA
Thompson	Alfred	Eliza	Clay	2 Jun 1885	Co C 39th
Thompson	Blount J.	Elizabeth	Wilson	1 Jun 1885	Co E 19th
Thompson	Drew	Eliza	Warren	30 Apr 1885	Co K 12th
Thompson	George A.	Martha A.	Alexander	1 Jun 1885	Co K 7th
Thompson	Gilbert	Sarah	Moore	19 May 1885	Co C 35th
Thompson	H. C.	Jane	Durham	29 Jun 1885	Co E 47th
Thompson	James	Eliza	Davie	2 May 1885	Co K 30th
Thompson	James M.	Nancy	Durham	23 Jun 1885	Co I 57th
Thompson	John	Miram	Columbus	6 Jul 1885	Co H 57th
Thompson	Milton F.	Elizabeth	Watauga	5 Jun 1885	Co E 37th
Thompson	Nathaniel	Ameralla	Wake	25 May 1885	Co H 47th
Thompson	William A.	Harriet	Rowan	28 May 1885	Co C 49th
Thompson	William H.	Melissa	Durham	30 May 1885	Co I 57th
Thompson	William P.	Mary J.	Columbus	29 May 1885	Co H 51st
Thornburg	Samuel S.	Mary Ann	Rowan	23 Jun 1885	Co B 13th
Thornburg	W. L.	J. T.	Forsyth	23 Jun 1885	Co H 38th
Tickle	Simeon	Permelia	Alamance	4 Jul 1885	Co K 47th

date of soldier's death	Place of death	Cause of death	Other details
1863	VA	disease	
1865	Newport News VA		
4 Apr 1865	Raleigh NC	wounds	wounded 18 Mar 1865
1 Jul 1863	Gettysburg PA	KIA	
10 Sep 1862	MD	KIA	
14 Aug 1862	VA	disease	
13 Feb 1865	Elmyra NY	disease	captured 12 May 1864 Spotsylvania Courthouse VA & taken first to Point Lookout MD
1872	Alexander Co NC		disabled 12 Nov 1861; fell into cut on the RR near Salisbury NC
15 Dec 1862	Petersburg VA	disease	
May 1864	NC		
11 Sep 1864	Charlestown VA (now WV)	KIA	
Jul 1861	NC	disease	
1864	Orange Courthouse VA	disease	
10 May 1864	Wilmington NC	disease	
3 Jul 1863	Gettysburg PA	KIA	
Apr 1865	near Petersburg VA	KIA	MIA
12 May 1863	VA		
3 Jul 1863	Gettysburg PA	KIA	
9 Sep 1862	Drewry's Bluff VA	disease	
20 May 1864	Weir Bottom Church VA	KIA	general
8 Nov 1864	VA		
14 Feb 1863	VA	disease	
5 May 1864	Wilderness VA	KIA	
7 May 1863	VA		
1864	Elmyra NY	disease	
18 Jun 1862	VA	wounds	wounded 31 May 1862 Seven Pines VA
12 Apr 1863	Wilson NC	exhaustion	died after 3 day march
19 Oct 1862	VA		
4 Nov 1862	VA	KIA	MIA
1 Jul 1862	VA	KIA	
30 Oct 1862	Moore Co NC	disease	died at home on sick furlough
31 May 1864	Gaines Mill VA	KIA	
2 Sep 1862	VA	disease	
10 Jun 1862	Richmond VA	disease	
12 Aug 1864	VA	disease	
1 Dec 1862	Chatham Co NC	disease	died at home on sick furlough
Feb 1865	Camp Chase OH	disease	captured 15 Aug 1863; NC resident
20 Sep 1863	TN	KIA	
18 Mar 1863	VA	disease	
May 1862	VA	disease	
22 Oct 1861	Carolina City NC	disease	
18 Jun 1864	Petersburg VA	wounds	wounded 15 Jun 1864
30 Jun 1864	Richmond VA	disease	
Nov 1863	near Orange Courthouse VA	disease	
30 Oct 1862	Richmond VA	disease	
May 1864	Richmond VA	wounds	wounded Drewry's Bluff VA
14 Dec 1862	Winchester VA	disease	
Jan 1864	VA	wounds	wounded 25 Aug 1863 Reams Station VA
23 Oct 1863	Richmond VA	disease	
1 Oct 1864	Culpeper Courthouse VA	disease	
Jul 1862	Smithville NC	disease	
12 Feb 1863	VA	disease	
after 1865	Forsyth Co NC	wounds	wounded 3 Jul 1863 Gettysburg
Apr 1865	Richmond VA	wounds	wounded Mar 1865; buried Richmond

Surname	Soldier's First Name	Widow's First Name	County of application	Date of application	Company & regiment
Tighlman	Daniel S.	Mary A.	Person	4 Jul 1885	Co E 35th
Tilghman	John	Mary	Lenoir	6 Jul 1885	Co K 33rd
Tilley	William B.	Susan G.	Orange	25 Jun 1885	Co E 31st
Tilley	Willie P.	Henrietta J.	Orange	17 Aug 1885	Co K 2nd
Tillman	Daniel	Mary F.	Person	6 Jul 1885	Co D 3rd
Tilly	William	Temperance	Stokes	6 Aug 1885	Co H 22nd
Tindal	Curtis	Peggie Ann	Lenoir	4 May 1885	Co A 40th
Tindal	Richard	Eliza	Lenoir	1 Jun 1885	Co F 5th Light Artiller
Tippit	Thomas	Nancy	Cabarrus	11 Jul 1885	Co D 21st
Todd	William	Mary	Forsyth	23 Jun 1885	Co A 46th
Tolar	John H.	Margaret L.	New Hanover	30 Jun 1885	Orr's Rifles SC
Toler	Henry	Chelley	Johnston	30 Jun 1885	Co I 24th
Tomberlin	R. Stewart	Susan	Union	4 May 1885	Co C 10th
Tomlin	J. Franklin	Adline	Iredell	1 Jun 1885	Co A 1st
Tomlinson	William	Martha	Wilkes	1 Jul 1885	Co K 53rd
Tow	Alfred	Sarah Jane	Buncombe	1 Jun 1885	Co C 60th
Townsend	Solomon P.	A. E.	Catawba	30 Jul 1887	Co C 28th
Towry	Edward	Sarah	Cleveland	24 Aug 1885	Co A 58th
Towry	Isaac A.	Mary	Cleveland	2 Jul 1885	Graham's Battery
Transom	Calais	Amanda	Forsyth	9 May 1885	Co H 33rd
Travis	Joseph	Rebecca	Catawba	4 Jul 1885	Co B 57th
Travis	Noah	Sarah	Catawba	10 Jun 1885	Co I 49th
Treadaway	John	Nancy	Union	4 Jul 1885	Co D 37th
Treadwell	Haywood	Louisa	Sampson	4 Jul 1885	
Trexler	Adam	Margaret	Rowan	8 Jun 1885	Co B 46th
Trexler	Caleb	Elizabeth	Rowan	15 Jun 1885	Co C 57th
Triplett	Nimrod	Caroline	Watauga	1 Aug 1887	Co D 9th
Trivett	Lewis W.	Phoebe	Ashe	1 Jun 1885	Co G 58th
Troutman	Caleb M.	Mary Ann	Cabarrus	21 May 1885	Co B 5th
Troutman	Daniel	Catherine	Rowan	4 Jul 1885	Co D 10th
Troutman	John B.	S. A.	Iredell	16 May 1885	Co C 48th
Troxler	George S.	Louisa S.	Rockingham	8 May 1885	Co A 53rd
Troxler	William	Malinda	Alamance	19 Jun 1885	Co A 53rd
Truelove	John George	Flora A.	Yadkin	5 Jun 1885	Co F 28th
Tucker	B.	Amy	Randolph	6 May 1885	Co E 58th
Tucker	Benjamin F.	Elizabeth	Polk	2 Jun 1885	Co H 1st
Tucker	Calvin	Nancy J.	Duplin	2 Jun 1885	Co B 51st
Tucker	David	Adaline	Mecklenburg	1 Jun 1885	Co G 52nd
Tucker	Dempsy	Lucinda	Catawba	29 Jul 1885	Co B 26th
Tucker	George W.	E. A.	Iredell	22 Jun 1885	Bost's Co 46th
Tucker	J. C.	Susan	Montgomery	13 Jun 1885	Co H 44th
Tucker	Kilby	Matilda Jane	Duplin	6 Jul 1885	Co B 51st
Tumbler	Peter	Elizabeth	Camden	12 May 1885	Co A 56th
Turner	Andrew J.	Ann Elizabeth	Duplin	13 Jun 1885	Co A 43rd
Turner	Cullen	Roxana	Duplin	13 Jun 1885	
Turner	David	Nancy	Cleveland	6 Jul 1885	Co H 55th
Turner	David H.	Agnes	Alexander	1 Jul 1885	Co C 28th
Turner	Ephraim	Frances	Alamance	5 Jul 1885	Co G 44th

date of soldier's death	Place of death	Cause of death	Other details
1 May 1864	VA		
1 Apr 1863	VA	disease	taken sick on a march between Winchester & Fredericksburg
31 May 1864	Cold Harbor VA	KIA	
Jun 1864	Richmond VA	wounds	
5 Jun 1863	Richmond VA	wounds	wounded at Chancellorsville
Jun 1862	VA	disease	
Aug 1861	NC		
1 Oct 1862	Richmond VA	wounds	wounded & captured 1 May 1862 Hanover Courthouse VA; sent to Governor's Island NY; died after being exchanged; mentioned in affadavit in file of Hinton Smith
20 Jul 1864	Spotsylvania Court House VA	KIA	
6 May 1864	Wilderness VA	KIA	
3 May 1863	VA	KIA	resident of NC before war
Aug 1864	Petersburg VA	KIA	
1 Feb 1865	Charlotte NC	disease	going home on furlough
10 Sep 1864	Rock Island IL	disease	captured 17 Jan 1864 TN
Aug 1862 or 1863	Lynchburg VA	disease	different dates on same form
14 Sep 1864	Jackson MS	disease	
Jul 1862	VA	disease	
17 Nov 1862	TN	disease	
1 May 1863	New Bern NC	KIA	MIA
22 Feb 1863	near Fredericksburg VA	disease	
17 Nov 1862	Culpeper Courthouse VA	disease	name was Traffenstedt before the war; see Reuben Travis in wounded files
10 Jul 1862	VA	wounds	wounded Malvern Hill VA; name was Traffensted before the war; see Reuben Travis in wounded files
25 Aug 1862	Petersburg VA	disease	
	SC		no company, regiment or date of death given
5 Feb 1865	Hatcher's Run VA	KIA	
19 Oct 1864	Cedar Creek VA	KIA	
8 Jul 1863	near Williamsport MD	wounds	
28 Sep 1864		disease	captured 13 May 1864 near Dalton GA
Jul 1863	Gettysburg PA	KIA	MIA
after 5 Apr 1865	Point Lookout MD	disease	captured 5 Apr 1865
26 Aug 1864	Ream's Station VA	KIA	
3 Apr 1865	Petersburg VA	wounds	
22 Sep 1864	Elmyra NY	disease	captured Jun 1864 Spotsylvania Courthouse VA
10 Oct 1864	VA	wounds	wounded 30 Sep 1864 Ream's Station VA; Lt; body brought home & buried Mt. Pleasant
1864	GA	disease	
Nov 1864	VA	disease	
11 Jul 1864	Petersburg VA	wounds	
3 Jul 1863	VA		
19 Oct 1863	VA		
25 Mar 1863	VA	wounds	wounded Dec 1862 Fredericksburg VA; came home then went back to the army
10 Dec 1863	Montgomery Co NC	wounds	wounded Bristoe Station VA; died at home
Jul 1865		disease	POW
20 May 1864	Bermuda Hundred VA	KIA	
Aug 1863	Petersburg VA	disease	
1864	Petersburg VA	disease	no company & regiment given
after 10 Sep 1864	Fort Delaware DE	disease	captured 10 Sep 1864
after 4 Apr 1865	Petersburg VA	disease	left behind on the retreat from Petersburg
Oct 1864	Spotsylvania Court House VA	disease	

Surname	Soldier's First Name	Widow's First Name	County of application	Date of application	Company & regiment
Turner	James	Emeline	Cleveland	19 May 1885	Co F 55th
Turner	James E.	Mary	Wilkes	21 May 1885	Co B 55th
Turner	James H.	Mary A. E.	Nash	6 Jul 1885	Co D 47th
Turner	James R.	Lucinda	Alamance	15 Jun 1885	Co B 4th
Turner	John	Eliza	Lenoir	12 Jun 1885	Co C 61st
Turner	John M.	Sarah	Cleveland	6 Jul 1885	Co F 34th
Turner	Marcus B.	Mary A.	Alexander	3 Jul 1885	Co F 37th
Turner	Richard	Mary A.	Durham	3 Jun 1885	Co E 11th
Turner	Richard H.	Elizabeth M.	Vance	6 Jul 1885	Co C 46th
Turner	Willburn	Martha L.	Catawba	6 Jul 1885	Co K 35th
Turner	William H.	Lucy H.	Northampton	6 Jul 1885	Co E 56th
Turnmire	David L.	Dorcas	Watauga	3 Jun 1885	Co B 37th
Tuttle	Calvin	Susan	Stokes	2 Jun 1885	Co D 52nd
Tyner	Ben	Mary Ann	Robeson	11 Jun 1885	Co F 3rd
Underhill	John	Susan	Wayne	17 Jul 1885	Co C 1st
Underwood	John W.	Nancy	Sampson	4 Jul 1885	Co C 7th
Upchurch	A. H.	Mary E.	Wake	6 Jul 1885	Co G 23rd
Upchurch	Daniel	Lucinda	Rutherford	15 Jun 1885	Co I 34th
Upchurch	P. B.	Talitha H.	Wake	3 Jul 1885	Co D 15th
Usery	Hiram	Catherine	Montgomery	7 Jun 1885	Co D 10th
Usery	Murphy	Elisabeth	Union	22 Apr 1886	Co E 48th
Usry	Thomas H.	Mary Ann	Granville	1 Jul 1885	Co E 23rd
Utley	Gabriel	Sarah	Wake	22 Jun 1885	Co I 41st
Valentine	William P.	Elizabeth	Nash	22 Jun 1885	Co K Littlejohn's Bttn
Vanhoy	Henry	Emily	Forsyth	18 Jun 1885	Co F 6th
Vann	Marshall	Elizabeth	Sampson	27 Jun 1885	Co C 38th
Vanoy	William	Fanny	Wilkes	27 Jun 1885	Co G 58th
Varner	Albert Rankin	Martha Ann	Lincoln	3 Jun 1885	Co H 52nd
Varner	James	Laura A.	Randolph	29 Aug 1885	Co I 5th
Varner	McKenzie	Elizabeth	Randolph	1 Jul 1885	Co F 22nd
Vaughan	Samuel	Edney	Durham	2 Jul 1885	Cameron's Artillery
Venable	Joab	Rebecca	Surry	30 Jun 1885	Co I 18th
Vernon	Richard	Nancy R.	Stokes	1 Jun 1885	Co H 22nd
Vestal	Abram B.	Polly	Randolph	11 Jun 1885	Co E 26th
Vestal	Henry T.	Susan	Chatham	1 Jun 1885	Co G 26th
Vestal	James N.	Susan	Yadkin	1 Jun 1885	Co D 44th
Vick	W. H.	Aquilla	Nash	13 May 1885	Co I 30th
Vickory	James W.	Emeline	Union	1 Jun 1885	Co F 48th
Vogler	Augustus	Eppsy	Forsyth	1 Jul 1885	Co D 57th
Vogler	Elisha	Jincy	Forsyth	2 Jun 1885	Co A 33rd
Vogler	John Emory	Sarah E.	Forsyth	1 Jun 1885	Co G 75th
Vuncannon	Edmond	Elizabeth	Randolph	6 Jul 1885	salt maker
Waddell	Larry	Amanda	Wayne	1 Jul 1885	Co I 15th
Wade	James W.	Saloma	Craven	21 Jul 1885	Co F 5th
Wade	William H.	Mary A.	Montgomery	2 Jun 1885	Co E 14th
Waggoner	John W.	M. G.	Davidson	11 Jun 1885	Co B 14th
Wagner	Benjamin	Rachel	Catawba	14 Sep 1885	Co C 28th
Wagoner	Jacob	Cintha	Wilkes	1 Jun 1885	Co D 33rd
Wagoner	Jacob	Mary	Davie	13 Jun 1885	Co G 4th
Wagstaff	E. M.	Mary A.	Wake	7 Jul 1885	Co K 14th
Wainwright	James	Lucinda	Pitt	3 Jun 1885	Co G 8th
Walker	Howard	Alcy	Wilkes	11 Jul 1885	Co G 54th
Walker	John W.	Elizabeth J.	Pender	6 Jul 1885	Co C 1st
Walker	Jones H.	Catherine	Caswell	6 Jul 1885	Co H 45th
Walker	Levi	Patience E.	Warren	6 Jul 1885	Co B 30th

date of soldier's death	Place of death	Cause of death	Other details
25 Dec 1862	Petersburg VA	disease	
6 May 1864	Wilderness VA	KIA	couple m. Feb 1861 Wilkes Co NC
Apr 1864	VA	disease	
1 Jan 1865	Point Lookout MD	wounds	wounded & captured 1864 near Richmond VA
2 Jun 1862	Fort Fisher NC	disease	
1864	VA		
13 Dec 1862	Fredericksburg VA	KIA	
26 May 1863	Richmond VA	wounds	wounded Seven Pines VA
6 Oct 1862	Richmond VA	disease	
5 Jun 1862	Kinston NC	disease	
Jul 1869	Northampton Co NC	wounds	wounded & captured Plymouth NC
1 Jan 1865	Elmyra NY	disease	
Oct 1862	NC	disease	
21 Aug 1862	near Richmond VA	disease	
23 Mar 1865	Johnston Co NC	wounds	died after his leg was amputated
30 Dec 1863	NC	disease	
5 Nov 1862	VA	wounds	wounded at Manassas VA
Jun 1864	VA	disease	
4 Jul 1863	South Anna Bridge VA	KIA	
26 Jan 1864	NC	disease	
10 Jun 1862	Goldsboro NC	disease	
15 Dec 1862	VA	disease	couple m. 30 Nov 1852
15 Aug 1863	VA	disease	
15 Jan 1865	NC	disease	
1 Oct 1864	Plymouth NC	KIA	MIA
22 Jun 1864	near Petersburg VA	KIA	
2 Jan 1864	Atlanta GA	disease	couple m. 23 Mar 1841; she was daughter of William Sparks
after 8 Nov 1864	Point Lookout MD	disease	captured 24 Oct 1864 near Petersburg VA
12 May 1863	VA	KIA	
2 Jul 1863	Gettysburg PA	KIA	
1 Dec 1862	Richmond VA	disease	
6 Dec 1862	Richmond VA	disease	
6 May 1863	VA	disease	
1 Oct 1863	Farmville VA	wounds	wounded at Gettysburg
after 15 Apr 1863	Point Lookout MD	disease	captured 15 Apr 1863
Mar 1865	VA		
11 May 1862	NC	disease	
13 Dec 1862	VA	KIA	
1865	Point Lookout MD	disease	
4 Feb 1863	Lynchburg VA	disease	
11 Feb 1865	Point Lookout MD	disease	captured 18 Sep 1864
1 Apr 1865	Randolph Co NC	disease	sent home sick from Wilmington NC
	VA		no date given
Dec 1862	VA	wounds	wounded at Fredericksburg; Sgt
19 Sep 1863	Sharpsburg MD	KIA	
16 Sep 1862	MD	KIA	
3 May 1863	VA	KIA	
Feb 1865	Elmyra NY	disease	captured Battle of Wilderness
3 May 1863	VA	KIA	
1 Jul 1862	Malvern Hill VA	KIA	
10 Aug 1863	Charleston SC	KIA	
4 Feb 1863	Port Royal VA	exhaustion	died after a forced march
Aug 1862	Cold Harbor VA	KIA	
18 Dec 1864	VA		
31 Oct 1862	Petersburg VA	disease	

Surname	Soldier's First Name	Widow's First Name	County of application	Date of application	Company & regiment
Walker	William R.	Mariah J.	Warren	30 May 1885	Co F 8th
Walker	Zephaniah	Amanda L.	Wilkes	20 Jun 1885	Co G 58th
Wall	Eivy	Delila	Forsyth	30 Jun 1885	Co D 52nd
Wall	James M.	Mary	Johnston	30 Jun 1885	Co I 62nd
Wall	John		Rutherford	30 Sep 1885	
Wall	John R.	Sarah	Johnston	30 Jun 1885	Co C 24th
Wall	Lloyd W.	Lavinia	Rockingham	30 May 1885	Co F Sr reserves
Wall	William D.	Mary C.	Stokes	2 Jun 1885	C F 21st
Wallace	David H.	Nancy R.	Gaston	3 Jun 1885	Co H 49th
Wallace	L. A.	Harriett A.	Rutherford	2 Aug 1886	Co G 30th
Wallace	William S. A.	Ann Eliza	Anson	6 Jul 1885	Co E 48th
Waller	Jacob	Margaret	Rowan	15 Jul 1887	Co B 46th
Walser	W. H.	Elizabeth A.	Davidson	3 Jun 1885	Co B 57th
Walton	T. M.	Nancy J.	Buncombe	7 Jun 1886	Co H 29th
Ward	Alexander	Loucinda	Henderson	12 Jun 1885	Co D 60th
Ward	B. F.	Jane M.	Rowan	2 Jun 1885	Co A 46th
Ward	Brown	Mary	Orange	4 Jul 1885	Co F 28th
Ward	Daniel	Susan	Columbus	4 Jul 1885	Co G 57th
Ward	Elihu W.	Elizabeth	Stokes	6 Jul 1885	Co E 14th
Ward	John	Alpha	Martin	4 May 1885	Co A 32nd
Ward	L. V.	Mary C.	Orange	1 Jun 1885	Co F 28th
Ward	T. Y.	Martha	Montgomery	22 Jun 1885	Co H 44th
Ward	William	Margaret	Chatham	2 Jun 1885	Co G 48th
Warford	William	Margaret	Davie	16 May 1885	Co A 54th
Warner	E. Tsiphinius	Paulina C.	Forsyth	10 Jun 1885	Co K 21st
Warner	Francis	Mary	Beaufort	6 Jul 1885	Co D 5th
Warren	Dred	Clemmy	Pitt	22 Jun 1885	Co C 44th
Warren	Jeremiah	Elizabeth	Pitt	19 Jun 1885	Co C 44th
Warren	Richard	Mary	Sampson	29 Jun 1885	Co K 51st
Waters	Thomas	Olive E.	Burke	3 Jun 1885	Co F 18th
Watkins	Burden	Cintha	Johnston	1 Aug 1887	Co C 5th
Watkins	Commodore	Siddy	Duplin	19 May 1885	Co D 50th
Watson	Alfred	Cynthia	Watauga	6 Jul 1885	Co M 58th
Watson	Andrew	Mary M.	Person	2 Jun 1885	Co A 5th
Watson	James	Rachel	Wilkes	22 Jun 1885	Co K 53rd
Watson	John A.	Martha A.	Anson	27 Jun 1885	Co I 43rd
Watts	Daniel M.	Ann	Macon	4 Jul 1885	Co D 62nd
Watts	John	Sarah	Alexander	3 Jul 1885	Co G 37th
Watts	Lafayette	Elvira	Burke	2 Jul 1885	Co D 11th
Waulston	William	Sally Ann	Wilson	22 Jun 1885	Co F 30th
Weast	Marvel	Sarah	Rutherford	24 Jun 1885	Co I 56th
Weatherman	Samuel	Polly	Iredell	24 Jun 1885	4th
Weaver	Frederick	Barbara	Catawba	18 Jun 1885	Co K 46th
Weaver	G. W.	E. T.	Iredell	17 Jun 1885	Co D 33rd
Weaver	Hampton		Rutherford	22 Jun 1885	Co E 18th
Weaver	N. H.	Mary L.	Rutherford	8 Jun 1885	Co E 18th
Weaver	Reuben	Kiziah	Johnston	23 Jun 1885	Co F 24th
Weaver	Reuben P.	Milly	Rowan	22 Jun 1885	Co G 66th
Weaver	Wiley	Martha	Durham	22 Jun 1885	Co G 27th
Weaver	William H.	Nancy	Ashe	27 May 1885	Co K 37th
Webb	Hardy	Vicey	Edgecombe	8 Jun 1885	Co F 30th
Webb	Henry	Catharine	Alamance	1 Jul 1885	Co K 45th
Webb	Thomas H.	Elizabeth E.	Anson	6 Jul 1885	Co F 2nd

date of soldier's death	Place of death	Cause of death	Other details
11 Sep 1863	SC	disease	
22 Jun 1864	GA	KIA	
26 Jun 1863	Lynchburg VA	disease	
Jul 1863	Weldon NC	disease	
probably 1864	Richmond VA	wounds	wounded near Petersburg VA; no application form
1864	Elmyra NY	disease	captured 17 Jun 1864 near Petersburg VA
19 Jan 1865	Columbia SC	disease	
2 Jul 1863	Gettysburg PA	KIA	
20 Dec 1862	Richmond VA	disease	
27 Jan 1865	Summerville SC	disease	
10 May 1864	Spotsylvania Court House VA	KIA	
2 Apr 1865	Rowan Co NC	disease	died at home on sick furlough
20 Jul 1863	Richmond VA	disease	
17 Jan 1881	Buncombe Co NC	wounds	wounded 1864 Atlanta GA in the head
20 Nov 1864	GA	disease	
Sep 1864	Salisbury NC	disease	
Jul 1863	Richmond VA		
1865	at sea	disease	died on a ship going to Savannah GA after being released from Elmyra NY; no date given
19 Nov 1863	Lynchburg VA	wounds & disease	
10 Feb 1865	VA		
Apr 1863	Richmond VA	disease	
1 Feb 1863	VA	disease	
1862	Winchester VA	disease	
2 Jan 1863	near Richmond VA	disease	
4 Oct 1862	Lynchburg VA	disease	
15 Jan 1865	Fort Fisher NC	KIA	
Aug 1864	Ream's Station VA	KIA	
30 Apr 1862	NC		
1 Jun 1864	VA	KIA	
after 12 May 1864	Point Lookout MD	disease	captured 12 May 1864
27 Jun 1862	VA	KIA	
27 Apr 1863	Tarboro NC	disease	
19 Feb 1863	TN	disease	
15 May 1862	Raleigh NC	disease	
1 Jun 1863	Goldsboro NC	disease	couple m. 21 Jul 1851 Wilkes Co NC
Jun 1862		disease	died on his way home
25 Sep 1862	NC	disease	
1 Jun 1862	Fort Delaware DE		captured 27 May 1862 Hanover Courtouse VA
1 Jul 1863	Gettysburg PA	KIA	
10 Mar 1865	Staunton VA	wounds	wounded 1 Mar 1865
1864	Goldsboro NC	disease	
5 Dec 1863	Iredell Co NC	disease	died at home on sick furlough; no company given
24 Aug 1864	Catawba Co NC	disease	died at home on sick furlough
3 May 1863	VA	KIA	
1 Sep 1864	Rutherford Co NC	wounds & disease	died at the home of a friend who fetched him from the train station; no application; widow's name not shown
3 Sep 1864	VA		
20 May 1864	Bermuda Hundred VA	KIA	
Dec 1864	Wilmington NC	disease	
1 Mar 1864	Gordonsville VA	disease	
2 Jun 1863	Lynchburg VA	disease	
Jun 1862	Richmond VA	KIA	
25 Nov 1864	VA		
19 Sep 1862	Sharpsburg MD	KIA	MIA

Surname	Soldier's First Name	Widow's First Name	County of application	Date of application	Company & regiment
Webster	Charles T.	Mary E.	Person	25 Jun 1885	Co A 24th
Webster	Henry L.	Mary C.	Chatham	1 Jun 1885	Co A 5th
Weddington	A. Barr	Sarah T.	Mecklenburg	15 Jun 1885	Co B 20th
Welch	William H.	Elizabeth C.	Guilford	1 Jun 1885	Co K 45th
Wells	Henry	M. A.	Catawba	18 May 1885	Co G 32nd
Wells	John	L. C.	Rutherford	18 May 1885	Co E 18th
Wells	Lewis Redmond	Amanda	Edgecombe	15 Jun 1885	Co F 30th
Wells	William	Lavina	Caldwell	15 Jun 1885	Co C 18th
Wells	William F.	Mary J.	Macon	13 Jul 1885	Co C 29th
Wescott	Sherwood	Harriett	Brunswick	27 May 1885	Co G 36th
West	Alexander	Nancy	Wilkes	8 Jun 1885	Co K 53rd
West	Andrew	Helen	Robeson	9 May 1885	Co A 46th
West	Daniel R.	C.J.	Harnett	8 Jun 1885	Co I 31st
West	John	Sarah J.	Buncombe	8 Jun 1885	Co K 11th
West	Joseph T.	Rosa Ann	Robeson	8 Jun 1885	Co A 31st
West	Middleton	Exie	Robeson	6 Jul 1885	Co A 46th
West	Stephen S.	Sarah Ann	Granville	5 May 1885	Co I 23rd
West	William	Nancy	Wilkes	3 Jun 1885	Co H 13th
Westmoreland	David	Martha	Davidson	3 Aug 1885	Co K 52nd
Wetherington	Shade W.	Holland C.	Greene	13 Jun 1885	Co F 66th
Whaley	Durant Green	Mary E.	Onslow	1 Jun 1885	Co A 35th
Whaley	Rigdon	Silva	Duplin	2 Jun 1885	Co H 66th
Wheeler	John Wesley	Elvira	Granville	8 Jun 1885	Co F 30th
Wheeling	Carson E. C.	Martha	Watauga	10 Jul 1885	Co K 58th
Whissenhunt	Alexander Branson	Adelaide	Burke	4 Jun 1885	Co E 6th
Whissenhunt	Elias	Mary	Burke	30 Jun 1885	Co F 58th
Whissenhunt	Robert R.	Adaline	Burke	2 Jul 1885	Co D 11th
Whissenhunt	Thomas Jefferson	Mira	Burke	4 May 1885	Co E 6th
Whitaker	Julius B.	Millia Ann	Henderson	4 Jul 1885	Co B 41st militia
White	Bryant	Catherine	Columbus	3 Jul 1885	Co H 20th
White	Cornelius	Narcissa	Jones	3 Jul 1885	Co F 5th
White	George W.	Lucinda	Randolph	30 Jun 1885	Home Guard
White	Isham	Jennetta	Cleveland	1 Jun 1885	Co C 12th
White	James	Nancy	McDowell	6 Jul 1885	Co H 58th
White	James E.	Clarissa C.	Mecklenburg	6 Jul 1885	Co D 5th
White	Jerry	Nancy	Cleveland	1 Jun 1885	Co I 38th
White	Wesley	Isabella	Harnett	23 May 1885	Co H 50th
Whitehead	James W.	Mahala	Wilson	8 Jun 1885	Co K 15th
Whitesell	Eli	Nancy	Guilford	30 Jun 1885	Co B 2nd
Whitley	A. M. F.	Susana	Nash	6 Jul 1885	Co H 12th
Whitley	J. A.	Martha	Alamance	13 Jun 1885	Co F 6th
Whitley	John R.	Susannah	Stanly	30 Jun 1885	Co H 42nd
Whitley	Perry	Alley	Nash	2 Jun 1885	Co A 47th
Whitlock	O. B.	Susana	Yadkin	14 Jul 1887	
Whitlow	M. C.	Martha	Mecklenburg	20 Jun 1885	Co H 29th
Wicker	John J.	E. J.	Moore	2 Jun 1885	Co H 30th
Wicker	Thomas	Penny	Moore	29 May 1885	Co H 30th
Wiggins	Jesse	Nancy	Harnett	3 Jul 1885	Co G 32nd
Wiggins	John	Ducksey	Sampson	3 Jul 1885	Co G 3rd
Wiggins	Lewis H.	Mary	Sampson	4 Jul 1887	Co G 3rd
Wiggins	Thomas J.	Ann	Franklin	30 Jun 1885	Co K 44th
Wiggs	Nathan	Lizzie	Johnston	30 Jun 1885	Co K 66th

date of soldier's death	Place of death	Cause of death	Other details
1 Apr 1864	near Petersburg VA	KIA	
1 Jul 1863	VA		
29 Jun 1862	Cold Harbor VA	KIA	
on/after 29 Apr 1865	Point Lookout MD	disease	captured 6 Apr 1865 Farmville VA
1 Apr 1865	Davidson Co NC	KIA	
3 Jul 1863	Gettysburg PA	KIA	
20 Jul 1864	Winchester VA	KIA	
15 Oct 1863	VA	disease	
8 Feb 1863	Chattanooga TN	disease	
30 Apr 1862	Fort Anderson NC	disease	
19 Sep 1864	Winchester VA	KIA	couple m. 4 Feb 1851 Wilkes Co NC
1862	Richmond VA	disease	
31 May 1864	Cold Harbor VA	KIA	MIA
11 May 1864	Spotsylvania Court House VA	wounds	wounded 10 May 1864
Oct 1861	NC	disease	
1864	near Richmond VA	disease	
May 1863	Chancellorsville VA	KIA	
21 May 1863	VA	wounds	wounded 3 May 1863 Chancellorsville VA; couple m. 7 Oct 1858 Caldwell Co NC
3 Jul 1863	Gettysburg PA	KIA	
Aug 1863	NC		
May 1864	VA	KIA	
15 Feb 1864	Duplin Co NC	disease	died at home on sick furlough
3 May 1863	VA	KIA	
Jun 1862	near Raleigh NC	disease	
1863	Culpeper Courthouse VA	KIA	
1863	Cumberland Gap TN	disease	
	Burke Co NC	wounds	died from head wound 2 years after being sent home
3 May 1863	Chancellorsville VA	KIA	
9 Jan 1865	near Hendersonville NC		killed by another soldier (drunk) while returning from leave
12 Jun 1864	NC	wounds	
7 Aug 1862	Richmond VA	disease	became sick while a POW at Fort Delaware; died after being paroled
11 May 1864	NC	disease	
Jan 1864	VA	disease	
15 Mar 1864	IL	disease	
16 Jan 1864	Petersburg VA	wounds	
1862	VA	disease	
5 Sep 1862	Petersburg VA	disease	
1864	Richmond VA	disease	
20 Aug 1864	VA		
Dec 1862	VA	disease	
1864	Point Lookout MD	disease	captured 7 Nov 1863
12 Sep 1863	Goldsboro NC		Fife Major; body was later brought back to Stanly Co
after Jul 1863	Point Lookout MD		captured Gettysburg
1 Jan 1864	Greensboro NC	disease	no company & regiment given
after 2 Apr 1865	Camp Douglas IL	disease	captured 2 Apr 1865 TN
10 Jul 1862	VA	disease	
1874	Moore Co NC	wounds	wounded twice in service
11 Apr 1865	Point Lookout MD	disease	
Oct 1865	NY	disease	
2 Jul 1863	Gettysburg PA	KIA	
21 Oct 1863	Richmond VA	disease	
27 Oct 1864	VA	wound	wounded 1 Oct 1864

Surname	Soldier's First Name	Widow's First Name	County of application	Date of application	Company & regiment
Wiggs	Wiley P.	Edney	Johnston	1 Jun 1885	Co C 1st
Wilcox	David	Emeline	Wilkes	1 Jun 1885	Co F 37th
Wilcoxen	Daniel	Selena	Wilkes	29 Jun 1885	Co F 52nd
Wiley	William	Sarah	Guilford	13 Jul 1885	Co H 25th
Wilkerson	Joseph F.	Minerva Ann	Granville	25 May 1885	Co K 55th
Wilkerson	Madison	Sarah A.	Durham	4 Jul 1887	Co C 6th
Wilkerson	Robert	Ann	Person	8 May 1885	Co I 47th
Wilkerson	Uriah M.	Sarah	Orange	6 Jul 1885	C G 2nd
Wilkerson	William H.	Nancy C.	Granville	6 Jul 1885	Co G 15th
Wilkins	F. H.	J. R.	Cleveland	25 Jun 1885	Co H 34th
Wilkins	Robert L.	Roanna	Cleveland	3 Jun 1885	Co G 18th
Willey	Wesley	Powell	Surry	3 Jun 1885	Co I 18th
Williams	Abram Mahlin	Dicey	Iredell	3 Jul 1886	Co B 2nd
Williams	Alexander	Catherine	Davidson	4 Jul 1885	Co B 48th
Williams	Amos	Mary F.	Columbus	4 Jul 1885	Co E 36th
Williams	Charles	Delia Ann	Buncombe	19 Jul 1887	Co I 25th
Williams	Clinton	Ally	Caldwell	14 Jul 1885	Co A 22nd
Williams	Eason	Mary	Wilson	3 Jul 1885	Co E 43rd
Williams	Green	Jane	Orange	1 Jul 1885	Co D 35th
Williams	Henderson	Bettie	Franklin	18 Mar 1885	Co G 22nd
Williams	Henry	Catherine	Cumberland	6 Jul 1885	Co I 51st
Williams	Hugh	Catherine	Cleveland	30 Jun 1885	Co H 34th
Williams	Jacob C.	Margaret D.	Cleveland	3 Aug 1885	Co I 38th
Williams	James	Ann Mary	Hertford	2 Jun 1885	Co K 33rd
Williams	Jesse	Barbary	Duplin	2 Jun 1885	Co H 66th
Williams	John	Margaret	Burke	16 May 1885	Co D 11th
Williams	John H.	Martha J.	Granville	2 Jul 1885	Co K 55th
Williams	L. P.	Catherine	Cleveland	12 Jun 1885	Co I 58th
Williams	Leonadas	Mary A.	Wayne	12 Jun 1885	Co D 67th
Williams	Marshall	Lucy Jane	Moore	11 Apr 1887	
Williams	Morgan N.	M. A.	Buncombe	5 Jul 1886	60th
Williams	Philander	Patsey	Nash	22 May 1885	Co C 8th
Williams	R. D.	Juliana	Rockingham	22 May 1885	Co G 45th
Williams	Robert	Ann E.	New Hanover	16 Jul 1885	Co E 10th
Williams	Simeon	Mary	Pitt	22 Jun 1885	Co D 3rd
Williams	Stephen	Penelope	Brunswick	22 Jun 1885	Co E Mallett's Bttn
Williams	Wesley	R. C.	Nash	22 May 1885	Co A 47th
Williams	William	Mary E.	Wilkes	6 Jul 1885	Co C 26th
Williams	William	Sarah Jane	Davie	11 Jun 1885	Co M 76th
Williams	William T.	Mary	Mitchell	28 Jun 1885	Co F 55th
Williamson	Daniel	Rhoda	Columbus	13 Jun 1885	Co E 36th
Williford	R. J.	Mayley	Iredell	6 Jul 1885	Co I 7th
Willis	John W.	Sarah E.	Henderson/Buncombe	3 Jul 1885	Co A 60th
Willis	Samuel O.	Margaret	Cleveland	29 Jun 1885	Co F 55th
Willoughby	Solomon	Mariam	Robeson	13 Jul 1885	McLean's Co 50th or Sr reserves
Wilmoth	Ezekiel	Martha	Surry	15 Jun 1885	Co C 21st
Wilson	Alexander L.	Sarah L.	Iredell	6 May 1885	Co I 7th
Wilson	Andrew J.	Emeline	Jackson	20 May 1885	Co H 62nd
Wilson	Asbury	Abagail	Caldwell	29 Jun 1885	Co I 26th
Wilson	Benjamin	Harriet A.	Granville	2 Jul 1885	Co I 23rd
Wilson	Caleb J.	Elmira	Cherokee	22 Jun 1885	Co B Walker's Bttn
Wilson	David A.	Anna C.	Alexander	13 Jun 1885	Co G 38th
Wilson	David W.	Margaret M.	Jackson	13 Jul 1885	Co B 25th

date of soldier's death	Place of death	Cause of death	Other details
3 May 1863	Chancellorsville VA	KIA	
10 Jun 1862	Danville VA	disease	couple m. 2 Mar 1860 Wilkes Co NC
23 Jul 1862	Drewry's Bluff VA	disease	
15 Oct 1863	Bristoe Station VA	wounds	wounded 14 Oct 1863
1 Aug 1863	NC	disease	
17 Jul 1863	PA	KIA	
11 Aug 1862	NC	disease	
after 14 Oct 1863	Point Lookout MD	disease	captured 14 Oct 1863 Bristoe Station VA
Sep/Oct 1862	White Sulphur Springs VA	disease	
24 Jun 1864	Cleveland Co NC	disease	died at home on sick furlough
11 Feb 1863	Richmond VA	wounds & disease	wounded at Fredericksburg VA
1 Mar 1863	Winchester VA	disease	
15 Sep 1861	Iredell Co NC	disease	died at home on sick furlough
27 Jun 1862	VA	wounds	
after Jan 1865	Elmyra NY		captured Jan 1865 Fort Fisher NC
3 Nov 1863	Asheville NC	wound	wounded 27 Oct 1863
8 Aug 1864	Lynchburg VA	disease	
23 Feb 1863	Wilson NC	disease	
17 Jun 1864	Petersburg VA	KIA	MIA
27 Apr 1863	VA	disease	
20 May 1864	Drewry's Bluff VA	KIA	
Nov 1862	Cleveland Co NC	disease	died at home on sick furlough
9 Jun 1864	MD	disease	POW
1 Jul 1862 or 1 Oct 1862	NC		different dates on same form
12 Aug 1864	VA		
Aug 1864	Richmond VA	disease	
5 Feb 1865	VA	KIA	
after Jul 1863		wounds	wounded & captured at Gettysburg
25 Jun 1864	Louisa Co VA	KIA	
1864	Fort Delaware DE		captured 23 Jul 1863; company & regiment not given
after 30 Nov 1864	Buncombe Co NC	wounds	wounded 30 Nov 1864 TN; no company given; died at home
14 May 1864	Drewry's Bluff VA	KIA	
5 Dec 1863	VA	disease	
Dec 1864	Petersburg VA	wounds	
15 Sep 1864	VA	disease	
7 Jun 1864	Goldsboro NC	disease	
10 May 1862	NC	disease	
28 Jan 1863	Charlottesville VA	disease	couple m. 20 Feb 1844 Wilkes Co NC
Dec/Jan 1864/5	Elmyra NY		
8 May 1864	VA	wounds	wounded 5 May 1864 Wilderness VA
1865	Elmyra NY	disease	captured 15 Jan 1865 Fort Fisher NC
5 May 1864	Wilderness VA	KIA	
12 Apr 1863	Ringgold GA	disease	
15 Mar 1865	Point Lookout MD	disease	
1864	Wilmington NC	disease	
1 Jul 1863	Gettysburg PA	KIA	
18 Oct 1862	VA	wounds	wounded 30 Aug 1862 Manassas VA
5 Jun 1863	Greenville TN	disease	
25 Dec 1864	NC	disease	
2 Dec 1862	VA	disease	
20 Aug 1863	Cherokee Co NC	disease	died at home on sick furlough; sent home from TN
5 May 1863	Chancellorsville VA	wounds	name on roster as David A. Williams
1 Jul 1862	Petersburg VA	KIA	

Surname	Soldier's First Name	Widow's First Name	County of application	Date of application	Company & regiment
Wilson	Lafayette	Susan E.	Lincoln	11 May 1885	Co B 23rd
Wilson	Martin V.	Armada	Wake	3 May 1885	Co F 5th
Wilson	Ruffin	Margaret	Wake	3 Jul 1885	Co I 41st
Wilson	W. L.	Evaline	Buncombe	22 Jun 1885	Co E 29th
Wilson	William	Harriet	Wake	1 Jul 1885	Co A 44th
Winchester	James	Rachel A.	Haywood	1 Jun 1885	Co C 25th
Winebarger	Noah	Rosana	Catawba	29 May 1885	Co E 32nd
Winecoff	John M.	Mary R. C.	Rowan	1 Jul 1887	Co B 7th
Winstead	Burton	Matilda	Nash	8 Jun 1885	Co D 47th
Winters	John	Rebecca	Halifax	16 Jun 1885	
Wisenhunt	John	Polly C.	Catawba	1 Jun 1885	Co E 57th
Womac	William H.	Margret	Lincoln	3 Jul 1885	Co K 63rd
Womble	Albert	Telitha D.	Wake	3 Jul 1885	Co I 41st
Womble	H. J.	Lucy Ann	Wake	23 Jun 1885	Co I 41st
Womble	John W.	Sarah A.	Craven	17 Jun 1885	Co D 31st
Wood	Alexander	Sarah N.	Orange	20 Jun 1885	Co D 8th
Wood	Calvin	Elizabeth	Harnett	9 Jul 1887	Co H 50th
Wood	Casper	Catherine A.	Davidson	2 Jun 1885	Co A 21st
Wood	Henry	Sarah J.	Davie	20 Jun 1885	Co H 63rd
Wood	J. C.	Temperance	Franklin	6 Jul 1885	Co K 44th
Wood	J. M.	Mary	Buncombe	28 May 1885	Co B 25th
Wood	Lemuel W.	Rebecca	Randolph	22 Jun 1885	Co H 38th
Wood	Levi M.	Mary M.	Jackson	3 Jun 1885	Co F 29th
Wood	William	Frances	Stokes	20 Jun 1885	Co H 22nd
Woodall	Eldridge	Siddy E.	Harnett	30 Jun 1885	Co I 24th
Woodard	R. D.	Mary	Johnston	7 Sep 1885	Wright's Bttn
Woodard	William H.	Rebecca	Johnston	6 Jul 1885	Co C 7th Artillery, Latham's Batt
Woodburn	Theodore B.	Martha J.	Randolph	1 Jul 1885	Co F 2nd
Woodle	S.	Arpha	Randolph	30 Jun 1885	Co F 2nd
Woods	Henry	Mary M.	Transylvania	15 Jul 1885	Co G 1st
Woods	James R.	D. A.	Iredell	5 Jul 1885	Co E 49th
"Woods, "	James M.	Martha M.	Alamance	12 Jun 1885	Co A 66th
Woodward	Samuel M.	Jane P.	Alexander	12 Jun 1885	Co H 56th
Woody	James	Nancy	Ashe	25 Jun 1885	Co H 34th
Woody	Jonathan P.	Martha	Wilkes	6 Jul 1885	Co K 53rd
Wooten	Lazarus	Elizabeth	Haywood	26 Jun 1885	Co I 62nd
Workman	Henry J. K.	Calie	Catawba	29 Jun 1885	Co K 46th
Workman	Henry N.	Temperance J.	Orange	12 May 1885	Co G 28th
Worley	Nathan	Katherine	Buncombe	3 Jun 1885	Robin's Co Home Guar
Wright	J. C.	A. M.	Iredell	15 May 1885	Co C 48th
Wright	James W.	Francis A.	Wilkes	29 Jun 1885	Co C 26th
Wright	Jobe	Cynthia	Cleveland	29 Jun 1885	Co I 38th
Wright	William	Mary	Alamance	6 Jul 1885	Co I 6th
Wyatt	Andrew	Ghany	Ashe	6 Jul 1885	Co B 26th
Wyatt	Frederick	Sarah J.	Alamance	6 Jun 1885	Coo K 6th
Wyatt	Gilbert I.	Eve Ann	Rowan	30 May 1885	Co K 8th
Wyatt	Jacob M.	Malinda	Gaston	2 Jun 1885	Co M 16th
Wynn	Benjamin	Jennette L.	Martin	3 May 1886	Co A 17th
Yancey	Thomas	Margaret	Granville	21 May 1885	Co I 23rd
Yarbrough	Samuel	Patricia	Montgomery	19 Jul 1887	Co A 14th
Yarbrough	W. G.	Martha	Davidson	3 Jun 1885	Co D 27th
Yates	P. R.	Mary A.	Randolph	6 Jul 1885	Co F 46th
Yearby	Allen	Susan A.	Davidson	29 Jun 1885	Co B 48th
Yoder	Abel	Elizabeth	Catawba	3 Jun 1885	Co F 23rd
York	Alfred D.	Martha	Randolph	30 Jun 1885	Co F 2nd

date of soldier's death	Place of death	Cause of death	Other details
27 Oct 1863	Fort Delaware DE		captured Gettysburg
Nov 1862	Winchester VA	disease	
9 Aug 1863	Farmville VA	disease	
11 Mar 1865	NC	KIA	
26 Jun 1863	Hanover Junction VA	KIA	
7 Dec 1862	Grahamville SC	disease	
10 May 1864	Spotsylvania Court House VA	KIA	
3 May 1863	VA	KIA	
Oct 1864	Petersburg VA	wounds	
	Halifax Co VA	disease	wounded but died after end of war
20 Jan 1864	Catawba Co NC	disease	died at home on sick furlough
15 May 1865	Elmyra NY	disease	
6 Mar 1865	Elmyra NY	disease	captured 27 May 1864 Pamunkey River VA
20 Mar 1865		disease	was coming home from Point Lookout MD
22 Nov 1872	New Bern NC	wounds	lost his arm 16 May 1864 Drewry's Bluff VA; was sent to work at the foundry in New Bern
	Petersburg VA	KIA	no date given
18 Dec 1863	Wilmington NC	disease	
27 Apr 1862	Charlottesville VA	disease	
Jan 1865	NC	disease	
27 Oct 1864	near Petersburg VA	KIA	
25 Aug 1864	Ream's Station VA	KIA	
	Richmond VA	disease	no date given
22 Nov 1861	Cumberland Gap TN	disease	
15 May 1864	VA	KIA	
Oct 1862	VA	disease	
1 May 1863	Goldsboro NC	disease	
22 Jun 1864	Petersburg VA	KIA	
1 Jul 1863	Gettysburg PA	KIA	
20 Jan 1863	NC	disease	
6 Dec 1861	Charleston SC	disease	
24 May 1864	VA	wounds	wounded 16 May 1864 Drewry's Bluff VA
1 Apr 1864	Magnolia NC	disease	
20 Aug 1864	VA	disease	
1 Jun 1862	VA	KIA	
15 Dec 1863	Orange Courthouse VA	disease	
Jan 1864	MD	disease	POW
5 May 1864	Wilderness VA	KIA	
1864	Orange Co NC	disease	died at home on sick furlough
15 Feb 1864	NC		
Sep 1862		wounds	wounded & captured 17 Sep 1862 Sharpsburg MD
after 3 Jul 1863	Point Lookout MD		apparently captured Gettysburg
3 May 1863	VA	KIA	
4 Sep 1864	Elmyra NY	disease	
2 Jul 1863	Gettysburg PA	KIA	
4 Jul 1863	Gettysburg PA	KIA	
28 Aug 1863	Battery Wagner SC	KIA	
9 Dec 1862	VA		
1 May 1863	Hamilton NC	disease	
1 Oct 1861	Charlottesville VA	disease	
28 Aug 1863	NC	disease	
20 Aug 1864	Davidson Co NC	disease	died at home on sick furlough
26 Jan 1863	Richmond VA	disease	
28 Aug 1864	Ream's Station VA	KIA	
10 May 1864	Spotsylvania Court House VA	KIA	
Mar 1865	Lynchburg VA	disease	

Surname	Soldier's First Name	Widow's First Name	County of application	Date of application	Company & regiment
York	Jesse	Catherine	Randolph	23 May 1885	Co I 5th
York	Joseph	Hannah	Union	16 Jun 1885	Co H 7th
York	William	Elizabeth	Buncombe	8 Jun 1885	Co B 60th
Yost	Levi	Rebecca	Rowan	9 May 1885	Co G 5th
Young	J. A.	Maria	Cherokee	4 Jul 1885	Co E Thomas' Legion
Young	John J.	Mary A.	Stokes	2 Jun 1885	Co H 22nd
Young	Joseph	Fanny	Gaston	30 May 1885	Co H 37th
Young	Peter	Caroline	Burke	26 Jun 1885	Co E 16th
Younger	James	Katy	Orange	6 Aug 1885	Co K 6th
Yow	Matthew C.	Nancy	Randolph	2 Jun 1885	Co D 48th
Zimmerman	Israel	Peggy	Burke	2 Jul 1885	Co F 26th

date of soldier's death	Place of death	Cause of death	Other details
1864		wounds	wounded & captured May 1864 Spotsylvania Courthouse VA
3 Nov 1862	NC	disease	
4 Jan 1865	TN		
after 4 Jul 1863	Point Lookout MD	disease	captured 4 Jul 1863
29 Jul 1863	Cherokee Co NC	disease	captured 20 Jun 1863 TN; paroled & died at home
25 Jun 1862	Mechanicsville VA	KIA	
1863	VA	disease	
5 Jul 1863	Gettysburg PA	wounds	wounded Jul 1863 Gettysburg PA
May 1862	Chickahominy River VA	accidental gunshot	on the retreat from Yorktown he was driving a wagon with a wounded soldier and his gun accidentally discharged
23 May 1864	near Hanover Junction VA	KIA	
1 Jul 1863	Gettysburg PA	KIA	

Section I — Widow Applications

Section II: Disabled Soldier Applications

Surname and First Name: The names shown are those of the soldier and are reproduced as they are found on the file folder labels.

County: The county shown is the applicant's legal residency. If an applicant moved during the process, he had to file a new application in his new county of residence.

Company and regiment: unless otherwise specified, all regiments are units of the regular North Carolina infantry. Reserve units, cavalry, and artillery are shown by the words Sr. Reserves, Jr. Reserves, cavalry and artillery. Infantry regiments from other states are shown by that state's postal abbreviation.

Date and place of injury: These are shown exactly as given on the applications, even though a number of them are clearly inaccurate. Twenty or more years after the war, many veterans no longer remembered exactly where they had sustained their injury. The term (sic) indicates that the date and place do not agree (Ex. The Battle of Gettysburg occurred in 1863, but several applications give the date as 1864). Dates are given as shown, but the spelling of place names has been corrected to agree with the accepted modern spellings of towns and battlefield.

Type of injury: while many soldiers were missing arms or legs, other injuries were more complicated. The primitiveness of 19th century medicine led to many men having arms or legs that were shortened by bone loss. Others suffered paralysis or nerve or tissue damage that made walking or other normal motions difficult or impossible. Many veterans were deaf or blind from head wounds. For the sake of brevity, this work only shows the location of the injury and does not attempt to describe the actual disability, unless it was loss of a limb, loss of mobility, or loss of a sense.

Soldier's Last Name	Soldier's First Name	County of Application	Date of Application	Company & Regiment
Ackerman	Charles T.	Sampson	15 Feb 1897	18th
Adams	D. B.	Mecklenburg	30 May 1885	Co F 35th
Adams	James	Cumberland	23 Jun 1885	Co I 51st
Adkins	Issac A.	Yancey	11 Feb 1897	Co G 29th
Agner	John F.	Rowan	2 Jun 1885	Co B 46th
Aldridge	James	Cherokee	13 Jul 1885	Co D 25th
Alexander	J. P.	Burke	30 Mar 1885	Bttn Major A. C. Avery's Company
Alford	John	Franklin	15 Jun 1885	Co B 66th
Allen	David	Robeson	20 Jun 1885	Co K 40th
Allen	George T.	Beaufort	1 Jul 1885	Co I 30th
Allen	John	Person	6 Jul 1885	Co C 13th
Allen	Joseph	Rockingham	2 Feb 1897	Co G 45th
Allison	J. H.	Madison	16 Mar 1885	Co B 35th
Allison	Marion W.	Orange	14 May 1885	Co D 4th KY
Allman	Cyrus W.	Cabarrus	8 May 1885	Co H 14th
Almond	Green	Stanly	10 Jun 1885	Co H 14th
Alphin	Loomous	Onslow	26 Feb 1897	Co B 24th
Alphin	William	Jones	18 Jun 1885	Co A 35th
Alphin	Jesse Jordan	Duplin	6 Jul 1885	Co I 1st cavalry
Amis	Hezekiah	Caldwell	15 Jun 1885	Co F 26th
Anderson	Creed M.	Mitchell	2 May 1885	Co E 6th
Anderson	J. M.	Buncombe	30 May 1885	Co F 25th
Andrews	David B.	Henderson	18 Jun 1885	Co E 23rd
Andrews	Edmund	Cumberland	1 May 1885	Co C 23rd
Andrews	James Thomas	Nash	5 Sep 1885	Co K 12th
Anthony	A. M.	Gaston	15 Jun 1885	Co M 16th
Anton	W. B.	Caldwell	15 Jun 1885	Co F 26th
Apple	J. M.	Guilford	6 Jul 1885	Co B 45th
Apple	Mebane	Guilford	30 May 1885	Co I 8th
Arnett	Allen	Richmond	18 Jun 1885	Co C 3rd
Arney	George	Caldwell	6 Jul 1885	Co F 26th
Arrowood	Alfred	McDowell	15 Jun 1885	Co K 22nd
Asby	Noah	Martin	27 Jun 1885	Co H 1st
Askew	John M.	Chowan	6 Jul 1885	Co F 11th
Ausbon	McG.	Washington	30 May 1885	Co H 17th
Austin	Milton S.	Richmond	8 Jun 1885	Co E 52nd
Austin	Thomas A.	Anson	18 Jun 1885	Co B 15th
Avery	C. O.	Sampson	30 Jun 1885	Co D 3rd
Ayers	Hardy L.	Iredell	2 Jul 1885	Co B 27th
Badgett	John R.	Surry	13 Jun 1885	Co B 2nd
Bagwell	S. H.	Henderson	2 Jul 1885	Co C 34th
Bailey	Daniel	Moore	2 Jul 1885	Co H 26th
Bailey	S. J.	Burke	22 Jun 1885	Co B 6th
Bailey	William H.	Iredell	2 Jul 1885	Co D Mallett's Bttn
Baker	D. M.	Alexander	25 Jun 1885	Co G 32nd
Baker	George	Halifax	6 Jul 1885	Co F 13th
Baker	John W.	Gates	1 Jun 1885	Co H 5th
Baker	Jonas	Cleveland	27 Jun 1885	Co C 38th
Baker	R. J.	Cumberland	9 Jul 1887	Co A 51st

date and place soldier was wounded	type of wound	other details
		legislative act
23 Mar 1865 Petersburg VA	lost left leg	
14 May 1864 Drewry's Bluff VA	right lung	
	blind	legislative petition; D. W. Adkins verified service
May 1864 Wilderness VA	lost arm	
Jul 1862 Malvern Hill VA	right arm and face and left thigh	
21 Feb 1865 Burke Co NC	right arm	wounded while hunting deserters
10 Mar 1865 Wise's Fork NC	left knee	
Jan 1865 Fort Fisher NC	lost right leg	
Jul 1863 Gettysburg PA	shot through mouth	
Jul 1863 Gettysburg PA	lost right leg	
		legislative act
Dec 1862 Fredericksburg VA	lost part of left hand	
1864 between Dalton & Atlanta GA	lost eye	native of NC; transferred to Co K 6th NC after being wounded
12 May 1864 Spotsylvania Court House VA	lost right eye	transferred to Co F 5th NC
May 1863 Chancellorsville VA	lost right arm	
		legislative act
Plymouth NC	left hip	
20 Jun 1863 Martinsburg VA (now WV)	lost left arm	
May 1864 Wilderness VA	lost right leg	
1 Jul 1862 Malvern Hill VA	lost left arm	
1 Jul 1862 Malvern Hill VA	left leg	
Dec 1862 Fredericksburg VA	left thigh & chest	
1862 Seven Pines VA	shot through mouth	
19 Oct 1864 Strasburg VA	lost leg	
May 1864 Spotsylvania Court House VA	lost left arm	
14 Oct 1863 Bristoe Station VA	abdomen	
Aug 1863 Harper's Ferry VA (now WV)	right foot	
1863 between Richmond & Petersburg VA	lost left arm	
May 1864 Wilderness VA	right arm	
Jul 1863 Gettysburg PA	right leg	
May 1864 Wilderness VA	right wrist	
May 1863 Chancellorsville VA	both thighs	
3 Jul 1863 Gettysburg PA	left shoulder	
25 Jun 1864 Petersburg VA	left shoulder	
1864 Petersburg VA	lost right arm	letter from Clerk of Court in Rockwell TX gives rank as captain
15 Jun 1864 White Oak Swamp VA	left arm	transferred to Co I 48th regiment Jan 1863
15 Sep 1862 Sharpsburg MD	left hand and both legs	
25 Aug 1864 Reams Station VA	lost left leg	
13 May 1864 Spotsylvania Courthouse VA	right hand	
15 Apr 1862 Richmond & 3 May 1863 (sic) Wilderness VA	right shoulder & right leg	
Jul 1863 Gettysburg PA and May 1864 Wilderness VA	right arm & hand	
Jul 1863 Gettysburg PA	left leg	
14 Sep 1862 Kinston NC	left thigh	
28 Jul 1864 Gravil Hill VA	left ankle	
Sep 1864 Petersburg VA	lost right arm	born Wake County NC
		not wounded, POW at Point Lookout
3 May 1863 Chancellorsville VA	left hand	
30 Sep 1864 Fort Harrison VA	lost right leg and left arm	

Soldier's Last Name	Soldier's First Name	County of Application	Date of Application	Company & Regiment
Baker	William	Jones	18 Jul 1887	Co B 14th
Balch	Jacob A.	Caldwell	3 Jun 1885	Co H 58th
Baldwin	Joseph R.	Ashe	16 May 1885	Co A 26th
Balkcum	W. J.	Sampson	21 May 1885	Co F 20th
Ball	D. N.	Buncombe	6 Jun 1885	Co H 4th
Ball	E. Y.	Iredell	6 Jun 1885	Co H 44th
Ball	L. D.	Granville	5 Jun 1885	Co I 55th
Ball	Robert R.	Franklin	6 Jul 1885	Co E 9th
Ballard	J. M.	Harnett	12 Jan 1897	
Ballard	John M.	Montgomery	19 May 1885	Co H 14th
Banks	Joseph	Madison	22 Jun 1885	Co I 62nd
Barber	Aaron	Stanly	2 Jun 1885	Co D 28th
Barberry	Alexander	Henderson	6 Jul 1885	Co G 56th
Barham	Junius H.	Halifax	27 Jun 1885	Co K 2nd
Barnes	Joshua Lawrence	Washington	5 Jul 1886	Co A 52nd
Barnett	Napolian B.	Henderson	2 Jun 1885	Co I 16th
Barnett	William J.	Duplin	27 Jun 1885	Co A 38th
Barnwell	John A.	Henderson	3 Jun 1885	Co H 25th
Barringer	D. Green	Cabarrus	29 Jun 1885	Co H 14th
Basinger	B. P.	Rowan	8 Jun 1885	Co F 7th
Bass	Henry	Surry	8 Jun 1885	Co B 2nd
Bassinger	John C.	Rowan	8 Jun 1885	Co E 5th
Bassinger	Joseph M.	Rowan	6 Jul 1885	Co B 46th
Bates	William J.	Macon	16 May 1885	Co B 39th
Baucom	Lewis R.	Anson	22 Jun 1885	Co C 8th Artillery
Baynard	Jefferson	Rutherford	15 Jun 1885	Co F 18th
Beal	A. J.	Chatham	4 Jul 1887	Co G 48th
Bealty	Andrew	Gaston	4 Jul 1885	Co B 28th
Beam	H. S.	Gaston	30 Jun 1885	Co H 37th
Beam	J. R.	Iredell	23 May 1885	Co A 33rd
Beam	W. H.	Rowan	18 May 1885	Co K 8th
Beam	William S.	Rutherford	18 May 1885	Co I 7th
Beam	A. R.	Cleveland	4 Feb 1897	
Beam	John Hill	Cleveland		Co C 2nd Jr reserves
Beard	John S.	Cumberland	13 Jun 1885	Co E 8th
Beaty	Andrew	Gaston	30 May 1885	Co B 28th
Beck	William H.	Rowan	1 Jul 1885	Co G 4th
Beddingfield	David L.	Henderson	18 Jun 1885	Co G 35th
Bedsole	Duncan	Cumberland	14 Aug 1885	Co H 46th
Bell	Ottaway S.	Brunswick	6 Jul 1885	Co A 67th
Benfield	James L.	Macon		
Bennett	J. J.	Ashe	15 Jul 1885	Co A 4th
Bennett	William B.	Durham		Co D 15th
Benson	James C.	Rowan	8 Jun 1885	Co B 25th
Bently	Hugh	Alexander	4 May 1885	Co A 7th
Benton	John James	Halifax	16 Jun 1885	Co E 33rd
Benton	Seabron A.	Anson	1 Jun 1885	Co K 26th
Berryhill	J. H.	Mecklenburg	6 Aug 1886	Co G 34th
Berryhill	Pinkney	Mecklenburg	06 Jul 1885	Co K 49th
Best	R. C.	Haywood	01 Jun 1885	Co F 25th
Best	W. R.	Columbus	22 Jun 1885	Co C 18th
Bevill	J. L. C.	Rockingham	03 Jun 1885	Co E 45th
Biddix	Francis	McDowell	3 Jun 1885	Co A 58th
Biggerstaff	G. M.	Rutherford	18 May 1885	Co C 15th
Billingsley	James M.	Anson	06 Jul 1885	Co A 23rd

date and place soldier was wounded	type of wound	other details
12 May 1864 Spotsylvania Court House VA	left arm	
15 May 1864 GA	lost left arm	
Jul 1863 Gettysburg PA	lost leg	
Jul 1863 Gettysburg PA	lost left arm	
Jul 1863 Gettysburg PA	lost left arm	
27 Oct 1864 near Petersburg VA	lost right arm	
1 Jul 1863 Gettysburg PA	left arm	
16 Dec 1861 Centerville VA	lost left arm to accidental gunshot wound	9th infantry was also 1st Cavalry
		legislative act
5 May 1864 Orange Courthouse VA	left hip	
Jun 1863 Vicksburg MS	lost right arm	
27 Jun 1862 Gaines' Mill VA	wrist	
1 Jun 1864 Weir Bottom Church VA	left arm	
18 Aug 1864 White Oak Swamp VA	lost right leg	
28 Nov 1863 Mine Run VA	leg	
May 1863 Chancellorsville VA	lost right arm	
1 Jul 1863 Gettysburg PA	lost left arm	
1 Jul 1862 Malvern Hill VA	both thighs	
May 1864 Wilderness VA	leg	
3 May 1863 Chancellorsville VA	right hip	
1 Jul 1863 Gettysburg PA	hand	
May 1862 Williamsburg VA	groin area	
5 May 1864 Wilderness VA	left hip	
19 Sep 1861(sic) Chickamauga GA	hip	
Mar 1865 Bentonville NC	lost right arm	
Dec 1862 Fredericksburg VA	lost 2 fingers	
Dec 1862 Fredericksburg VA	right leg	
		See Beaty, Andrew
May 1864 Turkey Ridge VA	back and shoulder	
May 1864 Wilderness VA	shoulder	
20 May 1864 Bermuda Hundred VA	lost left leg	
Jun 1864 Cold Harbor VA	knee joint	
		legislative act
	disabled by disease	legislative act
16 May 1864 Drewry's Bluff VA	left leg	
27 Jun 1862 Gaines' Mill VA	lost left arm	
31 May 1862 Seven Pines VA	lost right leg	
25 May 1865 Weir Bottom Church VA	left wrist	
5 May 1864 Wilderness VA	thigh and hip	
8 Mar 1865 Wise Fork NC	arm	
		empty folder
May 1863 Chancellorsville VA	lost right arm; wounded left arm	
	blind	
Sep 1863 Sharpsburg MD	head	
3 Jul 1863 Gettysburg PA	left thigh	
27 Jun 1862 Gaines' Mill VA	left hand	
Jul 1863 Gettysburg PA	lost left leg	
30 Jun 1862 Frazier's Farm VA	right arm	
1864 VA	deafness from shell explosion	
1864 Petersburg VA	lost left hand	
12 May 1864 Spotsylvania Court House VA	lost left eye	
5 May 1864 Wilderness VA	lost right arm	
20 Sep 1863 Chickamauga GA	right hand and arm	
3 Jun 1864 Cold Harbor VA	lost left hand	
1 Jul 1863 Gettysburg PA	lost left arm	

Section II — Disabled Soldier Applications

Soldier's Last Name	Soldier's First Name	County of Application	Date of Application	Company & Regiment
Billups	Joseph R.	Perquimans	13 Jun 1885	Co F 27th
Bingham	John M.	Wilkes	13 Jun 1885	Co K 56th
Bird	A. L.	McDowell	11 Sep 1885	Co K 60th
Bishop	James H.	Duplin	2 Jun 1885	Co C 66th
Bishop	R. M.	Duplin	6 Jul 1885	Co B 1st
Black	Alexander	Harnett	6 Jul 1885	Co C 7th
Black	John	Ashe	6 Jul 1885	Co A 34th
Blackwell	Chestfield	Polk	1 Jun 1885	Co K Holcombe's Legion
Blake	John B.	Pender	29 Jun 1885	Co K 3rd
Blake	Matthias	Hyde		Co H 33rd
Blevins	Calvin	Ashe	6 Jul 1885	Co H 26th
Blevins	Felix	Ashe	6 Jul 1885	Co H 26th
Blute	Michael	Moore	2 Jun 1885	Co A 5th
Boggs	Peter F.	Ashe	6 Jul 1885	Co A 9th
Bolejack	William E.	Forsyth	29 Jun 1885	Co G 21st
Bolin	James W.	Iredell	6 Jul 1885	Co H 4th
Boling	Elijah	Chatham	29 Jun 1885	Co D 35th
Bolton	Joab	Gaston	4 Jul 1887	Co A 8th
Bolton	Terrell	Rowan	26 Jun 1885	Co D 28th
Booker	William E.	Wake	20 Jun 1885	Co D 16th
Boon	W. J.	Durham	9 May 1885	Co A 5th
Bost	Henry M.	Cabarrus	2 Jun 1885	Co F 1st
Bostick	Bryant W.	Duplin	14 May 1885	Co E 30th
Boswell	George T.	Anson	14 May 1885	Co K 43rd
Bovender	J. R.	Yadkin	4 May 1885	Co F 28th
Bowen	Richard	Person	12 May 1885	Co A 24th
Bowers	R. S.	Rowan	3 Aug 1885	Co H 4th
Bowers	Richard J.	Swain	4 May 1885	Co F 29th
Bowman	Wilson	Alexander		
Bradford	David L.	Cabarrus	2 Jun 1885	Co B 20th
Bradshaw	Ashley	Jones	1 Jul 1889	Co K 20th
Brady	B. B.	Randolph	3 Jun 1885	Co L 22nd
Brafford	Eli	Cumberland	18 Jun 1885	Co H 30th
Braxton	Isaac B.	Lenoir	20 Jun 1885	Co C 27th
Brewer	D. E.	Madison	26 Jul 1885	Co E 37th
Brewer	Robert E.	Person	6 Jul 1885	Co C 13th
Brewer	William	Robeson	7 Jun 1886	Co F 51st
Bridges	Thomson W.	Cleveland	9 May 1885	Co H 28th
Brindle	Daniel	Surry	3 Jul 1885	Co I 18th
Brinkley	Alexander	Mitchell	15 Jun 1885	Co A 58th
Britt	Benjamin R.	Pitt	6 Jul 1885	Co A 3rd
Brittain	William E.	Burke	2 Jun 1885	Co H 8th
Brock	Robert	Sampson	27 May 1885	Co C 2nd
Brookfield	Rayner	Rowan	6 Jul 1885	Co C 5th
Brooks	Thomas	Anson	25 May 1885	Co I 53rd
Brothers	James W.	Pasquotank	8 May 1885	Co 56th
Brown	Abraham	Wilkes	4 May 1885	Co F 52nd
Brown	Burrell	Davidson	5 Jul 1885	Co L 21st
Brown	Evans	Orange	12 Aug 1885	Co G 27th
Brown	George H.	Wilkes	24 Jul 1885	Co F 52nd
Brown	Isaac H.	Pender	2 Jun 1885	Co H 3rd
Brown	James J.	Mecklenburg	6 Jul 1885	Co D 7th
Brown	James Z.	Martin	26 Jan 1897	
Brown	Jesse	Lenoir	6 Jul 1885	Co E 66th
Brown	Peter M.	Davidson	25 May 1885	Co B 27th
Brown	Thomas A.	Gates	2 Feb 1897	Co B 5th

date and place soldier was wounded	type of wound	other details
17 Sep 1862 Sharpsburg MD	left ankle	
25 Mar 1865 Petersburg VA	right leg	
2 Jan 1863 Murfreesboro TN	left arm	
6 Jul 1864 Petersburg VA	lost left leg	
Mar 1865 Bentonville NC	wounded several times	
30 Sep 1864 Pelies Farm VA	left thigh	
7 Aug 1864 Petersburg VA	lost left leg	
29 Mar 1865 Petersburg VA	arm and left side	
17 Sep 1862 Sharpsburg MD	lost finger	
	blind	
5 Feb 1865 Petersburg VA	lost right leg	
3 Jul 1863 Gettysburg PA	lost right foot	
1 May 1864 South Mountain MD	right side	
3 Jul 1863 Gettysburg PA	lost left leg	
Oct 1864 near Port Republic VA	lost right foot	
3 May 1863 Chancellorsville VA	right leg	
1 Jul 1862 Malvern Hill VA	right arm	
7 Dec 1864 Big Ogeechee River GA	lost sight in right eye	
May 1864 Wilderness VA	left leg	
1 Jul 1863 Gettysburg PA	left arm	
3 May 1863 Chancellorsville VA	lost left leg	
1 Jun 1864 Ashland Station VA	lost right leg	
5 May 1864 Wilderness VA	left leg	
12 Jul 1864 near Washington DC	right knee	
9 Apr 1865 Petersburg VA	thigh	
20 Apr 1864 Plymouth NC	right arm	
3 May 1863 Chancellorsville VA	left arm	
Dec 1862 Murfreesboro TN	right eye	
		empty folder
19 Sep 1864 Winchester VA	left ankle	
22 Jun 1862 Cold Harbor VA	lost 2 fingers of left hand	
31 May 1862 Seven Pines VA	lost left arm	
27 Jun 1862 Cold Harbor VA	lower jaw	
3 Jun 1864 Cold Harbor VA	left shoulder	
4 May 1863 Chancellorsville VA	right leg	
27 Jun 1862 Cold Harbor VA	left shoulder	
20 May 1863 Drewry's Bluff VA	right shoulder	
3 May 1863 Chancellorsville VA	lost left arm, sight in both eyes	
2 May 1863 Chancellorsville VA	arm	
near Jackson TN	contracted kidney disease	
27 Dec 1863 Mine Run VA	elbow	
22 Dec 1862 Murfreesboro TN	both legs	
20 Jun 1862 Seven Pines VA	lost right arm	
19 May 1864 Spotsylvania Courthouse VA	lost left leg	
1 Jul 1863 Gettysburg PA	right leg	
2 Jun 1864 Petersburg VA	left arm	
6 May 1864 Wilderness VA	left side	
16 May 1864 Drewry's Bluff VA	left thigh	
14 Oct 1863 Bristoe Station VA	lost right arm	
10 May 1862 Spotsylvania Courthouse VA	left leg; lost sight in left eye	
2 Jul 1863 Gettysburg PA	lost right arm	
3 May 1863 Chancellorsville VA	left leg	
1864 Petersburg VA	lost right arm	legislative act
30 Jul 1864 Petersburg VA	right shoulder & hip; left thigh & leg; both feet	
17 Sep 1862 Sharpsburg MD	right leg	
17 Jun 1864 Lynchburg VA	right knee	legislative act

Soldier's Last Name	Soldier's First Name	County of Application	Date of Application	Company & Regiment
Brown	W. C.	Wake	1 Jun 1885	Co I 47th
Brown	W. L.	Mecklenburg	1 Jun 1885	Co K 56th
Brown	Wiley B.	Madison	1 Jun 1885	Co B 2nd
Brown	William	Edgecombe	20 Jun 1885	Co B 44th
Bryan	Joseph E.	Wayne	18 Jun 1885	Co A 2nd
Bryant	David	Cumberland	24 Jun 1885	Co I 36th
Bryson	A. W.	Jackson	18 Feb 1897	
Buchanan	Alex	Mitchell	18 Feb 1897	
Buck	Bryan	Pitt	18 Jun 1885	Co E 4th
Buff	David	Cleveland	1 Jul 1885	Co F 55th
Bullock	James E.	Pitt	7 Jul 1885	Co E 56th
Bullock	James Joseph	Beaufort	7 Jul 1885	Co E 55th
Bumgarner	Andrew	Cleveland	12 Jun 1885	Co K 47th
Bumgarner	Hosea P.	Burke	30 May 1885	Co F 23rd
Bumgarner	James M.	Gaston	12 Jan 1885	Co I 49th
Bundy	James A.	Pasquotank	15 May 1885	Co A 8th
Burgess	A. G.	Randolph	4 May 1885	Co E 8th
Burgess	Franklin	Randolph	6 Jul 1885	Co G 46th
Burgess	R. C.	Yadkin	23 May 1885	Co I 18th
Burkhart	J. F.	Davidson	6 Jul 1885	Co I 42nd
Burnes	J. L.	Washington		
Burnett	J. H.	Franklin	29 Jun 1885	Co G 15th
Burnett	Thomas W.	Buncombe	4 May 1885	Co K 11th
Bushee	James	Surry	1 Jul 1887	Co H 21st
Butler	C. C.	Craven	30 Jun 1885	Co I 44th
Butler	Erwin	Burke	28 May 1885	Co D 11th
Butler	Thomas O.	Buncombe	11 Feb 1886	Co H 29th
Byars	R.	Polk	4 May 1885	Co E 19th
Byrd	Daniel S.	Harnett	18 Jul 1885	Co H 72nd Jr reserves
Byrd	Robert	Swain	18 Jun 1885	Co D 25th
Byrum	Isaac Jr.	Chowan	4 Jul 1885	Co F 11th
Byrum	J. R.	Burke	6 Aug 1885	Co C 12th
Byrum	Jacob D.	Chowan	13 Jun 1885	Co H 68th
Byrum	T. Q.	Wake	18 Jun 1885	Co D 35th
Cain	Anderson	Wilkes	4 May 1885	Co F 52nd
Calder	James	Cumberland	23 Jan 1897	Co E 8th
Calicott	T. C.	Montgomery	6 Jul 1885	Co A 2nd
Callaway	George W.	Madison		
Callaway	J. W.	Buncombe	22 Jun 1885	Co B 16th
Callaway	James M.	Alleghany	30 Jun 1885	Co D 50th
Callaway	John F.	Surry	6 Jul 1885	Co F Dunes Bttn
Callihan	N. A.	Bladen	14 Sep 1903	
Campbell	A. W.	Bladen	28 May 1885	Co K 18th
Campbell	E. L.	Lincoln	2 Jan 1885	Co E 5th
Campbell	John A.	Moore	30 May 1885	Co E 11th
Campbell	John H.	Stokes	4 May 1885	Co H 22nd
Campbell	John W.	Catawba	23 May 1885	Co E 20th
Campbell	William A.	Rowan	23 Jun 1885	Co D 10th
Canady	J. J.	New Hanover	6 Jul 1885	Co E 3rd
Canady	Joseph	Columbus	6 Jul 1885	Co C 18th
Canipe	Daniel	Cleveland	15 Jun 1885	Co F 55th
Canipe	David	Lincoln	13 Jun 1885	Co F 55th

date and place soldier was wounded	type of wound	other details
1 Jul 1863 Gettysburg & Aug 1864 Reams Station VA		right shoulder; left leg
16 May 1864 Petersburg VA	lost right arm	
30 Aug 1864 Jonesboro GA	right arm	
4 May 1864 Wilderness VA	lost left hand; left arm useless	
20 Feb 1865 Fort Anderson NC	left knee	
15 Jan 1865 Fort Fisher NC	right arm	
		legislative act
	left breast	legislative act
19 May 1864 Orange Courthouse VA	lost right hand	
10 May 1864 Spotsylvania Courthouse VA	left shoulder	
1 May 1862 or 1863 Wilderness VA	left thigh	
3 Jul 1863 Gettysburg PA	ankle	
20 May 1864 Drewery's Bluffs VA	left hand	
19 Sep 1864 Winchester VA	jaw	
2 Jul 1862 Malvern Hill VA	chest	
20 Mar 1865 Kinston NC & Aug 1864 Petersburg VA	both thighs; side	
1 Jul 1863 Charleston SC	above the right eye & right leg	current occcupation: trader in horse stock
2 Jun 1864 Camp Horton VA	hip & hand	
13 Dec 1862 Fredericksburg VA	left shoulder	
4 Aug 1862 Bunksville VA	lost left arm	
		empty folder
13 Dec 1862 Fredericksburg VA	right arm	
1 Jul 1863 Gettysburg PA	left arm	
Sep 1862 Sharpsburg MD	right arm	
14 Oct 1863 Bristoe Station VA	left leg	
Aug 1863 Burke Co NC	left arm	
30 Mar 1865 near Spanish Fort FL	left hip	
10 Jun 1864 Petersburg VA	left arm & side	
28 Dec 1864 Bald Head Island NC	taken sick; no specific disability cited	
7 Jul 1862 Malvern Hill VA	lost left arm	
3 Jul 1863 Gettysburg PA	lost left leg	
19 Sep 1864 Winchester VA	lost left arm	
15 Aug 1864 near Morganton NC	lost right leg	
1 Apr 1863 Five Forks VA	paralysis of right leg	
1 Oct 1864 near Petersburg VA	lost right foot	
		legislative act
3 May 1863 Chancellorsville VA	both thighs	
	blind	
20 Aug 1863 Manassas VA	lost right leg	
9 Jul 1864 Frederick MD	lost left arm	
29 Aug 1864 Bunkersville VA	left leg	
		removed from pension list for desertion
3 Jul 1863 Gettysburg PA	left foot	
13 Dec 1862 Fredericksburg VA	lost arm	
27 Oct 1864 Stoney Creek VA	right arm	
2 May 1862 Chancellorsville VA	left leg	
3 Jul 1863 Gettysburg PA	lost left arm	
3 Jul 1863 Gettysburg PA	arm	
5 May 1864 Wilderness VA	hip	
1863 Fort Fisher NC	paralyzed by a cannon falling on him	
2 Jul 1863 Gettysburg PA	chest	
9 May 1864 Spotsylvania Courthouse VA	lost arm	

Soldier's Last Name	Soldier's First Name	County of Application	Date of Application	Company & Regiment
Cannady	James	Onslow	13 Jun 1885	Co B 24th
Cantrell	John	Rockingham	15 Jun 1885	Co E 45th
Canup	Henry A.	Rowan	28 Mar 1885	Co G 18th
Carlyle	James	Henderson	11 Jun 1885	Co H 50th
Carpenter	William N.	Mitchell	1 Jun 1885	Co A 58th
Carroll	Noah	Yancey	3 Jun 1885	Co B 54th
Carroll	Wiley	Wake	27 Jun 1885	Co D 26th
Carroll	William	Orange		
Carter	Isaac M.	Ashe	1 Jun 1885	Co A 26th
Carter	James K. P.	Rockingham	1 Jun 1885	Co D 45th
Carter	John A.	Chatham	18 Jun 1885	Co E 26th
Carter	Joseph	Cumberland	6 Jul 1885	Co F 20th
Carter	Pleasant H.	Stokes	8 Jun 1885	Co H 13th
Carter	Robert	Rowan	3 Aug 1885	Co B 20th
Carter	S. S.	Bladen	18 Jun 1885	Co G 26th
Carteret	Luke R.	New Hanover	18 Jun 1885	Co H 51st
Carver	Joshua	Cumberland	1 Jul 1885	Co D 51st
Case	James	Buncombe	6 Jun 1885	Co D 39th
Case	Thomas D.	Buncombe	29 Jun 1885	Co D 39th
Caston	E. M.	Jones	28 Apr 1885	Co A 55th
Cathey	J. L.	Cabarrus	1 Jun 1885	
Cathey	William	Mecklenburg	16 May 1885	Co E 11th
Cauble	Green	Rowan	1 Jun 1885	Co B 42nd
Cauble	John	Cabarrus	8 Jun 1885	Co E 59th
Cauble	Pleasant H.	Rowan	30 Jun 1885	Co K 5th
Cave	A. R.	Surry	2 Jun 1885	Co B 2nd
Chambers	Thomas	Davie	13 Feb 1897	
Chambley	William	Orange	22 May 1885	Co C 6th
Chaner	John R.	Wayne	4 May 1885	Co G 55th
Chapman	Henry	Union	26 May 1885	Co A 48th
Chapman	T. H.	Alexander	2 Jul 1885	Co G 37th
Chappell	Parks	Richmond	30 Jun 1885	Co D 23nd
Chatham	J. W.	Person	6 Jul 1885	Co E 35th
Chatham	John C.	Caswell	6 Jul 1885	Co H 4th
Cherry	John L.	Martin	2 Jun 1885	Co A 17th
Cherry	McG. L.	Martin	1 Jun 1885	Co E 55th
Childers	Noah A.	Alexander	5 Jul 1880	Co F 2nd
Childers	William	Wilkes	8 Jun 1885	Co C 56th
Chisenhall	James R.	Durham	19 Jun 1885	Co D 1st
Choplin	Wesley	Yadkin	2 Sep 1886	Co F 28th
Christie	Henry	Halifax	28 May 1885	Co G 12th
Christopher	John M.	Haywood	4 Jul 1885	Co I 62nd
Christy	Thomas	Iredell	28 May 1885	Co A 4th
Clark	D. D.	Columbus	13 Jun 1885	Co H 51st
Clark	John H.	Beaufort	27 Apr 1885	Co G 19th
Clark	Samuel	Granville	15 Jun 1885	Co E 23rd
Clay	J. M.	McDowell	1 Jul 1885	Co D 11th
Clayton	M. T.	Person	1 Jul 1885	Co E 35th
Cleaver	A.	Iredell	1 Jul 1885	Co I 7th
Cline	Gibson	Cabarrus	26 Jun 1885	Co B 20th
Clingman	Thomas L.	Yadkin	17 Feb 1897	
Clodfelter	Jacob H.	Davidson	4 Jul 1885	Co H 14th
Cloninger	Elkana	Catawba	30 May 1885	Co A 12th
Cobb	Gaston D.	Alamance	7 Jul 1884	Co I 8th

date and place soldier was wounded	type of wound	other details
13 Dec 1862 Fredericksburg VA	lost leg	
3 Jul 1863 Gettysburg PA	right arm	
Oct 1863 Corinth MS	left leg	
1 Feb 1865 Egypt MS	left arm	
1 Dec 1864 AL	fell while sick and injured his shoulder	
30 May 1865 Point Lookout MD	kicked by a horse in the foot	taken prisoner at Petersburg VA
21 Aug 1864 near Petersburg VA	lost right arm	
		no application, just a note with no details
1 Jul 1863 Gettysburg PA	lost left leg	
11 Jul 1864 District of Columbia & Winchester VA	left foot; head wound that caused dizziness; lost fingers on left hand	
1 Jul 1863 Gettysburg PA	lost right eye	
Jun 1863 Cold Harbor VA	right leg	
3 May 1863 Chancellorsville VA	lost 3 fingers & part of right hand	
Jul 1863 Gettysburg PA	hip	
10 Mar 1865 Kinston NC	lost right arm	
27 Jun 1862 Cold Harbor VA	partially paralyzed & blind in one eye from powder burns	
1863 Charleston SC	lost one finger; wounded in left knee	
Apr 1864 Resaca GA	hip	
19 Jul 1864 Chattahoochee River GA	lost right arm	
17 Jun 1864 Petersburg VA	lost finger on left hand	
		no application, just complaints about missing checks
1 Jul 1863 Gettysburg PA	lost left arm	
Dec 1863 near Tarboro NC	lost left eye & sight in right eye	
3 Jul 1863 Gettysburg PA	left arm	
1 Jul 1863 Gettysburg PA	lost arm	
25 Mar 1864 Petersburg VA	right leg	
		legislative act
1862 Seven Pines VA; 1861 First Battle of Manassas		left eye & left leg
May 1864 Wilderness VA	lost left leg	
17 Sep 1862 Sharpsburg MD	lost arm	
3 May 1863 Chancellorsville VA	jaw	
19 Sep 1864 Winchester VA	lost right arm	
14 May 1864 Drewry's Bluff VA	chest	
14 May 1864 Rappahannock Station VA	leg	
20 May 1864 Bermuda Hundred VA	head	
1 Jul 1863 Gettysburg PA	lost right leg	
Stasburg VA	lost both hands or lost a leg	
8 Apr 1864 Drewry's Bluff VA	check & shoulder	
23 Mar 1861 Stony Creek VA	thrown from car of moving train	
1 Sep 1862 Ox Hill VA	left elbow	
27 Jun 1862 Cold Harbor VA	right arm	
Camp Douglas IL	lost most of his sight from Smallpox while a POW	
6 May 1863 Spotsylvania Courthouse VA	both thighs	
20 May 1864 Petersburg VA	breast & thigh	
5 Jul 1862 Trenton NC	left hip	
4 May 1864 (sic) Chancellorsville VA	lost right leg	
3 Jul 1863 Gettysburg PA	lost eye	
9 Apr 1863 Plymouth NC	lost left leg	
27 Jun 1862 Cold Harbor VA	partially blind	
2 Jul 1863 Gettysburg PA	leg	
		legislative act
5 May 1864 Spotsylvania Courthouse VA	hip	
1 Jul 1862 Malvern Hill VA	lost right arm	
1863 Battery Wagner SC	lost sight in right eye	a doctor; served as Commissioner of Alamance Co

Soldier's Last Name	Soldier's First Name	County of Application	Date of Application	Company & Regiment
Cobb	Kinchen	Greene	6 Jul 1885	
Cobb	M. H.	Guilford	6 Jul 1885	Co G 22nd
Cochran	George W.	Catawba	2 Jun 1885	Co G 37th
Cockerham	P. H.	Surry	20 Jul 1885	Co H 21st
Coe	Jacob	Alamance	15 Jun 1885	Co I 8th
Coffey	A. N.	Caldwell	1 Jun 1885	Co H 5th
Coffey	B. M.	Mecklenburg	4 Jul 1887	Co H 11th
Coffey	Rufus	Caldwell	2 Jun 1885	Co I 26th
Coley	G. H.	Wayne	14 Jul 1885	Co K 27th
Collins	John	Craven	16 Jun 1885	Co B 24th
Collins	W. G.	Washington	6 Jul 1885	Co G 1st
Collis	John	Mitchell	9 Jun 1885	Co C 16th
Coltrain	John D.	Martin	17 Jun 1885	Co H 1st
Comestock	Lewis B.	Washington	27 Jun 1885	Co G 17th
Conaway	Oscar	Onslow	8 Jun 1885	Co K 61st
Connell	John A.	Burke	1 May 1885	Co B 11th
Connell	Wyatt	Durham	29 Jun 1885	Co G 30th
Conner	H. P.	Henderson	1 Jun 1885	Co A 25th
Conner	J. W.	Henderson	29 Jun 1885	Co H 25th
Cook	John	Ashe	20 Jun 1885	Co A 37th
Cook	John	Rutherford	16 May 1885	Co C 34th
Cook	Levi H.	Chatham	19 Jun 1885	Co A 5th
Cook	Noah	Lincoln	19 Jun 1885	Co F 55th
Cook	Robert B.	Iredell	11 Jun 1885	Co C 4th
Cook	Stephen	Mecklenburg		
Cooper	W. A.	Currituck	10 Jun 1885	Co B 61st
Corbett	E.	Rutherford		
Corbett	William E.	Perquimans	8 Aug 1885	Co E 33rd
Core	William	Guilford		
Cormack	Thomas	Craven	17 Jun 1885	Co C 61st
Corriker	Richard A.	Rowan	22 May 1885	Co K 57th
Corum	W. J.	Rockingham	15 Feb 1897	Co H 45th
Courtney	A. H.	Caldwell	1 Jun 1885	Co F 26th
Cox	I. John	Carteret	24 Jun 1885	Co H 20th
Cox	James H.	Forsyth	20 Jun 1885	Co I 33rd
Cox	James H.	Northampton	23 May 1885	Co H 19th
Cox	John L.	Moore	2 Jun 1885	Co H 30th
Craig	Alfred H.	Caldwell	29 Apr 1885	Co H 58th
Craig	Samuel W.	Union	15 Jun 1885	Co F 35th
Cranford	Henry G.	Rowan	12 Jun 1885	Co A 57th
Cranford	Joel	Randolph	3 Jun 1885	Co K 34th
Crawford	Joseph A.	Jackson	4 Jul 1885	Co H 62nd
Crews	George E.	Rockingham	25 May 1885	Co D 45th
Crites	D. S.	Yancey	22 Jun 1885	Co C 16th
Critman	Sion	Nash	22 Jun 1885	Co C 7th
Cross	Silas	Davidson	27 Jun 1885	Co B 48th
Crowell	William F.	Stanly	2 Jun 1885	Co K 28th
Culp	John	Mecklenburg	23 Jun 1885	Co F 49th
Curl	William M.	Warren	3 Aug 1885	Co C 12th
Cutrell	William R.	Hyde	13 Jun 1885	Co C 4th
Cutts	Alexander	Durham	18 Jun 1885	Co D 36th
Dail	Thomas J.	New Hanover	1 Jul 1885	Co D 36th
Dale	John H.	McDowell	5 Jul 1885	Co B 22nd
Dalton	John Z.	Stokes	6 Jul 1885	Co H 4th

date and place soldier was wounded	type of wound	other details
Mar 1862 New Bern NC	lost right arm	application names officers but not regiment
3 May 1863 Chancellorsville VA	leg; lost sight in left eye	
3 May 1863 Chancellorsville VA	left leg	
25 May 1862 Winchester VA	left hand & right shoulder	
6 Sep 1862 Washington NC	lost finger on left hand	
18 May 1864 Cass Station GA	right hand	
1 Jul 1863 Gettysburg PA	lost left leg & right eye	
6 May 1864 Wilderness VA	lost right arm	
6 May 1864 Wilderness VA	left hand	
17 Apr 1864 Plymouth NC	lost right leg	
17 Sep 1862 Sharpsburg MD	ankle	
28 Jun 1862 near Richmond VA	left shoulder	
19 Oct 1863 Cedar Creek VA	left thigh	
3 Jul 1864 Petersburg VA	hand & right thigh	
Jul 1864 Fort Wagner SC	lost leg	
16 Dec 1862 Whitehall NC	right foot	
12 May 1864 Spotsylvania Courthouse VA	right elbow	
17 Jun 1862 Seven Pines VA	both legs	
25 Mar 1865 Petersburg VA	left leg	
15 Aug 1864 Reams Station VA	right arm	
3 May 1863 Chancellorsville VA	face & shoulder	
1 Jul 1863 Gettysburg PA	lost left arm	
3 May 1863 Suffolk VA	lost leg	
1863 Guinea Station VA & May 1863 Chancellorsville VA	both arms	
		empty folder
22 Jun 1864 Petersburg VA	hips	
		empty folder
1862 near Richmond VA	left hand	
		no application
3 Jun 1864 Cold Harbor VA	right arm & side	
13 Dec 1863 Fredericksburg VA	lost left arm	
9 May 1864 Spotsylvania Courthouse VA	lost finger on left hand	
2 Jul 1863 Gettysburg PA	lost left leg	
19 Sep 1864 Winchester VA	left shoulder	
14 Mar 1862 New Bern NC	left shoulder	
19 Jun 1863 Middleburg VA	lost left leg	
1 Jul 1862 Malvern Hill VA	right arm	
20 Sep 1863 Chickamauga GA	chest	
3 Aug 1864 Petersburg VA	lost right eye	
4 May 1863 Chancellorsville VA	left side	
5 May 1864 Orange Courthouse VA	lost right arm	
	blind	was in Camp Douglas IL POW
1 Apr 1865 Petersburg VA	left hand	
3 Jul 1863 Gettysburg PA	lost right arm	
2 Aug 1862 Manassas VA	lost left eye	
17 Sep 1862 Sharpsburg MD	lost left arm	
Jun 1864 Gaylersburgh	leg	legislative act
4 May 1864 Drewry's Bluff VA	right knee	
19 Sep 1864 Winchester VA	left hand	
8 May 1862 Chancellorsville VA	right shoulder & hip	
20 Nov 1864 Fort Fisher NC	lost right eye	
15 Sep 1863 Fort Caswell NC	injured while lifting heavy items	
1 Jul 1863 Gettysburg PA	lost leg	
31 May 1862 Seven Pines VA	ankles & right shoulder & deaf in right ear	shell explosion

Section II — Disabled Soldier Applications

Soldier's Last Name	Soldier's First Name	County of Application	Date of Application	Company & Regiment
Danford	Abram	Brunswick	5 Jul 1885	Co C 30th
Davis	D. D.	Stanly	2 Jun 1885	Co D 28th
Davis	E. F.	Warren		
Davis	Edmund M.	Anson	16 Jun 1885	Co K 26th
Davis	Elijah	Ashe	2 Jul 1885	Co F 52nd
Davis	Elijah	Lenoir	7 Jul 1885	Co C 2nd
Davis	George P.	Cleveland	20 Jun 1885	Co C 55th
Davis	Hampton	Anson	3 Jun 1885	Co I 17th
Davis	Jackson	Pender	6 Jul 1885	Co K 5th
Davis	James L. G.	Edgecombe	3 Jun 1885	Co G 17th
Davis	L. C.	Yadkin	6 Jul 1885	Co B 38th
Davis	Lorenza D.	Buncombe	1 Jun 1885	Co H 2nd
Davis	M. Thomas	Pender	25 Jun 1885	Co A 35th
Davis	Norfleet F.	Northampton	1 Jul 1885	Co K 48th
Davis	Simon Drewry	Swain	1 Jun 1885	Co B 34th
Davis	Solomon	Madison	4 May 1885	Co D 2nd
Davis	Thomas	Cleveland	4 Jul 1885	Co B 25th
Davis	Thomas E.	Chatham	26 Jun 1885	Co E 26th
Davis	V. J.	Franklin	1 Jun 1885	Co G 23rd
Davis	William	Cabarrus	22 Jun 1885	Co C 4th
Dawson	Benjamin	Lenoir	22 Jun 1885	Co C 27th
Dawson	Simon	Lenoir	12 Aug 1885	Co C 27th
Dayton	D.	Yancey		
Dean	B. H.	Johnston	29 Jun 1885	Co C 5th
Dean	Sidney	Anson	1 Jun 1885	Co I 43rd
Dearmond	James B.	Mecklenburg	22 Jun 1885	Co F 49th
Debrule	William B.	Jones	12 May 1885	Co D 43rd
Dellinger	Philip H.	Gaston	27 Jun 1885	Co I 11th
Demarcus	A. L.	Cabarrus	2 Jun 1885	Co H 7th
Denning	James W.	Hertford	3 Jul 1885	Co K 59th
Dent	A. T.	Vance	30 May 1885	Co I 55th
Denton	James	Edgecombe	1 Jun 1885	Co B 33rd
Denton	John B.	Franklin	1 Jun 1885	Co K 12th
DePriest	Jesse R.	Cleveland	22 Jun 1885	Co G 14th
Dertz	C.	Catawba		
Deyton	D. M.	Yancey	2 Jun 1885	Co B 58th
Dickens	Reden Anderson	Halifax	13 Jun 1885	Co K 1st
Dickson	Harrell	Duplin	13 Jun 1885	Co E 30th
Dillinger	Philip E.	Gaston		
Dillon	B. E.	Iredell	27 Jun 1885	Co H 4th
Dills	A. Marion	Macon	6 Jul 1885	Co G 1st
Dishman	Silas	Watauga	2 Jul 1885	Co C 54th
Dixon	H. O.	Edgecombe	14 Aug 1885	Co F 30th
Dixon	James Thomas	Pitt	25 Jun 1885	Co I 44th
Dixon	Warren D.	Vance	5 Jul 1885	Co E 35th
Dixon	William	Vance	2 Jul 1889	Co A 24th
Dodson	George W.	Forsyth	2 Jun 1885	Co H 22nd
Dowdy	A. B.	Moore	6 Jul 1885	Co C 35th
Dowdy	Edmund	Currituck	1 Jun 1885	Co B 8th
Downs	John S.	Cleveland	10 Jun 1885	Co D 2nd
Drake	Wade	Cabarrus	20 Apr 1885	Co C 47th
Duggins	Adam V.	Stokes	2 Jun 1885	Co M 21st
Duggins	William B.	Stokes	22 Jun 1885	Co H 22nd

date and place soldier was wounded	type of wound	other details
27 Jun 1862 Cold Harbor VA	shot in face	
3 Jul 1863 Gettysburg PA	lost left leg	
		empty folder
10 Oct 1862 near Petersburg VA	lost left arm	
17 Dec 1862 Goldsboro NC	lost left foot	
1 Jun 1864 Leesburg VA	lost 2 fingers of left hand	
1 Jul 1863 Gettysburg PA	lost left arm	
19 Oct 1864 Cedar Creek VA	lost left leg	
1862 TN	leg	RR acident
10 Mar 1865 Kinston NC	lost left leg	
5 May 1863 Fredericksburg VA	right leg	
1 Jul 1863 Gettysburg PA	blind in right eye	
31 Jul 1864 Petersburg VA	lost right arm	
1 Jan 1864 Hamilton NC	left leg disabled by disease	
2 May 1863 Chancellorsville VA	lost leg	
2 Jul 1864 (sic) Gettysburg PA	lost arm	
2 May 1863 Chancellorsville VA	lost left arm	
10 Nov 1861 near Morehead City NC	lost left arm	
1 Sep 1862 Manassas VA	lost left leg	
25 Jun 1864 Cold Harbor VA	hip	
17 Sep 1863 Sharpsburg MD	shoulder & chest	
25 Aug 1864 Briscoe Station VA & Reams Station VA	lost finger on left hand; right arm and mouth wounded	
		empty folder
1864 Wincester VA	mouth, leg, neck & shoulder	
3 Jul 1863 Gettysburg PA	right arm	
10 Aug 1864 Petersburg VA	lost leg	
1 Jul 1863 Gettysburg PA	lost sight in right eye	
4 May 1864 Wilderness VA	lost right leg	
28 Jul 1864 Richmond VA	left arm	
29 Mar 1865 Five Forks VA	left hand	
1 Jul 1863 Gettysburg PA	lost arm & leg	
8 Sep 1864 Petersburg VA	lost right arm	
9 Jul 1864 Monocacy Junction VA	lost arm	
5 Nov 1862 Shenandoah River VA	lost leg	
		empty folder
		complained of disease that incapacitated him
2 Jul 1862 Malvern Hill VA	hand	
30 Jun 1862 Seven Days VA	lost part of his skull	
		empty folder
27 Jun 1862 Cold Harbor VA & 24 May 1863 Hanover Junction VA	chest & left thigh	
22 Sep 1864 Shenandoah Valley	lost right leg	
1 Jul 1862 near Richmond VA	right knee	
7 Nov 1863 Kelly Ford VA	left leg	
25 Mar 1865 near Petersburg VA	lost left thumb	
17 Jun 1864 Petersburg VA	lost leg	
1 Jan 1864 Petersburg VA	lost an eye	
11 May 1864 Spotsylvania Courthouse VA	left thigh	
17 Sep 1862 Sharpsburg MD	lost left arm	
3 Jul 1864 Cold Harbor VA	neck	
Mar 1865 Bentonville NC	lost fingers on left hand	
Apr 1862 New Bern NC	right leg	
13 Dec 1862 Fredericksburg VA	right wrist	
3 May 1863 Chancellorsville VA	thigh	

Soldier's Last Name	Soldier's First Name	County of Application	Date of Application	Company & Regiment
Duke	Henley T.	Franklin	3 Jul 1886	Co C 12th
Dulin	Daniel	Mecklenburg	4 Jul 1885	Co H 11th
Duncan	George	Person	11 Feb 1897	
Duncan	J. F.	Henderson		
Duncan	William	Mitchell	4 Jul 1885	Co I 29th
Dunn	Bennett	Pitt	22 Jul 1885	Co E 3rd
Dunn	C. McG.	Bladen	20 Jun 1885	Co K 18th
Dunn	D. W.	Pitt	4 Jul 1885	Co E 43rd
Dunn	Thomas	Pender	11 May 1885	Co E 1st
Dunton	Joseph S.	Currituck	5 Jun 1885	Navy
Dupree	John Q.	Wayne	6 Jul 1885	Co E 24th
Dwyer	Bartholow	Wilson	19 May 1885	Co G 5th
Eakes	Albert	Granville	8 May 1885	Co K 55th
Eakes	Madison	Durham	30 Jun 1885	Co I 23rd
Earls	J. S.	Cleveland	2 Jun 1885	Co F 34th
Earnhart	William	Burke	21 May 1885	Co C 33rd
Eaton	James A.	Gaston	16 May 1885	Co A 12th
Edge	Leonard	Bladen	6 Jun 1885	Co F 24th
Edwards	A. D.	Lincoln	19 Jun 1885	Co C 28th
Edwards	Weldon N.	Haywood	12 Jun 1885	Co C 62nd
Eidson	M. F.	Iredell	1 Jun 1885	Co C 48th
Eller	Calvin	Ashe	10 Feb 1897	
Eller	Farley	Rowan	8 Jun 1885	Co D 10th
Eller	Hamilton	Rowan	8 Jun 1885	Co K 5th
Eller	Milton	Wilkes	6 Feb 1897	
Eller	Samuel	Rowan	4 Jul 1885	Co H 23rd
Ellis	J. W.	Polk		
Ellis	James	Person	16 Jun 1885	Co A 24th
Ellis	Jasper	Wake	18 Jun 1885	Co E 14th
Emerson	James H.	Chatham	6 Jul 1885	Co K 12th
Emerson	John S.	Surry	25 May 1885	Co B 2nd
English	James W.	Onslow	13 Jun 1885	Co D 3rd
Enloe	T. J.	Henderson	8 May 1885	Co A 25th
Epley	A. R.	Burke	1 Jul 1885	Co A 6th
Ervin	A. B.	Iredell	6 Jul 1885	Co C 4th
Ervin	Columbus M.	Mecklenburg	15 Aug 1885	Co D 14th
Eskridge	R. C.	Cleveland	1 Jun 1885	Co C 55th
Eudy	William H.	Stanly	16 Mar 1886	Co F 5th
Eure	Abram	Gates	6 Jul 1885	Co C 2nd or 19th
Eure	Roden	Gates	2 Jun 1885	Co H 5th
Evans	G. H. W.	Caswell	5 Jul 1886	Co E 59th VA
Evans	J. G.	Guilford	5 Jul 1885	Co D 1st
Evans	James	Currituck	22 Jun 1885	Co B 8th
Evans	John M.	Caswell	6 Jul 1885	Co H 6th
Evans	Lewis H.	Lenoir	6 Jul 1885	Co K 2nd
Everitt	E. G.	Halifax	22 May 1885	Co K 1st
Ewing	Thomas M.	Richmond	23 Jun 1885	Co F 2nd
Ezzell	John K.	Sampson	2 Jun 1885	Co F 2nd
Ezzell	Joseph C.	Duplin	1 Jun 1885	Co B 51st
Falls	Joseph O.	Cleveland	6 Aug 1885	Co D 14th
Farmer	B. D.	Wilson	8 Jun 1885	Co C 43rd
Farmer	James C.	Wilson	22 May 1885	Co F 4th
Farmer	Thomas	Bertie	29 May 1885	Co F 5th

date and place soldier was wounded	type of wound	other details
15 Sep 1864 Bunker Hill VA	right leg	
5 Jul 1863 Gettysburg PA	left leg	
		legislative act
	blind	d. before 15 Apr 1885
1 Jan 1863 Stone River TN	left thigh	
Jul 1863 Gettysburg PA	lost left leg	
3 May 1863 Chancellorsville VA	lost right thumb	
2 Apr 1865 Petersburg VA	lost right arm	
30 Jun 1862 Malvern Hill VA	arm	
1863 or 1864 Albemarle Sound near Plymouth NC	lost sight in one eye	
13 May 1864 Drewry's Bluff VA	lost leg	
NC	right leg	
3 Jul 1863 Gettysburg PA	lost left arm	
1 Jul 1863 Gettysburg PA	lost leg	
26 Jun 1862 near Richmond VA	right arm	
3 May 1863 Chancellorsville VA		
10 May 1862 Spotsylvania Courthouse VA	pelvic bone & bladder	
23 Jul 1862 Seven Days VA	lost left arm	
24 May 1864 Hanover Junction VA	lost left leg	
Jul 1864 Camp Douglas IL	lost sight due to inflammation	captured 9 Sep 1863 Cumberland Gap; released 4 Mar 1865
15 Jun 1864 Richmond VA	lost left leg	
		legislative act
24 May 1864 near Spotsylvania Courthouse VA	lost fingers when gun accidentally discharged	
31 May 1862 Seven Pines VA	left arm	
		legislative act
1 Jul 1863 Gettysburg PA	lost left leg	
		empty folder
18 Apr 1863 Plymouth NC	left arm	
19 Sep 1864 Winchester VA	right arm	
12 May 1864 Wilderness VA	right leg & hip and right arm	
5 May 1864 Wilderness VA	abdomen	
17 Sep 1862 Sharpsburg MD	lost an eye	
1 Jul 1862 Malvern Hill VA	hip & thigh	
		incapacitated by rheumatism since 1862
May 1862 Seven Pines VA	left shoulder & left leg & face	
12 May 1864 Spotsylvania Court House VA	lost right eye after illness	
3 Jul 1863 Gettysburg PA	lost right arm	
1 Jul 1863 Getttysburg PA	left arm & left knee & lost finger on right hand	
15 Sep 1864 near Petersburg VA	right leg	two applications with different regiments
31 Mar 1862 Richmond VA	left hip	
29 Jul 1864 Petersburg VA	lost eye	resided Caswell Co NC but joined in Halifax Co VA
2 Jul 1863 Gettysburg PA	lost right arm	
2 Jun 1864 Cold Harbor VA	left hip	
21 Jul 1861 Manasses VA	lost right hand	
13 May 1864 Spotsylvania Courthouse VA	right foot & arm	
3 Jul 1864 (sic) Gettysburg PA	right thigh	
16 Aug 1864 Ganysburg NC (sic)	near the spine	
1 Jul 1863 Gettysburg PA	right hand & left arm	
1 Jun 1864 Cold Harbor VA	lost left arm	
3 Jul 1863 Gettysburg PA	lost right arm	
1 Jul 1863 Gettysburg PA	left arm	
31 May 1862 Seven Pines VA	left shoulder	
1863 Cedar Run VA	lost fingers on right hand	

Soldier's Last Name	Soldier's First Name	County of Application	Date of Application	Company & Regiment
Faulkner	James D.	Vance	12 Jun 1885	Co D 8th
Featherston	C. H.	Forsyth	29 Jan 1885	Co D 45th
Fenton	Edwin F.	Anson	6 Jun 1885	Co C 14th
Ferrell	W. W.	Wake	6 Feb 1886	Co G 7th
Fesperman	John E.	Stanly	23 May 1885	Co K 28th
Fields	Bartholomew	Lenoir	9 Jun 1885	Co C 27th
Fields	J. N.	Sampson	6 Jul 1885	Co E 26th
Fields	William H.			
File	Reuben	Rowan	3 Jun 1885	Co C 57th
Fincher	John M.	Union	24 Jun 1885	Co F 48th
Fink	J. H.	Iredell	24 Feb 1887	Co A 33rd
Fink	Reuben P.	Cabarrus	10 Jun 1885	Co G 7th
Fipps	Waterman	Columbus	15 Jun 1885	Co D 20th
Fisher	J. H.	Sampson	6 Jul 1885	Co D 36th
Fisher	W. C.	Nash	27 May 1885	Co K 15th
Fleming	George H.	Franklin	30 Jul 1885	Co C 46th
Flemming	W. J.	McDowell	3 Jun 1885	Co A 49th
Flinn	M. W.	Madison	6 Jul 1885	Co I 34th
Flowers	J. P.	Hyde	18 Jun 1885	Co H 33rd
Flowers	Zion B.	Hyde	21 Apr 1877	Co H 33rd
Flynt	John P.	Forsyth	20 Jul 1887	Co D 57th
Foddrell	John F.	Stokes	1 Jun 1885	Co H 22nd
Forkner (Fortner)	James	Yadkin	21 Mar 1877	Co B 44th
Forrest	Calvin	Greene	1 Jun 1885	Co G 8th
Forrester	Manly	Chatham	1 Jun 1885	Co E 26th
Fortune	R. L.	Transylvania	13 May 1885	Co E 25th
Foster	Benjamin	Davie	20 Feb 1897	
Foster	E. B.	Onslow	13 Jun 1885	Co A 35th
Foster	John S.	Iredell	27 Feb 1886	Co F 52nd
Foster	P. A.	Wilkes	23 Feb 1897	
Fox	David	Catawba/ Alexander	6 Jul 1885	Co F 47th
Fox	Henry	Watauga	6 Jul 1885	Co F 22nd
Frances	Uriah	Surry	15 Jun 1885	Co C 21st
Franklin	Eli	Burke	12 Jul 1885	Co E 16th
Franklin	Jacob	Macon	27 Jun 1885	Co F 39th
Frazier	A. J.	Rowan	6 Jul 1885	Co E 27th
Frazier	N. R.	Guilford	6 Jul 1885	Co B 45th
Freeman	George W.	Henderson	2 Jun 1885	Co B 35th
Freeman	James A.	Cabarrus	27 Jun 1885	Co B 7th
French	Joseph	Craven	4 Jul 1885	Co I 6th
Fry	A. B.	Moore	1 Aug 1885	Co H 26th
Fry	Calvin	Rowan	31 May 1885	Co H 14th
Fry	G. T.	Moore	9 Jun 1885	Co H 26th
Fry	Jacob P.	Watauga	1 Jun 1885	Co B 42nd
Fulcher	Silas	Craven	1 Jun 1885	Co F 2nd
Fulhum	S. C.	Mecklenburg	15 Jun 1885	Co B 20th
Fulk	Jacob	Forsyth	6 Jul 1885	Co K 48th
Fulton	Francis	Stokes	2 Jun 1885	Co I 33rd
Furches	Samuel W.	Watauga	12 Jun 1885	Co F 13th
Furgerson	W. R.	Brunswick	6 Jul 1885	Co A 37th VA
Fussell	A. G.	Edgecombe	11 Jun 1885	Co E 30th
Futrell	B. G.	Northampton	11 Jun 1885	Co B 1st Cavalry

date and place soldier was wounded	type of wound	other details
Oct 1863 Fort Harrison VA	lost leg	
10 May 1864 Spotsylvania Courthouse VA	left hip	
5 May 1863 Chancellorsville VA	lost left arm	
29 Jun 1862 Frazier's Farm VA	lost right arm	moved to Durham 1886
31 May 1864 Cold Harbor VA	lost right arm	
17 Sep 1862 Sharpsburg MD	lost right leg	
6 May 1863 (sic) Gettysburg PA	lost left arm	
		empty folder
19 Oct 1864 Cedar Creek VA	elbow	
3 Jun 1864 Cold Harbor VA	lost left eye	
Apr 1862 Wilderness VA	right leg	
3 May 1863 Chancellorsville VA	lost right arm	
14 Sep 1862 South Mountain MD	left arm & right shoulder	
15 Jan 1865 Fort Fisher NC	head & arm	
15 May 1864 Wilderness VA	left elbow	
10 May 1864 Graves Farm VA	"lost left arm, wounded in right hand"	
13 Dec 1862 Fredericksburg VA	right arm	
29 Aug 1862 Manassas VA & 26 Aug 1864 Reams Station VA	left shoulder; hip	
13 Dec 1862 Fredericksburg VA	left ankle	
	poor eyesight	
5 Dec 1862 Fredericksburg VA	lost fingers on both hands	
3 Jul 1863 Gettysburg PA	left elbow	
10 Jun 1864 Beacon's Ford VA	lost 3 fingers of left hand	
1 Jun 1864 Cold Harbor VA	lost eyesight	
3 Jul 1863 Gettysburg PA	lost left leg	
10 Aug 1864 Petersburg VA	right arm & feet	
		legislative act
15 May 1864 near Petersburg VA	right leg	
7 Jun 1864 Cold Harbor VA	left hand	
		legislative act
3 Jul 1863 Gettysburg PA	foot was amputated due to disease	
29 Jun 1864 Wilderness VA	lost left leg	
3 May 1863 Chancellorsville VA	thigh	
May 1864 Hanover Courthouse VA	head	
20 Sep 1863 Chickamauga GA	lost right leg	
25 Aug 1864 Reams Station VA	lost left arm	
1 Jul 1863 Gettysburg PA	right shoulder	
17 Jun 1864 Petersburg VA	arm	
3 May 1864 Wilderness VA & May 1863 Chancellorsville VA	right shoulder & left leg	
31 May 1862 Seven Pines VA	right hip & left arm	
1 Jul 1863 Gettysburg PA	chest	
1 Jul 1862 Malvern Hill VA	right arm	
1 Jul 1863 Gettysburg & May 1864 Wilderness VA	left shoulder	
28 Jul 1862 Petersburg VA	lost left arm	
19 May 1864 Spotsylvania Courthouse VA	lost left leg	
3 May 1863 Chancellorsville VA	lost right eye	
13 Dec 1862 Fredericksburg VA	lost right eye	
3 May 1863 Chancellorsville VA	hip	
3 May 1863 Chancellorsville VA	right hand	
22 Aug 1862 Rappahannock River VA	lost right leg	b. Nov 1847 Ashe Co NC but was in VA when he enlisted
27 Jun 1862 Cold Harbor VA	right leg	
13 Sep 1862 Middletown MD	lost right arm	

Section II — Disabled Soldier Applications

Soldier's Last Name	Soldier's First Name	County of Application	Date of Application	Company & Regiment
Gadd	J. E.	Cherokee	15 Jan 1885	Co H 26th
Gallian	M. E.	Haywood	6 Jul 1885	Co I 25th
Galloway	Lewis P.	Transylvania	3 Aug 1885	Co K 62nd
Galyon	M. E.	Haywood	26 Jun 1885	Co I 25th
Gardner	Hiram	Randolph	2 Jul 1885	Co H 44th
Garrett	S. J.	Durham	6 Jul 1885	Co A 66th
Garrish	Benjamin J.	Hyde	1 Jun 1885	Co H 33rd
Garrison	D. B.	Mecklenburg	1 Jun 1885	Navy
Garrison	J. W.	Davidson	2 Jun 1885	Co K 48th
Garrison	Robert W.	Mecklenburg	1 Jun 1885	Co H 35th
Gash	J. R.	Henderson	12 Jun 1885	Co I 11th
Gaskins	Henry	Craven	12 Jun 1886	Co H 5th
Gaster	John M.	Moore	30 May 1885	Co I 2nd
Gatlier	Francis P.	Pamlico	6 Jun 1885	Co F 5th
Gattis	W. A.	Wake	1 Jun 1885	Co G 27th
Gatton	J. H.	Iredell	25 May 1885	Co D 42nd
Gault	Joseph N.	Catawba	12 May 1885	Co K 46th
Gause	James W.	Columbus	5 May 1885	Co B 18th
Gay	Daniel	Richmond	24 Jun 1885	Co E 52nd
Gerringer	George W.	Wayne	15 Jun 1885	Co A 53rd
Gibbon	Anderson	Rowan	25 Jun 1885	Co G 6th
Gibson	W. M.	Caldwell	21 May 1885	Co I 26th
Gilbert	Robert	Lincoln	20 Jun 1885	Co K 23rd
Gillaspie	J. Lawrence	Surry	9 Jul 1886	Co B 2nd
Gladson	John C.	Pitt	12 May 1885	Co K 17th
Glenn	Hillman	Durham	4 Jul 1885	Co A 66th
Glidwell	John	Stokes	2 Jun 1885	Co F 21st
Glisson	H. J.	Duplin	30 May 1885	Co C 2nd
Glover	John	Henderson	1 May 1886	Co C 47th
Glover	R. D.	Northampton	15 Jun 1885	Co H 15th
Godfrey	Pleasant G.	Richmond	18 Jun 1885	Co E 10th
Godwin	Blackman	Cumberland	22 Jun 1885	Co F 24th
Godwin	G. T.	Wilson	1 Jun 1885	Co E 62nd GA Cavalry
Godwin	John R.	Harnett	1 Jun 1885	Co H 20th
Goforth	Henry W.	Mitchell	6 Jul 1885	Co D 14th
Goforth	J. N.	Alexander	20 May 1885	Co H 4th
Goodin	J. Q.	Iredell	1 Jun 1885	Co H 4th
Goodman	Jacob	Moore	23 May 1885	Co C 35th
Goodman	T. E.	Perquimans	2 Jun 1885	Co F 27th
Goodman	Timothy	Moore	12 Jun 1885	Co C 35th
Goodwin	George L.	Wake	3 Jul 1885	Co C 47th
Goodwin	J. N.	Wake	24 Feb 1897	Co D 1st Jr reserves
Goodwin	J. P.	Wake	3 Jul 1885	Co D 31st
Goodwin	Lewis	Pamlico	13 Jun 1885	Co B 40th
Gordon	A. A.	Guilford	4 May 1885	Co E 22nd
Gordon	Allen	Henderson	6 Jul 1885	Co F 25th
Goswell	G. L.	Madison	29 Jun 1885	Co D 25th
Goulding	Ezekiel	Carteret	15 Jun 1885	Co F 5th
Gowens	Henry	Mitchell	21 Jan 1897	Co E 16th
Grady	George W.	Wake	10 Feb 1897	Co D 27th
Grady	John R.	Anson	1 Jul 1885	Co A 23rd
Grady	Lewis	Lenoir	4 Jul 1887	Co I 1st
Grady	T. J.	Wake	20 Feb 1897	Co E 47th

date and place soldier was wounded	type of wound	other details
1 Jul 1863 Gettysburg PA	lost right arm	
17 Sep 1862 Potomac River MD	ruptured his testicles while lifting a pontoon bridge; wounded in both shoulders at Petersburg NC	see M. E. Galyon
15 Dec 1863 near Warm Springs NC	right foot	accidentally shot by another soldier same as M. E. Gallian
14 Oct 1863 Bristoe Station VA	left arm	
19 May 1863 Petersburg VA	thigh	
27 Jun 1862 Seven Days Battle VA	left thigh	
21 Feb 1865 Wilmington NC	lost left leg	
5 May 1863 Wilderness VA	left hand	
1 Jul 1862 Malvern Hill VA	right lung	
3 Jul 1863 Gettysburg PA	lost left leg	
27 May 1862 Hanover Courthouse VA	lost right leg	also served Pendleton's artillery
1863 NC	chest	
14 Mar 1862 New Bern NC	lost leg	
25 Aug 1864 Reams Station VA	left hip	
22 Feb 1863 near Wilmington NC	lost left arm	
17 Sep 1862 Sharpsburg MD	shot in face, resulting in loss of sight, partial hearing loss & paralysis	
13 Jun 1864 Frazier's Farm VA	lost leg	
21 Aug 1864 near Petersburg VA	lost left leg	
10 Oct 1864 Cedar Creek VA	right leg & right hand	
Aug 1862 MD & Jun 1864 Cold Harbor VA	lost finger & part of left hand; shot in neck	
1 Jul 1863 Gettysburg PA	lost right leg	
3 Jul 1863 Gettysburg PA	lost leg	
1 Jul 1863 Gettysburg & Jun 1864 Cold Harbor VA	left hand; jaw	
20 Apr 1863 Bermuda Hundred VA	chest	
1 May 1863 Bermuda Hundred VA	lost left eye	
19 Sep 1864 Winchester VA	thigh	
20 Nov 1864 Cedar Run VA	lost left hand	
14 Oct 1863 Bristoe Station VA	left arm	
11 Jun 1864 Wilderness VA	shoulder	
29 May 1864 Petersburg VA	right arm & shoulder	
20 Apr 1863 Plymouth NC	left hip	
22 May 1863 VA	lost left arm	
27 Jun 1862 Cold Harbor VA	left foot & left thigh	
14 Jul 1863 near Gettysburg PA	left lung	wounded in retreat
1862 Seven Pines VA; Hanover Courthouse VA; May 1863 Chancellorsville VA	left arm; hip; lost right arm	
6 Apr 1865 near Farmville VA	shoulder	
17 Jan 1864 Petersburg VA	right shoulder	
4 May 1864 Wilderness VA	left elbow	
19 Aug 1864 Petersburg VA	lost right arm	
5 Feb 1865 Petersburg VA	left leg & head	
		legislative act
7 Oct 1864 Fort Harrison VA	lost right arm	
25 Dec 1864 Smithville (sic) NC	lost right arm	
28 Aug 1862 Manassas VA	right leg	
24 Aug 1864 Petersburg VA	lost left leg	
20 Apr 1864 Plymouth NC	right thigh	
12 May 1864 Spotsylvania Court House VA	shot in head and lost most of his eyesight	
Jul 1863 Gettysburg PA	lost arm	
1862 New Bern NC	hand	legislative act
1 Jul 1863 Gettysburg PA	lost left arm	
21 Jun 1863 Upperville VA	right hip	
	heart disease	legislative act

Soldier's Last Name	Soldier's First Name	County of Application	Date of Application	Company & Regiment
Graham	Archibald	Robeson	18 Jun 1885	Co D 51st
Gray	J. G.	Guilford	3 Jun 1889	Co I
Green	Exum	Gates	8 Aug 1887	Co H 5th
Green	George W.	Haywood	26 Jun 1885	Co C 25th
Green	Jeremiah	Haywood	9 Jul 1887	Co C 25th
Green	Jesse	Polk	22 Jun 1885	Co G 60th
Green	Lewis J.	Gates	6 Jul 1885	Co C 2nd
Green	Lot W.	Watauga	6 Jul 1885	Co D 9th
Green	William R.	Vance	15 Jun 1885	Co I 55th
Greer	Vincent	Caldwell	16 Jun 1885	Co G 18th
Gregory	J. T.	Sampson	5 Jun 1885	Co E 3rd AR
Gregory	Jesse T.	Macon	1 Jun 1885	Co B 39th
Gregory	Joseph M.	Camden	4 Oct 1886	Co B 32nd
Griffin	James P.	Polk	1 Aug 1887	Co I 60th
Griffin	W. J.	Martin	8 Jun 1885	Co F 31st
Griffith	James	Haywood		
Grigg	Eli C.	Cleveland	29 Jun 1885	Co K 49th
Grubb	Alexander	Davidson	6 Jun 1885	Co A 54th
Gunter	W. W.	Chatham	2 Jul 1885	Co G 16th
Gurganus	Franklin F.	Beaufort	2 Jun 1885	Co G 2nd Cavalry
Gurganus	William H.	Pitt	26 Jun 1885	Co E 55th
Gurley	William G.	Wayne	17 May 1885	Co D 4th
Hackney	Robert D.	Chatham	3 Jul 1885	Co E 63rd
Hafner	L. Jacob	Gaston	13 Jun 1885	Co I 11th
Hagler	James M.	Cabarrus	20 May 1885	Co F 41st MS
Hair	Nathan	Harnett	6 Jul 1885	Co G 33rd
Hall	Daniel S.	Stokes	6 Aug 1886	Co H 53rd
Hall	Jeffery	Johnston	22 Jun 1885	
Hall	Marshal	Sampson	3 Jun 1885	Co F 20th
Hall	Moses	McDowell	13 Jun 1885	Co K 60th
Hall	William	Cumberland	29 Jun 1885	Co A 18th
Ham	Burton	Franklin	22 Jun 1885	Co F 8th
Ham	Jacob	Ashe	1 Aug 1887	Co A 9th
Hamill	John	Halifax		
Hamilton	J. F.	Montgomery	1 Jun 1885	Co F 44th
Hamilton	William Henry	Wake	17 Jun 1877	Co E 14th
Hancock	Noah	Randolph	22 Jun 1885	Co F 46th
Hane	Daniel	Harnett	1 Feb 1897	
Haney	A. J.	Henderson	29 May 1885	Co F 16th
Haney	J. W.	Cumberland	5 Oct 1885	Co E 8th
Harbin	J. D.	Buncombe	5 Oct 1885	Co C 29th
Hardison	Ira T.	Martin	2 Jun 1885	Co A 17th
Hare	Daniel	Harnett	3 Feb 1897	
Harkey	Daniel	Rowan	2 May 1885	Co B 42nd
Harlow	Augustus	Halifax	29 Jun 1885	Co I 12th
Harper	John W.	Halifax	4 May 1885	Co A 14th
Harper	Robert H.	Halifax		Co F 43rd
Harris	A. M.	Hyde	2 Jun 1885	Co H 33rd
Harris	B. F.	Montgomery	2 Jun 1885	Co C 23rd
Harrison	B. C.	Caldwell	1 Jul 1885	Co E 58th
Hart	R. R.	Catawba	6 Jul 1885	Co A 22nd

date and place soldier was wounded	type of wound	other details
1 Aug 1863 Battery Wagner SC	left arm	
28 Jun 1864 Black & White Station VA	right hip & lost finger of right hand	no regiment given
5 May 1862 Williamsburg VA	lost right leg	
	lost sight in right eye from exposure	
17 Jun 1864 Petersburg VA	left arm & left thigh	
10 Apr 1864 Resaca GA	hernia	
May 1863 Kinston NC	left paralyzed on left side by a fever	
9 Jun 1863 Brandy Station VA	left shoulder	
16 Jul 1863 Falling Waters MD	lost leg	
1 Nov 1862 on his way to VA	lost leg due to swelling from disease	
6 May 1864 Wilderness VA	lost right leg	lived NC before & after war
31 Dec 1862 Murfreesboro TN	lost right arm	
3 Jul 1863 Gettysburg & 15 Sep 1864	forehead, left breast, right knee	
25 Feb 1864 Tunnel Hill GA	hip	
16 May 1863 Drewry's Bluff VA	right shoulder	
	blind	
23 Nov 1862 Fredericksburg VA	lost left arm	
24 Sep 1864 New Market VA	lost left arm	
3 Jul 1863 Gettysburg PA	lost left arm	
21 Jun 1864 near Yorktown VA	right thigh	
5 May 1864 Wilderness VA	right elbow	
3 Jul 1864 (sic) Gettysburg PA	left leg	
10 May 1864 Haw's Shop VA	right arm	
3 Jul 1863 Gettysburg PA	lost left arm	
13 Dec 1862 Fredericksburg VA	lost right arm	resided Cabarrus Co before & after war; joined army while visiting brother (they joined together)
14 Mar 1862 NC & May 1864 Wilderness VA	shoulder & foot	
12 May 1864 Spotsylvania Court House VA	head	
May 1862 Smithfield NC	run over by train	apparently not in service; working on railroad as bridge guard
4 Jul 1864 (sic) Gettysburg	mouth, neck & shoulders	
10 Jul 1863 Jackson MS	lost arm	
27 May 1862 Hanover Courthouse VA	right thigh	
Dec 1862 Batchelor's Creek NC	lost left arm	
9 Jun 1863 Brandy Station VA	arm & shoulder	
		empty folder
14 Oct 1863 Bristoe Station VA	right leg	
5 May 1862 Williamsburg VA	shot in face & lost both eyes 2nd Sgt	
14 Oct 1863 Bristoe Station VA	knee	
1864 Fort Fisher NC	lost arm	legislative act; he was disqualified by having too much property
15 Jul 1863 (sic) Gettysburg PA	lost fingers on right hand; abdomen	
1 Feb 1862 Roanoke Island NC	right leg	
17 Jan 1864 near Waynesville NC	right breast	
16 Jun 1864 Petersburg VA	lost right arm	
	lost arm	legislative act; probably same person as Daniel Hane
5 Jul 1864 Petersburg VA	head	
Nov 1863 Mine Run VA	lost finger on right hand	
19 Sep 1864 Winchester VA	left foot	
18 Jul 1864 Snicker's Gap VA	lost left arm	no application, just affadavits
4 May 1864 Wilderness VA	right thigh	
9 May 1864 Spotsylvania Courthouse VA	lost left arm	
31 Aug 1864 near Atlanta GA	right hip & spine	
30 May 1862 Seven Pines VA	lost left arm	

Soldier's Last Name	Soldier's First Name	County of Application	Date of Application	Company & Regiment
Hart	Samuel	Chatham	9 Jun 1885	Co G 48th
Hartley	T. H.	Caldwell	6 Jul 1885	Co I 26th
Hartman	J. H.	Cleveland	4 Jul 1885	Co D 2nd
Harvell	James	Columbus	2 Jul 1885	Co D 20th
Hasting	Albert H.	Macon	4 Jul 1885	Co H 16th
Hathaway	Augustus	Wilson	1 Jun 1885	Co F 30th
Hathcock	Jesse	Cabarrus	6 Jul 1885	Co H 14th
Hauser	Moses Edwin	Forsyth	2 Jun 1885	Co K 52nd
Hawkins	F. A.	Gaston	6 Jul 1885	Co B 13th
Hawkins	George W.	Jackson	24 Jun 1885	Co C 25th
Hawkins	Henry T.	Craven	2 Jun 1885	Co F 2nd
Hawkins	J. W.	Moore	30 Jun 1885	Co E 8th
Hawkins	James F.	Craven	6 Jul 1885	
Hayes	Thomas	Transylvania	1 Jun 1885	Co E 25th
Haywood	Isham	Wake	22 May 1885	Co A 47th
Heath	Henry	Duplin	30 Jun 1885	Co E 61st
Heath	Lewis S.	Craven	26 Aug 1887	Co K 31st
Heavner	L. J.	Gaston	25 Jun 1885	Co I 11th
Hege	Alexander	Davidson		
Hege	Christian	Davidson	14 May 1885	Co H 48th
Heilig	Julius A.	Rowan	9 Jun 1885	Co K 5th
Hellen	John F.	Pitt	18 May 1885	Co E 55th
Helms	Alexander	Lincoln	3 Jul 1885	Co E 34th
Helsabeck	G. J.	Forsyth	6 Jul 1885	Co C 33rd
Hemphill	Henry M.	Person	1 Jun 1885	Co E 25th
Henderson	David J.	Lenoir/ Jones	4 May 1885	Co B 24th
Henderson	Jones S.	Beaufort	13 Jun 1885	Co G 19th
Hendricks	George J.	Vance	6 Jul 1885	Co G 43rd
Hendricks	W. A.	Stanly	1 Jul 1885	Co G 4th
Hendrix	Samuel J.	Watauga	1 Jun 1885	Home Guard
Hendrix	Sanford	Wilkes	1 Jul 1885	Co K 42nd
Hennessee	Emanuel	Burke	1 Jun 1885	Co D 11th
Hensdale	Martin V.	Stokes	23 Jul 1887	Co I 33rd
Hensley	Henry T.	Caswell	1 Jul 1885	Co A 13th
Herring	D. J.	Columbus	27 Jun 1887	Co C 18th
Herring	James F.	Wayne	28 Jun 1887	Co C 2nd
Herring	Thomas	Lenoir	6 May 1885	Co C 27th
Hester	Jeremiah	Forsyth	4 Jul 1885	Co K 45th
Hewett	Benjamin E.	Brunswick	10 Jul 1887	Co K 36th
Hewett	Stephen L.	Brunswick	3 Feb 1897	
Hickman	Samuel	Brunswick	22 Jun 1885	Co G 20th
Hicks	Benjamin F.	Rutherford	1 Jul 1885	Co G 16th
Hicks	James D.	Warren	26 Jun 1885	Co G 43rd
Hicks	John	Watauga	6 Jun 1885	Co K 60th
Higgins	John F.	Wilkes	4 Jul 1885	Co F 52nd
Hildreth	William W.	Anson	15 Jun 1885	Co H 43rd
Hill	H. G. D.	Beaufort	29 May 1885	Co G 61st
Hill	John L.	Craven	9 May 1885	Co E 3rd
Hinsley	James	Chatham	6 Jul 1885	Co D 61st
Hinson	Isaiah	Mitchell	4 Jul 1885	Co C 20th
Hinson	William H.	Sampson	6 Jul 1885	Co H 20th

date and place soldier was wounded	type of wound	other details
17 Sep 1862 Sharpsburg MD	side	
25 Aug 1864 Reams Station VA	lost left arm	
16 Nov 1864 North East Bridge NC	2 fingers & part of hand	
3 May 1864 (sic) Chancellorsville VA	lost right arm	
16 May 1865 Charlotte NC	lost right leg in train collision	
17 Sep 1862 Sharpsburg MD	paralysis of left arm	
19 Aug 1864 near Charlestown VA (now WV) & Jul 1863 Gettysburg	left thigh & ankle	was given money in 1879 to pay to have his leg amputated
3 Jul 1863 Gettysburg PA	right hand & left thigh	
17 Sep 1862 Sharpsburg MD	lost right leg	
3 Sep 1863 Weldon NC	lost right arm	
3 May 1863 Chancellorsville VA	leg & arm	
1 Mar 1862 near Oak Island NC	disabled by heavy marching	
Mar 1862 New Bern NC	fell at RR depot and lost use of leg	had just enlisted & was not assigned to a regiment
14 Feb 1865 Petersburg VA	lost leg	
27 Oct 1864 Burgess Mill VA	right hip	
Aug 1862 Charleston SC	left arm	
30 Sep 1864 Fort Harrison VA	left foot	
3 Jul 1863 Gettysburg PA	lost left arm	
	blind	
14 Oct 1863 Bristoe Station VA	head	
3 May 1864 Williamsburg VA & May 1864 Spotsylvania Courthouse VA & Aug 1864 Petersburg VA	lost fingers	
5 May 1864 Wilderness VA	lost left leg	
27 Jun 1862 near Richmond VA	lost right arm	
28 Jul 1864 Deep Bottom VA	lost right leg	
20 Aug 1862 Camp House NC	thrown from a horse & injured hand & fingers	farrier
19 May 1864 Bermuda Hundred VA	lost leg	
9 Jun 1862 Pollakville (sic) NC & Grand Station VA	arm; hip	not clear which place goes with the date
16 May 1864 Drewry's Bluff VA & Jul 1863 Gettysburg		
12 May 1863 Chancellorsville VA	left arm	
1865 Cross Creek NC	lost finger	
20 May 1864 Bermuda Hundred VA	left wrist & hand	
2 Nov 1864 Weldon RR VA	right side paralyzed	
12 Sep 1864 Winchester VA	leg	
1 Apr 1862 Malvern Hill VA	left arm & left leg	
30 Jun 1862 Frazier's Farm VA	lost sight in right eye	
Jul 1862 Gaines' Mill VA	left ankle	see also widow's application
15 Oct 1864 Petersburg VA	lost right eye	
5 May 1864 Wilderness VA	right arm	
14 Jan 1865 Fort Fisher NC	lost sight in left eye	
	blind	legislative act
14 Sep 1862 South Mountain MD	lower rectum	
	ankylosis of knee joint and loss of bone; caused by abscess	
16 May 1864 Drewry's Bluff VA	left leg	
1 Jun 1862 Vicksburg MS	lost left arm	
3 Oct 1864 Petersburg VA	side & back	
14 May 1864 Drewry's Bluff VA	right hand	
2 Mar 1862 Kingston NC	left hand	
14 Aug 1864 Malvern Hill VA	arm & body	affadavit says 41st regiment
1864 Kinston NC	left arm	
Jul 1863 Gettysburg & 1864 Winchester VA	right shoulder & arm & left ankle	
19 Sep 1864 Winchester VA	lost right leg	

Soldier's Last Name	Soldier's First Name	County of Application	Date of Application	Company & Regiment
Hix	Harrison	Randolph	10 Jun 1885	Co G 46th
Hobbs	David R.	Perquimans	30 May 1885	Co F 27th
Hobson	J. D.	Yadkin	18 Jun 1885	Co A 1st
Hodges	H. H.	Surry	6 Jul 1885	Co C 21st
Hodges	Larkin	Buncombe	17 Feb 1897	Co D 58th
Hoey	John E.	Orange	18 May 1885	12th
Hoggard	J. B.	Bertie	6 Jul 1885	Co B 32nd
Holcomb	Elias D.	Alleghany	3 Aug 1885	Co B 38th
Holder	D. M.	Surry	1 May 1885	Co C 21st
Holder	William	Durham	4 May 1885	Co E 23rd
Holland	Alexander	Gates	28 Jun 1885	Co E 33rd
Holland	William S.	Iredell	23 Jun 1885	Co A 33rd
Holleman	John	Yadkin	19 Jun 1885	Co I 3rd
Holler	M. L.	Alexander	6 Jul 1885	Co K 7th
Holler	William B.	Watauga	6 Jul 1885	Co E 37th
Hollifield	D. M.	Madison	15 Jul 1887	Co D 29th
Hollifield	Hiram	Madison		Co A 64th
Hollingsworth	James B.	Henderson	12 May 1885	Co G 56th
Holloman	John	Yadkin	14 Jul 1885	Co I 3rd
Holly	W. D.	Pender	1 Jun 1885	Co C 1st
Holshouser	Miles	Iredell	17 May 1887	Co C 4th
Holt	Archibald	Halifax	24 Jun 1885	Co G 1st
Holton	Thomas F.	Mecklenburg	6 Jul 1885	Co K 45th
Hooker	James E.	Surry	17 Feb 1897	
Hope	William	Lincoln	27 Jun 1885	Co H 52nd
Horton	F. P.	Wake	20 Jun 1885	Co D 8th
Horton	James P.	Yancey	18 Jan 1897	
Hough	David	Cabarrus	4 Jul 1885	Co H 43rd
Houk	Calvin	Burke	1 Aug 1886	Home Guard
House	Andrew J.	Lincoln	16 May 1885	Co K Palmetto Artillery
Hovis	Levi	Gaston	1 Jun 1885	Co H 37th
Howard	J. M.	Mecklenburg	18 May 1885	Co F 49th
Howell	Renselear	Gates	22 Jun 1885	Co C 52nd
Hoyle	Benjamin M.	Mitchell	3 Jun 1885	Co F 34th
Hoyle	Solomon	Burke	30 May 1885	Co F 55th
Hubbard	David A.	Catawba	15 Jun 1885	Co I 11th
Hucks	D. W.	Mecklenburg	6 Jul 1885	Co H 35th
Hudgins	Levi	Person	1 May 1885	Co D 13th
Hudson	J. M.	Burke	1 Jul 1885	Co F 13th
Huffman	James	Forsyth	1 Jul 1889	Co A 21st or 12th
Huffman	James S.	Wilkes	26 Jun 1885	Co E 18th
Huffman	Joel	Ashe	26 Jun 1885	Co A 37th
Huffstetler	J. P.	Gaston	30 May 1885	Co D 37th
Hughes	A. J.	Cleveland	20 Jun 1885	Co E 12th
Hughes	Augustus	Wayne	5 May 1885	Co K 27th
Hughes	James M.	Alamance	16 May 1885	Co F 54th
Hughes	W. H. H.	Jackson	20 Jun 1885	Co A 39th
Hull	John	Lincoln	30 May 1885	Co B 23rd
Humphrey	William J.	Robeson	15 Aug 1887	Co D 51st
Hundley	William B.	Vance	3 May 1886	Co A 12th
Huneycutt	Darling E.	Stanly	7 Jun 1885	Co C 42nd
Huneycutt	Eli R.	Stanly	10 Jun 1885	Co C 42nd

date and place soldier was wounded	type of wound	other details
5 May 1864 Wilderness VA	arm	
15 Sep 1863 Bristoe Station VA & May 1864 Wilderness VA	deaf in one ear	
3 Apr 1865 Petersburg VA	lost fingers	
9 Apr 1864 Plymouth NC	right arm	
Deep Creek Gap TN	right knee	Sgt; legislative act
19 Sep 1863 Chickamauga GA	left ankle	enlisted Cleveland Co; no company given
5/6 May 1864 Wilderness VA	lost left arm	
26 Jun 1862 Seven Days Battle VA	ankle, thigh, foot, & hip	
23 Jul 1862 Richmond VA & Jul 1863 Gettysburg	hand & shoulder	
4 Jul 1863 Gettysburg PA	breast	
23 May 1863 Jericho Ford VA	lost left arm	
6 May 1864 Wilderness VA	right arm	
5 May 1864 Wilderness VA	left hand	
17 Sep 1862 Sharpsburg MD	lost right arm	
Aug 1864 Reams Station VA	right arm	
19 Sep 1863 Chickamauga GA	right arm	
	blind	
21 Apr 1864 Plymouth NC		
5 May 1864 Wilderness VA	left hand	
17 Sep 1862 Sharpsburg MD	leg	
31 May 1862 Seven Pines VA	left leg	
3 May 1863 Chancellorsville VA	lost left leg	
19 Sep 1864 Winchester VA	knee	
		legislative act
27 Aug 1864 Petersburg VA	right leg	
29 Sep 1864 Fort Harrison VA	lost left leg	
		legislative act
Jul 1863 Gettysburg PA	paralysis of left arm	
3 Jun 1864 Burke Co NC	right arm	
27 Jun 1862 Gaines' Mill VA	lost left eye	
12 Mar 1862 near New Bern NC	tree fell on him while working on breastworks	
14 May 1864 Drewry's Bluff VA	right leg	
24 Dec 1862 between Goldsboro NC & Franklin VA	transported on a rail car that caught fire; was a POW	
27 Jun 1862 Gaines' Mill VA	lost left leg	
Aug 1862 Goldsboro NC	lost left eye	
Apr 1864 Reams Station VA	lost leg	
30 Aug 1864 Petersburg VA	left hand	
5 Apr 1863 (sic) Chancellorsville VA	left leg	
1865 Richmond VA	inflammation in left leg (disease)	
28 Aug 1862 Manassas VA	right foot & ankle	
3 May 1863 Chancellorsville VA	lost fingers	
29 Aug 1862 Manassas VA	left leg	
12 May 1864 Spotsylvania Court House VA	lost left leg	
12 May 1864 Spotsylvania Court House VA	right shoulder	
17 Sep 1862 Sharpsburg MD	left hip	
3 May 1863 Chancellorsville VA	lost right leg	
20 Sep 1863 Chickamauga GA	lost right leg	
2 Jul 1863 Gettysburg PA	knee	
17 Jun 1864 Petersburg VA	lost sight in both eyes	
27 Jun 1862 Cold Harbor VA	right knee	
16 Jun 1864 Petersburg VA	jaw & right shoulder	
25 Aug 1864 Petersburg VA	left leg	

Soldier's Last Name	Soldier's First Name	County of Application	Date of Application	Company & Regiment
Hunt	W. H.	Buncombe	4 May 1885	Co B 49th
Hurley	William P.	Ashe	1 Jun 1885	Co A 26th
Hutchins	Silas	Durham	18 Jun 1885	Co C 6th
Hutchinson	John	Alamance	29 Jun 1885	Co H 6th
Hux	Francis M.	Halifax	17 Jun 1885	Co F 36th
Hux	J. E.	Halifax	26 Jun 1885	Co G 12th
Hyde	James T.	Edgecombe	10 Feb 1897	Co D 10th
Ingram	J. H.	Northampton	10 May 1885	Co C 32nd
Ireland	R. L.	Pamlico	4 Jul 1885	Co H 7th
Iseley	Wesley	Alamance	11 Jun 1885	Co I 57th
Israel	S. M.	Henderson	2 Jun 1885	Co H 25th
Israel	Zion	Alamance	8 Jun 1885	Co B 1st
Jackson	Cornelius	Beaufort	26 Jun 1885	Co B 40th
Jackson	John R.	Sampson	6 May 1885	Co I 20th
Jackson	Noah	Beaufort	1 Jun 1885	Co I 40th
Jackson	Ollin M.	Harnett	6 Jul 1885	Co B 56th
Jacoby	John W.	Orange	8 Jun 1885	Co D 56th
James	Benjamin	Alamance	15 Jun 1885	Co I 8th
Jarman	Lemuel	Jones	20 Jul 1885	Co A 35th
Jarrell	Adam	Rutherford	26 Aug 1885	Co I 13th
Jarrell	William	Randolph	6 Jul 1885	Co I 32nd
Jarrett	George W.	Union	23 May 1885	Co H 23rd
Jarrett	James M.	Buncombe	6 Jul 1885	Co C 15th
Jefferson	George D.	Beaufort	4 Jun 1885	Co E 4th
Jeffreys	Arch W.	Caswell	17 Feb 1897	
Jenkins	Charles T.	Bertie	17 Jun 1885	Co C 3rd
Jennett	Henry	Hyde	1 Jun 1885	Co F 33rd
Jennings	Daniel	Pasquotank	1 Jun 1885	Co C 56th
Jennings	Eleazar	Wilkes	1 Jun 1885	Co D 33rd
Jennings	George W.	Mecklenburg	30 May 1885	Co A 30th
Jerrell	Rufus A.	Surry	6 Jul 1885	Co A 28th
Johnson	A. C. J.	Edgecombe	13 Jul 1885	Co F 30th
Johnson	A. M.	Watauga	4 Feb 1897	
Johnson	Calhoon	Burke	1 Jun 1885	Co E 6th
Johnson	D. C.	Cherokee	13 May 1885	Co H 25th
Johnson	Edmund	Cleveland	6 Jul 1885	Co C 38th
Johnson	G. S.	Pitt 6 May 1887	Co H 27th	22 May 1863
Johnson	George P.	Wilkes	13 Jun 1885	Co B 1st
Johnson	James	Wilkes	8 Jun 1885	Co C 26th
Johnson	Joshua	Wilkes	22 May 1885	Co B 1st
Johnson	Marion	Polk	1 Jun 1885	Co E 13th
Johnson	N. T.	Harnett	20 Jan 1897	
Johnson	Sylvester	Chatham	4 Jul 1887	Co H 47th
Johnson	W. J.	Franklin	27 Apr 1885	Co K 32nd
Johnston	J. M.	Gaston	1 Jul 1885	Co M 16th
Johnston	W. W.	Buncombe	22 May 1885	Co D 39th
Joiner	J. C.	Iredell	29 Jun 1885	Co H 4th
Jones	Austin A.	Wake	30 Apr 1885	Co G 7th
Jones	Christopher	Moore	4 Jul 1885	Co K 2nd
Jones	Daniel W.	Guilford	4 Jul 1885	Co F 2nd
Jones	G. R.	Columbus	4 Jul 1885	Co C 1st
Jones	George W.	Alleghany	2 Jul 1885	Co D 50th
Jones	Gray	Edgecombe	27 Apr 1885	Co I 17th
Jones	Harper	Forsyth	6 Jul 1885	Co E 22nd
Jones	James	Cumberland	13 Jun 1885	Co C 3rd

date and place soldier was wounded	type of wound	other details
13 Dec 1862 Fredericksburg VA	chest	
5 May 1864 Wilderness VA	right arm	
17 Sep 1862 Sharpsburg MD	lost right hand	
28 Aug 1862 Manassas VA	lost left arm	
15 Jan 1865 Fort Fisher NC	ear shot off	
10 May 1864 Spotsylvania Courthouse VA	lost 4 fingers	
		legislative act
2 Apr 1865 Petersburg VA	torso	
21 Jun 1864 Wilson NC	lost left leg	
6 Feb 1865 Halifax VA	lost right leg	
25 Mar 1865 near Petersburg VA	lost left eye	
3 May 1863 Chancellorsville VA	right hand	
19 Mar 1865 Bentonville NC	left thigh	
2 Jul 1863 Gettysburg PA	lost right hand	
19 Mar 1865 Bentonville NC	left hand	
17 Jun 1864 Petersburg VA	lost left arm	
21 Sep 1864 Fishing Hill VA	lost vision in right eye	
18 Apr 1864 Plymouth NC	left leg	
1 Apr 1864 Plymouth NC	right shoulder, knee, head	
5 May 1863 (sic) Wilderness VA	right arm	
VA	attacked by hornets while on duty	
12 May 1864 Spotsylvania Court House VA	lost right arm	
14 Oct 1863 Bristoe Station VA	left thigh	
3 May 1862 Seven Pines VA & 3 May 1863 Chancellorsville VA	left arm both times	
	blind	legislative act
15 Jan 1865 Fort Fisher NC	lost right arm	
14 Mar 1862 New Bern NC	right arm	
2 Jun 1864 near Petersburg VA	left leg	
6 May 1864 Wilderness VA	left thigh	
4 Jul 1863 (sic) Malvern Hill VA	lost right leg	
15 May 1864 VA	left arm	
18 Aug 1864 Snicker's Gap VA	right arm	
	impaired hearing	legislative act
Fredericksburg VA	shoulder	
17 Jun 1864 Petersburg VA	leg & foot	
22 Jun 1864 Petersburg VA	shoulder	
Kinston NC	lost left leg	
2 May 1863 Chancellorsville VA	lost left arm; wounded right elbow	
1 Jul 1863 (sic) Wilderness VA	lost right arm	
13 Dec 1862 Fredericksburg VA	left leg	
13 Dec 1862 Fredericksburg VA	lost right arm	
		legislative act
27 Oct 1864 Burgess Mill VA	right thigh	
3 Jul 1863 Gettysburg PA	jaw & left shoulder	
3 May 1863 Chancellorsville VA	left lung	
19 Sep 1863 Chickamauga GA	right leg	
31 May 1862 Seven Pines VA	lost right arm	
13 Dec 1862 Fredericksburg VA	lost left leg	
3 May 1863 Chancellorsville VA	foot	
9 Jun 1863 Brandy Station VA	right leg	
19 Mar 1865 Bentonville NC	right knee	
12 May 1864 Spotsylvania Court House VA	lost 3 fingers on left hand	
Nov 1864 Petersburg VA	lost leg	
25 Aug 1864 Reams Station VA	lost right arm	
16 Sep 1862 Sharpsburg MD	head	

Soldier's Last Name	Soldier's First Name	County of Application	Date of Application	Company & Regiment
Jones	James A.	Granville	1 Jun 1885	Co B 12th
Jones	John L.	Wake	2 Aug 1885	Co D 26th
Jones	John Thomas	Pitt 3 Jul 1885	Co D 44th	14 Oct 1863
Jones	Mat	Cabarrus	27 Jun 1885	Co G 5th
Jones	Seth A.	Wake	29 Jun 1885	Co B 47th
Jones	Thomas D.	Johnston	30 Jun 1885	Co I 51st
Jones	W. H.	Wake	5 Jun 1885	Co I 1st
Jones	W. W.	Jackson	9 May 1885	Co G 6th
Jones	William H.	Cumberland	9 May 1885	Co C 3rd
Jones	William R.	Ashe	25 Jun 1885	Co A 3rd
Jones	Zadock	Onslow	20 Jun 1885	Co B 24th
Joyner	Isaac	Pitt 22 Jun 1885	Co G 8th	1 Jun 1864
Joyner	R. W.	Greene		
Justice	Phillip B.	Henderson	3 Mar 1897	
Justice	T. M.	Brunswick	1 Jul 1885	Co E 9th SC
Kaiser	David W.	Stanly	6 Jul 1885	Co I 37th
Keelyn	John G.	Anson	1 Jun 1885	Co C 1st
Keever	David	Lincoln	27 May 1885	Co H 52nd
Keith	F. M.	Forsyth	27 May 1885	Co C 1st
Kelly	Henry H.	Robeson	1 Jun 1885	Co C 1st
Kelly	James E.	Columbus	1 Jun 1885	Co K 20th
Kelly	James J.	Chatham	2 Jun 1885	Co C 56th
Kennedy	G. A.	Rowan	30 Jun 1885	Co E 5th
Kennon	Cary	Rockingham	6 Jul 1885	Co H 45th
Ketchum	Jackson J.	Onslow	31 Jul 1885	Co G 3rd
Killett	J. C.	Sampson	19 Jun 1885	Co E 20th
Killpatrick	Jackson	Clay	23 Jun 1885	Co G 25th
Kimble	Lewis	Forsyth	30 May 1885	Co K 21st
Kimbro	James William	Cabarrus	27 Apr 1885	Co A 13th
Kimbro	John T.	Caswell	23 Jun 1885	Co A 13th
Kincy	John A.	Davidson	9 Jun 1885	Co H 48th
King	Allen	Duplin	30 May 1885	Co A 27th
King	M. Emelius	Halifax	29 Jun 1885	Co I 12th
King	Richard M.	Halifax	1 Jun 1885	Co A 14th
King	Thomas E.	Pender	2 Jun 1885	Co G 10th Artillery
King	William	Davie	16 Feb 1897	
Kirksey	B. A.	Lincoln	13 Jul 1885	Co B 23rd
Kiser	M. L.	Cabarrus	4 May 1885	Co H 57th
Kistler	William H.	Rowan	1 Jun 1885	Co B 42nd
Kitchen	Stephen	Clay	22 Jun 1885	Co G 39th
Kittrell	Kindrick	Craven	3 Jun 1885	Co D 2nd
Knight	Benjamin	Chatham	6 Jul 1885	Co H 30th
Knight	J. Wilkerson	Guilford	3 Jul 1885	Co K 45th
Knott	Thomas	Granville	4 May 1885	Co K 55th
Knowles	John E.	Washington	6 Jul 1885	Co B 1st
Kuykendall	Jacob	Henderson	12 May 1885	Co G 35th
Kuykendall	Philip	Henderson	3 Jun 1885	Co G 56th
Kyle	Henry	McDowell	8 Jun 1885	Co D 6th
Kyles	Pinkney	Rowan	30 May 1885	Co C 48th
Lackey	George W.	McDowell	3 Jun 1885	Co K 22nd
Lacy	John T.	Pitt 18 Jun 1885	Co A 2nd	3 May 1863
Ladd	J. P.	Durham	30 Jun 1885	Co B 13th
Laffoon	John C.	Surry	2 Jun 1885	Co H 21st
Lafley	William W.	Davie	4 Jul 1885	Co D 20th
Lambert	Samuel	Watauga	12 Jun 1885	Co K 7th
Lambeth	Alfred M.	Davidson	4 May 1885	Co B 23rd

date and place soldier was wounded	type of wound	other details
1 Jul 1863 Gettysburg PA	lost left arm	
14 Oct 1863 Bristoe Station VA	left knee	
Bristoe Station VA	chest	
19 May 1864 Spotsylvania Courthouse VA	lost left arm	
25 Aug 1864 Reams Station VA	lost right hand	b. Franklin Co NC
1 Oct 1864 Fort Anderson VA	right leg	
19 Oct 1864 Fishing Hill NC	right arm	
19 Sep 1864 Winchester VA	lost right arm	
4 Jul 1862 Malvern Hill VA	left leg	
14 Mar 1862 New Bern NC	thigh	
1 Apr 1864 Petersburg VA	lost leg	
Cold Harbor VA	lost arm; wounded in leg	
		empty folder
		legislative act
7 Oct 1864 VA	lost right arm	b. NC but moved to SC before war
15 Aug 1862 Cedar Run VA	left arm	
5 May 1864 Wilderness VA	left arm	
14 Oct 1863 Bristoe Station VA	leg & thigh	
5 May 1864 Wilderness VA	right leg	
19 Mar 1865 Bentonville NC	right thigh	
1864 Winchester VA	lost right arm	
1 May 1863 Green Savannah NC	lost left arm	
Jul 1864 (sic) Gettysburg PA	stomach & left leg	
12 May 1864 Wilderness VA	left leg	
1 Feb 1862 Hanover Station VA	lost leg when his coat caught and he was jerked under the train	
1 Jun 1863 Chancellorsville VA	left hand	
18 Jan 1864 Petersburg VA	right leg	
16 May 1864 Drewry's Bluff VA	right shoulder	
3 May 1863 Chancellorsville VA	left arm	
4 May 1863 Wilderness VA	knee	
1862 Fredericksburg VA	shoulder	also served Co C 1st
17 Sep 1862 Sharpsburg MD	lost right arm	
11 Oct 1864 Martin's Ford VA	lost left eye	
15 May 1864 Spotsylvania Courthouse VA	right side	
7 Jan 1865 Fort Fisher NC	lost right arm	3rd Sgt
		legislative act
31 May 1862 Seven Pines VA	hand	
1 Jun 1864 Lynchburg VA	lost left arm	
18 May 1862 Bermuda Hundred VA	lost right arm	
31 Dec 1862 Murfreesboro TN	right arm	
3 May 1863 Chancellorsville VA	left arm & left side	
27 Jun 1862 Cold Harbor VA	left hand	
Jul 1863 (sic) Seven Days Battle VA	tried to leap a ditch and suffered internal rupture	
6 May 1864 Wilderness VA	neck & right shoulder	
10 Jul 1863 Falling Waters MD	hip	
24 Mar 1864 Plymouth NC	lost one finger on left hand	
21 Aug 1864 near Petersburg VA	lost one finger	
1 Jul 1863 Gettysburg PA	lost leg	
1 Jun 1864 Song Bridge VA	left hip	
26 Jun 1862 Mechanicsville VA	right leg	
Chancellorsville VA	right hip	
1 Oct 1863 Kinston NC	suffered internal injuries lifting a cannon and being kicked by a horse	
20 Mar 1865 Petersburg VA	shoulder	
27 Jun 1862 VA	lost right leg	
13 Dec 1862 Fredericksburg VA	left shoulder	
9 May 1864 Wilderness VA	lost left leg	

Section II — Disabled Soldier Applications

Soldier's Last Name	Soldier's First Name	County of Application	Date of Application	Company & Regiment
Lambeth	David H.	Davidson	6 Jul 1885	Co B 48th
Lancaster	William McDonald	Forsyth	24 Jun 1885	Co K 21st
Land	William	Halifax	29 Jun 1885	Co F 43rd
Lane	George D.	Guilford	6 Jul 1885	Co A 1st
Lane	William Preston	Currituck	15 Jun 1885	Co F 5th
Laney	Robert	Caldwell	24 Jun 1885	Co I 26th
Langston	J. D.	Wayne	29 Jun 1885	Co F 10th
Lanier	John A.	Pender	23 Jul 1885	Co H 3rd
Lassiter	Allen A.	Gates	28 May 1885	Co A 52nd
Lassiter	Rufus A.	Robeson	23 Jun 1885	Co E 10th
Laster	T. B.	Chatham		
Latta	W. P.	Durham	5 Sep 1885	Co A 24th
Lawhorn	John H.	New Hanover	27 Apr 1885	Co A 51st
Laws	John	Durham	31 Jul 1885	Co F 40th
Leadford	S. E.	Madison	11 Jun 1885	Co H 2nd
Leary	James T.	Wake	8 Jun 1885	Co K 43rd
Leazar	J. R.	Rowan	22 Jul 1887	Co B 4th
Lee	J. G.	Pitt 8 Jun 1885	Co H 61st	2 Jun 1864
Lee	James M. Jr.	Guilford	1 Jun 1885	Co C 3rd
Lee	W. Bizzle	Pender	6 Jul 1885	Co C 51st
Leonard	David	Catawba		
Leonard	John T.	Brunswick	7 Jul 1885	Co G 20th
Leonard	R. R.	Iredell	1 Jun 1885	Co C 4th
Leonard	S. B.	Brunswick	22 Jun 1885	Co C 30th
Leonard	Wiley	Davidson	5 Jul 1885	Co B 48th
Lester	W. J.	Caswell	6 Jul 1885	Co I 45th
Lewis	John I.	Edgecombe	18 May 1885	Co F 30th
Lewis	Robert	Anson	15 Jun 1885	Co I 43rd
Lillard	Henry C.	Rockingham		
Lindley	J. F.	Iredell	1 Jun 1885	Co I 18th
Lindsay	M. H.	Mecklenburg	1 Jun 1885	Co F 6th
Lindsay	Wade	Yadkin	20 Jul 1885	Co I 18th
Lineberger	W. A.	Catawba	28 Dec 1886	Co G 12th
Lingerfelt	Jacob	Gaston	28 Dec 1886	Co B 28th
Lingle	W. A.	Caldwell	2 Jun 1885	Co A 22nd
Linker	Asa	Cabarrus	15 Jun 1885	Co B 7th
Linker	William	Cabarrus	2 Jun 1885	Co E 29th Cavalry
Linneus	Samuel	Alamance	4 Jun 1885	Co K 47th
Little	Olmstead	Cabarrus	29 Jun 1885	Co D 28th
Little	Patrick	Anson	30 Jun 1885	Co D 37th
Livingston	Thomas	Caldwell	1 Jun 1885	Co A 29th
Lockerman	John M.	Sampson	2 Jul 1885	Co C 36th
Lockhart	Henry C.	Carteret	6 May 1885	Co D 5th
Loftin	Eli A.	Catawba	6 Jul 1885	Co F 23rd
Loggins	Naaman	Ashe	3 Jul 1885	Co A 26th
London	James W.	Burke	20 Jun 1885	Co B 11th
Long	Daniel	Columbus	6 Jul 1885	Co K 31st
Long	Labon	Macon	22 Jun 1885	Co D 62nd
Long	Rufus K.	Stokes	27 Jun 1885	Co D 45th
Looper	O. H.	Alexander	8 Jun 1885	Co G 38th
Lowder	J. A.	Moore	2 Jun 1885	Co B 20th
Lowe	Daniel	Alamance	24 Jun 1885	Co K 47th
Lowery	John	Stanly	11 Aug 1885	Co H 14th
Loy	Madison	Guilford	27 Jun 1887	Co K 47th
Lumly	Isaiah	Forsyth	4 Jul 1885	Co E 44th

date and place soldier was wounded	type of wound	other details
14 Oct 1863 Bristoe Station VA	lost left arm	
29 Aug 1862 Manassas VA	right leg, right arm & left side	
Sep 1864 Sunken Ford VA	back	
27 Nov 1863 Frazier's Farm VA	left leg	
9 Jul 1862 Frederick City MD	right shoulder	
4 Jun 1862 Malvern Hill VA	left hand	
25 Apr 1862 Fort Macon NC	lost left leg	
10 Dec 1863 Orange Courthouse VA	lost right eye to disease	
1 Jul 1863 Gettysburg PA	head	
20 May 1864 Whiteville NC	right leg run over by RR car	
	lost arm	legislative act
1 Jul 1862 Malvern Hill VA	lost leg	
27 Sep 1864 Petersburg VA	left wrist	
5 May 1864 Wilderness VA	shoulder & leg	
1 Jul 1863 Gettysburg PA	lost right leg	
14 Oct 1863 Bristoe Station VA	lost right leg	
Jun 1862 Seven Pines VA	thigh & hip	
Cold Harbor VA	hand	
22 Feb 1863 Franklinville VA	left arm	
1 Jun 1864 Cold Harbor VA	lost 3 fingers on left hand	
		empty folder
27 Jun 1862 Cold Harbor VA	right knee	
6 May 1864 Wilderness VA	chest	
2 Jul 1862 Malvern Hill VA	both arms	
25 Jun 1862 Richmond VA	lost right leg	
1 Jul 1863 Gettysburg PA	leg	
7 Nov 1864 Kelly's Ford VA	lost arm	
28 May 1864 Bethesda Church VA	right leg	
		empty folder
May 1863 Chancellorsville VA	right hand	
27 Jun 1862 Gaines' Mill VA	lost left hand	
3 May 1863 Chancellorsville VA	lost right leg	
6 Feb 1865 Hatcher's Run VA	lost arm	
13 Dec 1862 Fredericksburg VA	right hip	
13 Dec 1862 Fredericksburg VA	lost right arm	
14 Sep 1862 Sharpsburg MD	leg & pelvis	
Oct 1863 New Battimin VA	lost left leg	
1864 Gaines' Mill VA	lost left leg	
May 1863 Chancellorsville VA	right hand	
Dec 1862 Fredericksburg VA	left leg	
15 Sep 1864 Atlanta GA	right arm	
15 Jan 1865 Fort Fisher NC	lost right arm	
Jun 1863 VA or Sep 1862 Malvern Hill VA	right shoulder	two applications with different dates & places
4 Jul 1863 Gettysburg PA	lost left leg	
1 Jul 1863 Gettysburg PA	lost right leg	
5 Feb 1864 Bulger's Mill VA	lost left arm	
16 May 1864 Drewry's Bluff VA	lost both eyes	
14 Jun 1862 Cumberland Gap TN	suffered from rheumatism	
5 May 1864 Wilderness VA	right ankle	
22 Jun 1864 Petersburg VA	head	
27 Jun 1862 Cold Harbor VA	between the eyes	
1864 Gaines' Mill VA	left arm & shoulder	
15 Nov 1863 Appomattox Courthouse VA	lost left leg	
1 Jul 1863 Gettysburg PA	lost left arm	
6 May 1864 Wilderness VA	groin	

Section II — Disabled Soldier Applications

Soldier's Last Name	Soldier's First Name	County of Application	Date of Application	Company & Regiment
Lynn	Thomas H.	Gaston	2 Jun 1885	Co F 5th SC
Lytle	T. L.	Buncombe	2 Jun 1885	Co I 60th
Mabry	Eben	Stanly	1 Jun 1885	Co H 14th
Mace	J. M.	Madison	1 Jun 1885	Co A 58th
Malach	A. F.	Richmond	2 Jun 1885	Co D 23rd
Mallard	W. W.	Duplin	26 Feb 1886	Co E 30th
Malpass	L. F.	Lenoir	27 Jun 1885	Co E 61st
Mangum	Calvin T.	Wake	30 Jun 1885	Co D 30th
Manly	James A.	Rockingham	6 Jul 1885	Co F 45th
Manly	John F.	Caswell	7 Jul 1885	Co G 22nd
Manuel	Hugh	Stokes	4 May 1885	Co H 22nd
Maples	D. T.	Moore	1 Jun 1885	Co H 46th
Marler	James Martin	Wilkes	4 May 1885	Co B 55th
Marlow	N. A.	Columbus	1 Jun 1885	Co C 18th
Marlow	P. B.	Wilson	5 Jul 1885	Co F 4th
Marlow	William H.	Columbus	6 Jul 1885	Co A 14th
Marsh	John W.	Catawba/ McDowell	24 Jun 1885	Co B 32nd
Marshall	J. H.	Forsyth	25 Jun 1885	Co F Mallot's Bttn
Marshburn	James N.	Pender	1 Jun 1885	Co B 3rd
Martin	George W.	Gaston	2 Jul 1885	Co C 38th
Martin	K. A.	Randolph	1 Jun 1885	Co H 44th
Martin	Richard R.	Stokes	25 Jun 1885	Co H 22nd
Martin	W. J.	Cherokee	4 Jun 1885	Co D 25th
Martin	William O. K.	Forsyth	4 Jun 1885	Co K 52nd
Martindale	Azel	Moore	3 Jun 1885	Co E 26th
Mashburn	A. B.	McDowell	3 Jun 1885	Co K 22nd
Mashburn	Henry R.	Onslow	9 Jul 1885	Co B 3rd
Massey	William	Haywood		
Mathis	David W.	Duplin	3 Aug 1885	Co I 9th
Mathis	Shine	McDowell	4 Jul 1885	Co B 54th
Matthews	Daniel	Cumberland		
Matthews	James	Granville	1 Jul 1885	Co H 44th
Matthews	Noel	Wilson	26 Jun 1885	Co K 66th
Matthews	William	Cumberland		
Mauney	J. M.	Gaston	20 Jun 1885	Co M 16th
May	Jesse L.	Guilford	6 Jul 1885	Co C 45th
Mayhew	W. N.	Rowan	3 Jun 1885	Co B 46th
Mayner	Hilliard	Johnston	13 Jul 1885	Co C 5th
Mayo	James E.	Pitt 6 Jul 1885	Co H 27th	Aug 1863 Sharpsburg M
McCain	George W.	Rowan		
McCall	J. A.	Mecklenburg	29 May 1885	Co I 48th
McCall	John	Transylvania	24 Jun 1885	Co K 62nd
McCallum	C. S.	Rockingham	30 Aug 1885	Co E 45th
McCarnes	George W.	Rowan	30 Apr 1885	Co C 49th
McCarson	Samuel	Henderson	1 Jul 1885	Co D 60th
McClure	A. J.	Clay	4 May 1885	Co A 21st
McCorkle	Richard A.	Catawba	4 May 1885	Co H 52nd
McCrary	Julius S.	Orange	5 May 1885	Co A 24th
McCroden	Robert	Warren	13 Jun 1885	Co K 12th
McDade	William P.	Caldwell	3 Jul 1885	Co E 31st
McDaniel	Christopher	Burke	22 Jun 1885	Co C 6th
McDaniel	John	Jones		
McDonald	A. C.	Cumberland	30 Jun 1885	Co I 51st
McDonald	Starling C.	Richmond	20 Jun 1885	Co E 32nd

date and place soldier was wounded	type of wound	other details
28 Oct 1863 Missionary Ridge TN	lost an arm	
14 May 1864 Resaca GA	head	
19 Sep 1864 Winchester VA	right shoulder	
24 Jul 1864 Atlanta GA	right hand	
2 Jul 1863 Gettysburg PA	lost left foot	
3 May 1863 Chancellorsville VA	lost left leg	
1 Sep 1864 Fort Harrison VA	right arm	
3 Jul 1862 Malvern Hill VA	right foot	
3 Jul 1863 Gettysburg PA	lost left arm	
1 May 1862 Yorktown VA	paralysis of left side	
23 May 1864 Spotsylvania Courthouse VA	lost right foot	
10 May 1864 Spotsylvania Courthouse VA	left leg & left arm	
1 Jul 1863 Getttysburg PA	lost left arm	
3 Jul 1863 Gettysburg PA	right arm	
31 May 1862 Seven Pines VA	right arm	
3 Jul 1862 Malvern Hill VA	lost right eye	
10 May 1864 Spotsylvania Courthouse VA	lost left arm	
15 Dec 1864 Nashville TN	left thigh	
20 Feb 1865 Hatcher's Run VA	lost leg	
30 Mar 1865 Bulger's Mill VA	lost right leg	
5 May 1864 Wilderness VA	left shoulder	
May 1862 White Oak VA	thigh	
1 Apr 1864 Salisbury NC	left thigh & hip	
14 Oct 1862 near Petersburg VA	right side	
20 Nov 1864 near Petersburg VA	suffered unspecified injury building breastworks	
1 Jul 1863 Gettysburg PA	left foot	
5 May 1864 Wilderness VA	lost arm	
	blind	
29 Jun 1862 Malvern Hill VA	left arm	
15 May 1864 Drewry's Bluff VA	shoulder	
	lost both eyes & both hands	
1 Jun 1863 Cold Harbor VA	lost left arm	
10 Mar 1865 near Kinston NC	lost left arm	
	blind	
30 Jun 1862 Frazier's Farm VA	right elbow	
3 Jul 1863 Gettysburg PA	right wrist	
5 May 1864 Wilderness VA	lost right arm	
27 Sep 1864 Fishing Hill VA	left shoulder	
left arm		
		empty folder
2 Jun 1864 Cold Harbor VA	right leg	
Camp Douglas IL	hip	captured 8 Sep 1863 Cumberland Gap TN; fell while working on a house at the POW camp
1 Jul 1863 Gettysburg PA	left lung	
1862 Kinston NC	partially blind due to disease	
22 Jul 1864 Zion's Church GA	left foot	
19 Sep 1863 Chickamauga GA	left shoulder	
3 Jul 1863 Gettysburg PA	left arm	
25 Mar 1865 Petersburg VA	lost left arm	
10 May 1863 Spotsylvania Courthouse VA	lost right arm	
16 May 1863 Drewry's Bluff VA	left arm	
1 Jul 1863 Gettysburg PA	lost right foot	
	blind	
Feb 1864 Charleston SC	head	
3 Jul 1863 Gettysburg PA	shoulder	

Soldier's Last Name	Soldier's First Name	County of Application	Date of Application	Company & Regiment
McFarland	Richard	McDowell	18 Jun 1885	Co K 22nd
McFarlin	J. C.	McDowell	30 Jun 1885	Co A 49th
McGalliard	James W.	Burke	30 Jun 1886	Co E 16th
McGee	J. A.	McDowell	27 Jun 1885	Co E 6th
McGee	William	Forsyth	20 Jun 1885	Co K 52nd
McIntire	Frank P.	Duplin	24 Jun 1885	Co I 1st
McKinney	Joseph	McDowell	1 Jun 1885	Co A 49th
McLain	G. W.	Iredell	30 Jun 1885	Co A 29th
McLain	J. F.	Iredell	3 Jun 1885	Co E 37th
McLain	W. B.	Union		
McLamb	William	Cumberland	2 Jul 1885	Co C 3rd
McLane	Thomas	Johnston	6 Jul 1885	Co K 30th
McLauchlin	A. H.	Richmond	20 Jul 1885	Co G 24th
McLawhorn	Warren	Pitt	4 May 1885	Co C 44th
McLean	David	Wilkes	8 Jun 1885	Co B 1st
McLean	J. M.	Guilford	6 Jul 1885	Co M 21st
McLeod	Archibald	Cumberland	18 Jun 1885	Co G 33rd
McLeod	John F.	Cumberland	2 Jun 1885	Co G 33rd
McLeod	William J.	Richmond	2 Jun 1885	Co F 24th
McMillan	John J.	Sampson	29 Apr 1885	Co C 1st
McMillan	William	Ashe		
McNeely	R. W.	Cleveland	1 Jun 1885	Co F 34th
McNeely	T. Harry	Burke	31 Jul 1885	Co D 6th
McNeill	H. M.	Harnett	26 Jun 1885	Co E 56th
McNeill	Jesse A.	Wilkes/Watauga	9 May 1885	Co K 53rd
McNeill	Jesse H.	Wilkes	25 Jul 1885	Co K 53rd
McNeill	Lauchlin	Moore	1 Jun 1885	Co H 30th
McNeill	Malcom	Harnett	2 Jun 1885	Co E 56th
McPhail	D. A.	Harnett	2 Jun 1885	Co H 50th
McQuaigh	Alex M.	Montgomery	27 May 1885	Co I 43rd
McQuistin	James	Forsyth	18 Jun 1885	Co A 54th
McSwain	W. R.	Stanly	24 Jun 1885	Co H 2nd AR
Mears	George W.	Beaufort	4 Jul 1887	Co E 4th
Medford	William R.	Haywood	10 May 1885	Co A 49th
Medley	John	Surry	15 Jun 1885	Co B 52nd
Meeks	William H.	Anson	7 Jun 1885	Co K 45th
Melsch	A.	Richmond		
Melson	W. J.	Martin	23 May 1885	Co A 17th
Menellis	John	Duplin	8 Jun 1885	Co E 30th
Mercer	George F.	Jones	20 Jun 1885	Co F 61st
Mercer	J. J.	Wilson	13 Jun 1885	Co F 30th
Mercer	John W.	Duplin	2 Jun 1885	Co I 9th
Merritt	Benjamin R.	Halifax	11 May 1885	Co F 36th
Merritt	George H.	Vance	6 Jul 1885	Co K 44th
Merritt	Marshal	Bladen	26 Jun 1885	Co I 36th
Messer	F. M.	Haywood	6 Jul 1885	Co C 25th
Metcalf	J. C.	Polk	8 Jun 1885	Co I 54th
Metcalf	John	Polk	2 Jul 1885	Co I 54th
Mickey	F. E.	Surry	29 Jun 1885	Co I 33rd
Miller	Harrison	Cabarrus	4 Jul 1885	Co D 10th
Miller	Jesse	Watauga	15 Jun 1885	Co K 53rd
Miller	John	Davidson	13 Jun 1885	Co J 42nd
Miller	L. F.	Davidson	6 Jul 1885	Co H 48th
Mills	J. M.	Polk	15 Jun 1885	Co F 13th

date and place soldier was wounded	type of wound	other details
1 Jul 1863 Gettysburg PA	arm	
10 Oct 1864 Petersburg VA	wrist	
13 Dec 1862 Fredericksburg VA	right arm	
1 Jul 1863 Gettysburg PA		
17 Dec 1862 Goldsboro NC	left hip	
26 Jun 1862 Mechanicsville VA	breast	
31 Mar 1862 Raleigh NC	injured hip in train crash	
9 Jul 1864 Kennesaw Mountain GA	hip	
3 Jul 1863 Gettysburg PA	lost left arm	
	blind	
3 May 1863 Chancellorsville VA	hip	
4 Dec 1863 Kelley's Fork VA	lost right eye & sense of smell	
25 Mar 1865 Petersburg VA	lost left leg	
9 May 1864 Greene Co NC	hip, leg & thigh after falling from a cart	captured Bristoe Station VA & was headed home on parole at time of accident
4 May 1864 Wilderness VA	left arm	
2 Jul 1863 Gettysburg PA	lost right arm	
14 Apr 1862 Newbern NC	lost 3 fingers on left hand	
2 May 1863 Chancellorsville VA	right arm & left hip	
5 Mar 1865 Fort Steadman VA	left ankle	
3 May 1863 Chancellorsville VA	head	see also widow's application
		empty folder
25 Aug 1864 Petersburg VA	right arm	
27 Jun 1862 Gaines' Mill VA	lost right leg	
28 Apr 1864 Plymouth NC	lost leg	
19 Sep 1864 Winchester VA	shoulder	
17 Dec 1864 Cedar Creek VA	lost right arm	
1 Jul 1862 Malvern Hill VA	lost right arm	
28 Apr 1863 Greensboro NC	blind	
26 Jul 1862 James River VA	lost left arm	
18 Jul 1863 retreat from Gettysburg PA	lost right hand	
19 Oct 1864 Cedar Run VA	lost arm	
28 Dec 1863 Murfreesboro TN	lost left arm	lived NC before & after war
31 May 1862 Seven Pines VA	leg	
10 May 1864 Drewry's Bluff VA	lost sight in right eye	
3 Jul 1863 Gettysburg PA	right eye	
Mar 1862 Plymouth NC	lost 2 fingers of right hand	
		empty folder
3 Jun 1863 Bermuda Hundred VA	lost 2 fingers	
3 May 1863 Chancellorsville VA	side	
7 Apr 1865 Appomattox VA	left leg	
3 Jul 1863 Gettysburg PA	lost left arm	
29 Jun 1862 Malvern Hill VA	left hand	
24 Dec 1864 Fort Fisher NC	lost left arm	see also widow's application
10 May 1864 Spotsylvania Courthouse VA	right shoulder	
16 Feb 1865 Fort Fisher NC	lost right arm	
20 Aug 1864 Ream's Station VA	lost left foot	
16 May 1864 Drewry's Bluff VA	right breast	
25 Mar 1865 Petersburg VA	left leg	
3 May 1863 Chancellorsville VA	shoulder	
11 Aug 1864 Hamilton's Crossing VA	jaw & eye	
19 Sep 1864 Winchester VA	left hip	
9 Jul 1864 Petersburg VA	lost right arm	
28 Aug 1864 Petersburg VA	lost left arm	
28 Jul 1864 Gaines' Farm VA	hand	

Section II — Disabled Soldier Applications

Soldier's Last Name	Soldier's First Name	County of Application	Date of Application	Company & Regiment
Mills	William F.	Pitt 1 Jun 1885	Co I 9th	27 Oct 1864
Millsaps	Francis M.	Swain	30 Jun 1885	Co A 4th
Minish	Thomas R.	Yadkin	6 Jul 1885	Co H 54th
Mints	J. F.	Brunswick	25 Jun 1885	Co G 36th
Mintz	W. D.	Rutherford/ Wake	9 May 1885	Co C 5th AR
Miseheimer	George A.	Cabarrus	5 Jun 1885	Co A 52nd
Mitchell	F. M.	Alleghany	1 Jun 1885	Co G 61st
Mitchell	James	Iredell	6 Jul 1885	Co H 4th
Mitchell	Michael	Watauga	30 Jun 1885	Co I 58th
Mock	J. A.	Davidson	12 Jun 1885	Co F 15th
Modlin	Ashley	Martin	3 Jun 1885	Co H 1st
Money	D. W.	Yadkin	4 Jul 1887	Co H 4th
Moody	Charles	Chatham	27 Jun 1885	Co E 26th
Moody	Ruel	Surry	22 Jun 1885	Co C 21st
Mooney	E. D.	Rutherford	15 Jun 1885	Co I 56th
Mooney	William	Caldwell	2 Jun 1885	Co B 1st
Moore	Amariah B.	Wilson	12 Jun 1885	Co D 2nd
Moore	Andrew J.	Cherokee	4 Jul 1885	Co A 39th
Moore	D. F.	Pamlico	29 Jun 1885	Co D 15th
Moore	D. T.	Johnston	29 Jun 1885	Co C 5th
Moore	David James	Moore	6 Jul 1885	Co E 28th
Moore	G. M.	Cleveland	30 Sep 1886	Co H 28th
Moore	J. R.	Iredell	3 Jun 1885	Co K 33rd
Moore	S. B.	Wilson	1 Aug 1885	Co B 18th
Moore	Simon H.	Franklin	1 Jun 1885	Co E 15th
Moore	W. A.	Duplin	2 Jun 1885	Co E 18th
Mooring	William	Greene	6 Jul 1885	Co K 33rd
Moran	Samuel M.	Chatham	3 Jul 1885	Co G 26th
Morefield	Henderson	Stokes	4 Jul 1887	Co G 53rd
Morgan	Andy A.	Burke	18 Jun 1885	Co B 11th
Morgan	Benjamin S.	New Hanover	2 Jul 1885	Co G 61st
Morgan	George T.	Moore	3 Jun 1885	Co D 15th
Morgan	J. C.	McDowell	27 May 1885	Co F 38th
Morgan	Lemuel A.	Henderson	1 Jul 1885	Co I 54th
Morgan	Reuben	Iredell	6 Jul 1885	Co H 4th
Morris	George W.	Forsyth	5 Jul 1889	Co G 21st
Morris	James	Rowan	1 Jun 1889	Co D 42nd
Morris	John	Onslow	3 Jun 1885	Co B 24th
Morris	Thomas R.	Halifax	4 Jun 1885	Co F 43rd
Morris	Z. W.	Madison	22 Apr 1887	Co K 11th
Moss	James	Cleveland	6 Jul 1885	Co C 55th
Munn	David A.	Montgomery	29 May 1885	Co K 34th
Murph	Daniel M.	Cabarrus	15 Jun 1885	Co C 33rd
Myers	Daniel	Burke	6 Jul 1885	Co D 7th
Myers	George D. W.	Yadkin	4 Jun 1885	Co F 28th
Myers	J. T.	Wayne	21 Jun 1885	Co C 38th
Myrick	M. E.	Moore	4 Jul 1885	Co E 26th
Nantz	D. J.	Mecklenburg	5 Apr 1887	Co C 37th
Nantz	E. A.	Mecklenburg	4 Jul 1885	Co D 7th
Nash	Thomas J.	Rowan	19 Jun 1885	Co B 7th
Neal	J. A.	Cleveland	22 Jun 1885	Co M 16th
Neal	Pleasant	Cumberland	9 Aug 1887	Co C 3rd
Nelson	G. W.	Rockingham	4 Jul 1885	Co D 45th
Nelson	W. A.	Brunswick	15 Jun 1885	Co G 51st
Nelson	W. A.	Caldwell	3 Jul 1886	Co K 33rd
Nevill	Anderson	Halifax	4 Jul 1885	Co A 14th

date and place soldier was wounded	type of wound	other details
Burgess' Mill VA	lost right arm	
20 Sep 1863 Chickamauga GA	lost left arm	
20 Jul 1863 Winchester VA	thighs	
1 Jan 1865 Fort Fisher NC	shoulder	
30 Nov 1864 Franklin TN	blind	
3 Jul 1863 Gettysburg PA	both legs	
16 May 1864 Drewry's Bluff VA	lost right leg	
11 May 1864 Spotsylvania Courthouse VA	right ankle	
25 Feb 1864 GA	lost left leg	
Spotsylvania Courthouse VA	right hand	
1 Jul 1863 Sharpsburg MD	ankle	see also widow's application
19 May 1864 Spotsylvania Courthouse VA	lost left arm	
1 Jul 1863 Gettysburg PA	both legs & left shoulder	
25 May 1862 Winchester VA	right hand & left leg	
21 Aug 1864 Petersburg VA	lost left arm	
1 Jul 1862 Malvern Hill VA	left arm	
1 Jun 1862 Malvern Hill VA	right leg	affadavit by nephew Nathan Moore
19 Sep 1863 Chickamauga GA	left leg	
19 Mar 1865 Bentonville NC	lost left arm	
5 May 1862 Williamsburg VA	hip	
1 Sep 1862 Ox Hill VA	lost both eyes	
25 Aug 1864 Reams Station VA	lost left foot	
25 Aug 1864 Reams Station VA	lost left leg	
3 May 1863 Chancellorsville VA	shoulder	
12 Dec 1862 Fredericksburg VA	shoulder	
16 Aug 1863 Petersburg VA	right arm	
4 Jul 1863 Gettysburg PA	lost left arm	
1 Jul 1863 Gettysburg PA	lost right leg	see also widow's application
4 Apr 1865 Petersburg VA	lost right arm	
1 Jul 1863 Gettysburg PA	lost right arm	
Jul 1862 Petersburg VA	left thigh	
20 Apr 1864 Petersburg VA	paralyzed left arm	
15 Feb 1864 Atlanta GA	left leg	
28 Sep 1864 Fishing Hill VA	left hip	
May 1862 Seven Pines VA	right foot	
1 Jul 1862 Malvern Hill VA	right arm & right shoulder	
Petersburg VA	head	
20 Apr 1864 Plymouth NC	back	
1 Jul 1863 Gettysburg PA	thigh	
21 Aug 1862 Petersburg VA	lost right arm	
3 Jul 1863 Gettysburg PA	lost left arm	
7 Jun 1862 Cold Harbor VA	lost right leg	
30 Sep 1864 Petersburg VA	hip	
1862 near New Bern NC	left ankle	
1 Sep 1862 Potomac River VA	left shoulder	
13 Dec 1862 Fredericksburg VA	lost left leg	
25 May 1863 Kinston NC	lost right arm	
3 May 1863 Chancellorsville VA	left leg	
5 May 1864 Wilderness VA	lost 2 fingers on right hand	
27 Jun 1862 Gaines' Mill VA	lost left arm	
26 May 1864 Wilderness VA	groin	
3 Jul 1863 Gettysburg PA	left shoulder	
5 May 1864 Wilderness VA	left ankle	
30 Sep 1864 Fort Harrison VA	left elbow	
2 Jul 1863 Gettysburg PA	lost right arm	
Apr 1862 York River VA & Jul 1863 Gettysburg		

Soldier's Last Name	Soldier's First Name	County of Application	Date of Application	Company & Regiment
Newell	Thomas	Guilford	19 Jun 1885	Co F 54th
Newton	Ely	Cherokee	23 May 1885	Co F 55th
Newton	Jackson	Anson	1 Aug 1887	Co K 43rd
Newton	John A.	Cleveland	2 Jul 1885	Co F 34th
Nix	John	Henderson	1 Jul 1885	Co A 25th
Nixon	G. W.	Camden	6 Jul 1885	Co B 32nd
Nobles	W. F.	Nash	30 Jun 1885	Co E 27th
Nobles	W. M.	Craven	2 Aug 1886	Co K 31st
Noblitt	W. T.	McDowell	1 Jun 1885	Co B 35th
Norman	Henry	Burke	3 Jul 1885	Co F 55th
Nuckels	James H.	Vance	30 Jun 1885	Co F 8th
Oakes	James E.	Forsyth	13 Jul 1885	Co B 45th
Oakley	John	Person	6 Jul 1885	Co F 17th
Oglesby	W. V.	Craven	8 Jun 1885	Co B 10th
Oillany	Thomas	Granville	13 Mar 1886	Co G 47th
Omary	Weldon E.	Warren	1 Jun 1885	Co G 43rd
O'Merry	Thomas H.	Beaufort	19 May 1885	Co E 4th
O'Quinn	Henry	New Hanover	22 May 1885	Co C 1st
Ornsby	George W.	New Hanover	6 Jul 1885	Co K 3rd
Ornt	J. A.	Clay	6 Jul 1885	Co E 37th
Outlaw	John E.	Duplin	2 Jun 1885	Co A 43rd
Overby	Andrew	Johnston	30 Jun 1885	Co E 24th
Overcash	O. C.	Iredell	2 Jul 1886	Co I 7th
Overman	Joseph R.	Wayne	8 Jun 1885	Co C 2nd
Overman	W. A.	Wilson	3 Jun 1885	Co A 2nd
Owens	Henry C.	Rowan	5 Aug 1885	Co B 46th
Owens	Solomon T.	Rutherford	6 Jun 1885	Co I 56th
Pace	Larry	Johnston	3 Jun 1885	Co C 1st
Padgett	J. G.	McDowell	16 Jul 1885	Co B 22nd
Page	G. L.	Surry	22 Jun 1885	Co B 18th
Pankey	James W.	Anson	25 Jul 1887	Co H 43rd
Parham	Thomas	Forsyth	22 Jun 1885	Co K 52nd
Parish	Stephen	Perquimans	3 Jun 1885	Co F 11th
Parker	Bryant	Sampson	29 Jun 1885	Co C 54th
Parker	J. M.	Lincoln	29 Jun 1885	Co H 52nd
Parker	James	Buncombe	23 May 1885	Co E 60th
Parker	James E.	Randolph	26 Jun 1885	Co G 46th
Parker	William J.	Cherokee	8 Jun 1885	Co A 6th
Parris	Alfred	Swain	3 Jul 1885	Co B 25th
Parrott	Joseph P.	Lenoir	6 Jul 1885	Co A 40th
Parsons	Peyton	Wilkes	1 Jun 1885	Co C 36th
Passmore	Jarvis	Macon		
Patterson	Elijah W.	Nash	5 Jun 1885	Co A 47th
Patterson	John I.	Rowan	25 Jun 1885	Co C 30th
Patterson	R. M.	Robeson	6 Jul 1885	Co D 51st
Peacock	Joseph	Wayne	12 Jun 1885	Co A 27th
Peaden	John R.	Pitt 2 Jun 1885	Co F 61st	30 Sep 1864
Pearce	J. D.	Franklin	2 Jun 1885	Co B 47th
Pearce	O. H.	Lenoir	6 Jul 1885	Co H 38th
Pearce	Sampson	Duplin	2 Jun 1885	Co I 1st
Pearman	George	New Hanover		

date and place soldier was wounded	type of wound	other details
11 May 1863 Fredericksburg VA	right shoulder	
1 Jul 1863 Gettysburg PA	left hand	
19 Sep 1864 Winchester VA	chest	
1 Jul 1863 Gettysburg PA	lost left leg	
19 Jun 1864 Petersburg VA	lost right leg	
3 Jul 1863 Gettysburg PA	leg & thigh	
4 May 1864 Wilderness VA	right shoulder	
31 May 1864 Blue Ridge Mountains VA	right arm	
4 Aug 1864 Petersburg VA	right arm	
1 Jul 1863 Gettysburg PA	left arm	
1 Jun 1864 Cold Harbor VA	thigh	miller before the war
10 May 1864 Spotsylvania Courthouse VA	lost leg	
10 Mar 1865 Kingston NC	right wrist	
1861 Morehead City NC	left ankle, right foot, & left leg after a cannon fell on him, was transporting cannon to Fort Macon NC	
3 Jul 1864 (sic) Gettysburg	head & left leg	
Jun 1863 Drewry's Bluff VA & 16 May 1864 near Newbern NC	leg & shoulder; lost sight in left eye	
3 May 1863 Chancellorsville VA	lost left leg	b. Beaufort Co and enlisted as Thomas H. Merry or Murray, along with brothers William & Jacob
3 May 1863 Chancellorsville VA	right thigh	
Point Lookout MD	frostbite	
16 Aug 1864 Gaines' Mill VA	both thighs	
19 Oct 1863 Cedar Creek VA	lost leg	
20 Apr 1864 Plymouth NC	both thighs	
25 Aug 1864 Reams Station VA	lost left arm	
May 1863 Chancellorsville VA	left leg & left shoulder	
Dec 1862 Fredericksburg VA	lost left arm	
13 Dec 1862 Fredericksburg VA	lost thumb & finger of right hand	
13 May 1864 Drewry's Bluff VA	left shoulder	
3 May 1863 Chancellorsville VA & 17 Sep 1862 Sharpsburg MD	right elbow & mouth; lost front teeth	
31 May 1862 Seven Pines VA	both thighs	
19 Sep 1863 Chickamauga GA	lost right leg	
25 Mar 1865 Fort Steadman VA	lost left arm	
3 Jul 1863 Gettysburg PA	right arm & right thigh	
1 Oct 1864 Petersburg VA	head	
13 Dec 1862 Fredericksburg VA	right ankle	
1 Oct 1864 Petersburg VA	lost left leg	
13 Jul 1863 Jackson MS	lost right arm	
13 Dec 1862 Fredericksburg VA	lost two fingers	
30 Jul 1864 Petersburg VA	lost left leg	
2 Jul 1862 Malvern Hill VA	left thigh	
10 Nov 1864 Cape Fear River NC	left elbow	crewing a boat that was run over by a steamer
1 Jul 1863 Gettysburg PA		
		empty folder
27 Sep 1864 VA	leg	
7 Nov 1863 Kelly's Ford VA	right arm	
15 May 1864 Drewry's Bluff VA	right eye	
5 May 1864 Wilderness VA	left hip & right hand	
Fort Harrison VA	head	
2 Jun 1864 Shady Grove Church VA	lost thumb & finger	
30 Jun 1862 Frazier's Farm VA	lost right leg	
21 Jun 1863 Middleburg VA	lost leg	
	blind	

Section II — Disabled Soldier Applications

Soldier's Last Name	Soldier's First Name	County of Application	Date of Application	Company & Regiment
Peele	Joseph S.	Bertie	4 May 1885	Co F 59th
Pence	N. F.	Cabarrus	19 Jun 1885	Co I 52nd
Pendergast	John	Gaston	29 Jun 1885	Co K 11th
Pendergrass	Levi	Orange	5 Jul 1885	Co G 11th
Perkins	J. M.	Edgecombe	30 Apr 1885	Co K 17th
Perkins	Jacob	Richmond	1 Jun 1885	Co D 33rd
Perkins	John M.	Cabarrus	13 Jun 1885	Co B 1st
Perry	William H.	Perquimans	29 Jun 1885	Co A 8th
Petteway	J. W.	Onslow	29 Jun 1885	Co A 35th
Pettigrew	Franklin	Rockingham	5 Jul 1885	Co K 13th
Phelps	J. P.	Vance	7 Feb 1887	Co E 15th
Phelps	James L.	Person	22 Jul 1886	Co C 13th
Phelps	Josiah	Vance	27 Jun 1885	Co G 15th
Phillips	Eli	Ashe	8 Jun 1885	Co A 9th
Phillips	George W.	Moore	6 Jul 1885	Co E 26th
Phillips	J. J.	Cherokee	2 Jun 1885	Co C 39th
Phillips	Peter	Alexander	8 Jun 1885	Co H 55th
Phillips	Thomas B.	Graham	1 Jun 1885	Co H Thomas' Legion
Phillips	Thomas H.	Anson	6 Jul 1885	Co A 23rd
Phillips	W. H.	Johnston		
Pickett	J. Q.	Duplin	30 Jun 1886	Co B 3rd
Pierce	Archibald	Pender	30 May 1885	Co F 3rd
Piercy	W. M.	Caldwell	6 Jul 1885	Co I 26th
Piland	Elisha W.	Gates	1 Jun 1885	Co H 5th
Pillgreen	Edwin	Pitt	6 Jul 1885	Co D 44th Oct/Nov 1862
Pinyon	William E.	Cabarrus	15 Jun 1885	Co I 48th
Pitman	C.	Wilson	1 Jun 1885	Co D 2nd
Pittille	John L.	Henderson	13 Jun 1885	Co D 60th
Plummer	Jesse B.	Alleghany	1 Jun 1885	Co K 37th
Plummer	Solomon	Cabarrus	2 Jun 1885	Co B 7th
Plyler	Daniel	Stanly	3 Jun 1885	Co F 27th
Pollard	James	Alleghany	6 Jul 1885	Co F 37th
Ponder	J. M.	Madison	20 Jun 1885	Co D 29th
Pool	Ransom	Wake	June 29 1911	Co C 47th
Pope	Benjamin E.	Halifax	13 Jun 1885	Co F 36th
Pope	Isaac	Edgecombe	4 Jul 1887	Co F 36th Artillery
Pope	Kirby R.	Anson	6 Jul 1885	Co I 43rd
Porter	James T.	Anson	18 Jun 1885	Co B 31st
Possmore	Travis L.	Macon	2 Jul 1885	Co K 9th
Poteet	Benjamin F.	Cabarrus	26 May 1885	Co H 7th
Potter	Jordan	Lenoir	2 Jun 1885	Co C 27th
Powell	Edward F.	Gates	6 Jul 1885	Co H 5th
Powell	James T.	Gates	26 Jun 1885	Co B 5th
Powers	James R.	Cumberland	2 Jun 1885	Co G 33rd
Powers	John W.	Moore	15 Jun 1885	Co E 26th
Powers	Jordan	Columbus	8 Jun 1885	Co G 51st
Presnell	Elijah L.	Watauga	3 Jun 1885	Co E 37th
Presnell	John	Randolph	3 Jul 1885	Co F 2nd
Price	J. N.	Burke	22 Jun 1885	Co B 26th
Price	Thomas P.	Anson	19 May 1885	Co I 43rd
Price	William H.	Anson	13 Oct 1889	Co I 43rd
Proctor	W. H.	Halifax	26 May 1885	Co G 13th
Proffit	James	Watauga	15 Jun 1885	Co D 1st Cavalry
Propst	John M.	Catawba	15 Jun 1885	Co G 5th

date and place soldier was wounded	type of wound	other details
27 Oct 1864 Burgess' Mill VA	right leg	
3 Jul 1863 Gettysburg PA	lost left arm	
Sep 1864 near Petersburg VA	right side	
5 May 1864 Wilderness VA	right hip	
17 Jun 1864 Petersburg VA	lost eyesight	
10 Jun 1864 Cold Harbor VA	lost right leg	
3 May 1863 Chancellorsville VA	right arm	
14 May 1864 Drewry's Bluff VA	shoulder	
22 Jun 1864 Petersburg VA	lost arm	
3 Jun 1864 VA	lost right leg	
10 Sep 1862 Yorktown VA	lost an eye	
5 Apr 1863 Wilderness VA	lost fingers	
30 Oct 1861 Yorktown VA	lost an eye	was in 15th, then 47th regiments; possibly same person as J. P. Phelps
3 Jul 1863 Gettysburg PA	lost left leg	
14 Oct 1863 Washington NC	hip	
4 Jul 1864 Marietta GA	right arm	
1864 VA	lost sight of right eye & use of arm from exposure	
5 Jun 1864	left leg	
19 Sep 1864 Winchester VA	left hand	
		empty folder
Sep 1862 Sharpsburg MD	lost 4 fingers	
2 Aug 1864 VA	ulcerated leg	
1 Jul 1863 Gettysburg PA	lost right leg	
7 Nov 1863 Rapidan Station or Mine Run VA	lost right arm	
Bristoe Station VA	left arm	
Jun 1864 Bristoe Station VA	breast & hand	
17 Sep 1862 Sharpsburg MD	left leg	
15 Nov 1863 Missionary Ridge TN	lost right leg	
28 Nov 1863 Lynchburg VA	lost left leg	
3 Jul 1863 Gettysburg PA	side	
1 Oct 1863 Bristoe Station VA	right leg	
10 Jun 1862 Richmond VA	lost 2 fingers of right hand	
13 Aug 1864 Mars Hill NC	lost right arm	
	contracted disease while in service	
15 Jan 1865 Fort Fisher NC	right thigh	
	blind	
17 May 1864 Drewry's Bluff VA	chest	
15 Jul 1864 Shohola PA	right leg & left ankle crushed in train wreck	POW
11 May 1864 near Richmond VA	lost right arm	
3 May 1863 Chancellorsville VA	breast; suffering from tumor at wound site	
15 Jun 1864 White Oak Swamp VA	right arm	
27 Sep 1862 South Mountain MD	left jaw	
3 Jul 1863 Gettysburg PA	lost right arm	
1863 (sic) Wilderness VA	left hand	
4 Jul 1863 Gettysburg PA	left foot	
18 Jul 1863 Morris Island SC	left arm	
27 Jun 1862 Gaines' Mill VA	right elbow	
1 Jul 1863 Gettysburg PA	hand	
22 Sep 1864 Petersburg VA	lost left eye	
19 Sep 1864 Winchester VA	lost left foot	
16 May 1864 Drewry's Bluff VA	lost right arm	
May 1862 Williamsburg VA & 1 Jul 1863 Gettysburg PA	left arm; left leg	
1863 Cammus Landing VA	right elbow	
4 May 1863 Chancellorsville VA	lost arm	

Section II — Disabled Soldier Applications

Soldier's Last Name	Soldier's First Name	County of Application	Date of Application	Company & Regiment
Puckett	Hugh	Surry	5 May 1885	Co A 28th
Pullen	W. P.	Halifax	2 Jul 1885	Co I 12th
Pullian	Vincent	Person	23 Jun 1885	Co A 24th
Putman	W. A.	Lincoln	6 Jul 1885	Co C 15th
Quate	Richard	Guilford	27 Jun 1885	Co C 45th
Queen	John W.	Macon	30 May 1885	Co G 25th
Rabon	Jonathan	Cabarrus	19 Jul 1885	Co E 42nd
Rackley	James F.	Sampson	15 Jun 1885	Co B 18th
Rainor	John S.	Cumberland	28 May 1885	Co C 54th
Rains	William C.	Polk	30 Jun 1887	Co I 54th
Ramsey	Robert T.	Pender	23 May 1885	Co K 3rd
Randall	John C.	Cleveland	2 Jun 1883	Co D 14th

Soldier's Last Name	Soldier's First Name	County of Application	Date of Application	Company & Regiment
Randle	William M.	Watauga	6 Jul 1885	Co B 37th
Randolph	Elisha	Yancey	6 Jul 1885	Co C 16th
Randolph	John E.	Pitt	30 May 1885	Co H 27th	Aug/Sep 1864
Rash	J. C.	Wilkes	1 Jun 1885	Co C 13th
Rash	Noah	Iredell	1 Jun 1885	Co B 23rd
Rawls	John B.	Gates	10 May 1885	Co C 52nd
Reagan	William Thomas	Person	22 Jun 1885	Co F 17th
Rearden	David A.	Harnett	2 Jun 1885	Co B 10th
Record	D. P.	Randolph	20 May 1885	Co G 26th
Redmon	J. A.	Iredell	4 May 1885	Co H 4th
Reece	A.	Yadkin	15 Jun 1885	Co A 21st
Reed	Joel	Watauga	2 Jun 1885	Co G 37th
Reedy	Granville	Ashe	30 Jun 1885	Co C 63rd VA
Reid	W. E.	Rowan	6 Jul 1885	Co H 23rd
Reid	William F.	Guilford	26 Jun 1885	Co B 21st
Reid	William J.	Alexander	1 Jun 1885	Co B 19th
Rendleman	Lawrence T.	Rowan	30 Jun 1885	Co G 6th
Respess	George W.	Beaufort	20 Jun 1885	Co G 1st
Reynolds	Elijah	Moore	2 Jun 1885	Co K 34th
Reynolds	John T.	Surry	30 May 1885	Co H 21st
Reynolds	Lawson	Gaston	4 Jul 1885	Co H 23rd
Rhodes	George W.	Buncombe	1 Jun 1885	Co I 25th
Rhodes	James H.	Jones	24 Jun 1887	Co K 31st
Rhom	Robert	McDowell	23 Jun 1885	Co A 49th
Rhyne	Peyton S.	Gaston	30 Jun 1885	Co H 37th
Rhyne	R. N.	Iredell	29 May 1885	Co H 4th
Rich	Daniel	Randolph	8 May 1885	Co F 2nd
Richardson	Caleb	Alleghany	22 Jun 1885	Co F 22nd
Richardson	Samuel P.	Stokes	20 Jun 1885	Co L 21st
Rickman	W. R.	Henderson	6 Jul 1885	Co E 25th
Riddle	Samuel	Yancey	6 Jul 1885	Co C 38th
Riggan	Charles S.	Warren	26 Jun 1885	Co B 30th
Riggs	Hayward	Craven	3 Jun 1885	Co F 2nd
Riggs	W. R.	Durham	29 Jun 1885	Co B 6th
Riley	James	Orange	16 May 1885	Co D 56th
Rilly	William	Alexander		
Rivenbark	Robert	Duplin	22 Mar 1886	Co K 3rd
Roach	James T.	Rockingham	6 Jul 1885	Co G 45th
Robbins	Newton	Clay	29 Jun 1885	Co E 39th
Roberson	H. A.	Beaufort		
Roberson	William W.	Columbus		

date and place soldier was wounded	type of wound	other details
27 May 1862 Hanover Courthouse VA	lost right leg	
27 May 1862 Hanover Courthouse VA	body	
26 Jul 1862 Petersburg VA	right leg, right side, right shoulder, & both hands	
21 Aug 1864 Petersburg VA	lost right leg	
6 Jul 1863 retreating from Gettysburg PA	lost left leg	
1 Sep 1862 Wilmington NC	broke right arm in accident	
20 May 1864 Bermuda Hundred VA	left arm	
3 Jul 1864 (sic) Gettysburg PA	right leg & hip & left arm	
1862 Fredericksburg VA	lost eyesight after contracting smallpox	
22 Apr 1864 near Petersburg VA	lost right arm	POW
3 Jul 1863 Gettysburg PA	left arm	
17 Sep 1862 Sharpsburg MD	lost left arm	Sgt; b. 25 Jan 1829 Cleveland Co NC; moved to Hopkins Co TX Dec 1867 (application sent from Sulphur Springs TX)
30 Jun 1862 Frazier's Farm VA	left shoulder	
May 1863 VA	lost left arm	
Ream's Station VA	hand & wrist	
3 May 1863 Chancellorsville VA	hip & abdomen	
8 May 1864 Wilderness VA	left shoulder & side	
3 Jul 1863 Gettysburg PA	right hip	
21 Mar 1865 Bentonville NC	right wrist & right shoulder	
Dec 1864 Wilmington NC	contracted rheumatism	
3 Jul 1863 Gettysburg PA	right arm	shoemaker
1 Sep 1864 Winchester VA	left hand	
19 Oct 1864 Stasburg VA	right arm	
1 Jul 1862 Frazier's Farm VA	lost right eye	
20 Apr 1862 New Hope Church GA	right shoulder	
24 May 1864 Spotsylvania Courthouse VA	left hip	
21 May 1862 Winchester VA	lost left leg	
28 Jul 1862 NC	lost left arm	
31 May 1862 Seven Pines VA	arm	
Jun 1862 Ellisons Hill VA	right wrist	
14 Aug 1863 PA	hernia caused by "overhard marching"	
28 Aug 1862 Manassas VA	foot	
31 May 1862 Seven Pines VA	paralyzed in both legs	
19 Sep 1862 near Martinsburg VA (now WV)	lost left arm	
14 May 1864 Drewry's Bluff VA	right thigh	
21 Apr 1863 Sand Ridge NC	lost leg	
27 May 1862 Manassas Junction VA	jawbone	
17 Sep 1862 Sharpsburg MD	hand & wrist	
1 Aug 1864 Drewry's Bluff VA	taken sick; physician's statement says not incapacitated	
2 May 1863 Chancellorsville VA	lost right eye	
19 Sep 1864 Winchester VA	left elbow	
25 Dec 1863 Richmond VA	lost right eye from smallpox	
22 Jun 1864 near Marietta GA	lost left leg	
19 Oct 1864 Cedar Creek VA	head	
3 May 1863 Chancellorsville VA	lost right arm	
14 Dec 1862 Fredericksburg VA	right arm	
25 Aug 1864 Reams Station VA	lost left leg	
		empty folder
5 May 1864 Wilderness VA	lost left arm	
5 May 1864 Winchester VA	lost right leg	
19 Sep 1863 Chickamauga GA	knee	
		empty folder
		empty folder

Soldier's Last Name	Soldier's First Name	County of Application	Date of Application	Company & Regiment
Roberts	Anderson	Caswell	6 Jul 1885	Co D 6th
Roberts	David W.	Carteret	5 Jul 1885	Co H 10th
Roberts	John H.	Stokes	25 May 1885	Co F 21st
Roberts	John W.	Cleveland	2 Jul 1885	Co H 34th
Roberts	William H.	Wake	15 Jun 1885	Co G 23rd
Roberts	Zachariah	Wake	2 Jun 1885	Co I 6th
Robertson	Benjamin P.	Warren	2 Jun 1885	Co C 12th
Robertson	R. H.	Buncombe	1 Jun 1885	Co F 62nd
Robertson	W. J.	Warren	2 Jul 1885	Co K 12th
Robinson	Henry J.	Beaufort	12 Jul 1887	Co C 40th
Robinson	James M.	Sampson	29 May 1885	Co C 1st
Robinson	John L.	Montgomery	22 Jun 1885	Co E 28th
Robison	James H.	Rowan	2 Aug 1886	Co C 49th
Rodgers	Calvin I.	Duplin	2 Jun 1885	Co A 43rd
Rodgers	James	Halifax	16 Jun 1885	Co B 44th
Rogers	A. N.	Buncombe		Co E 60th
Rogers	David J.	Duplin	18 Jun 1885	Co B 3rd
Rogers	Eli A.	Wake	12 Jun 1885	Co A 25th
Rogers	John	Person	1 Jul 1889	Co E 35th
Rogers	R. C.	Halifax	13 Jun 1885	Co G 12th
Rogers	Weston R.	Wake	30 Apr 1885	Co C 47th
Rollins	N. J.	Rutherford	30 Jun 1885	Co H 28th
Rooker	George W.	Halifax	18 Jun 1885	Co A 14th
Rooker	William T.	Warren	9 Jul 1885	Co A 14th
Roop	Jacob C.	Alleghany	6 Jul 1885	Co H 37th
Rose	Sampson W.	Hyde	22 Jun 1885	Co H 33rd
Ross	John A.	Robeson	6 Jul 1885	Co C 36th
Ross	John T.	Union	4 May 1885	Co F 35th
Rouse	D. W.	Duplin	6 Jul 1885	Co H 67th
Rouse	L. G.	Greene	20 Jun 1885	Co A 3rd
Rouse	Thomas B.	Craven	22 May 1885	Co F 2nd
Rowe	W. F.	Wilson	23 Jun 1885	Co D 45th
Royal	J. C.	Yadkin	10 Jun 1885	Co B 21st
Rumbley	Jacob	Forsyth	5 Jun 1885	Co F 21st
Rumly	Marshall	Guilford	1 Jun 1885	Co I 5th
Russ	John J.	Robeson	1 Jun 1885	Co D 18th
Russell	Henry	Stanly	3 Jun 1885	Co K 28th
Russell	James D.	Macon	30 Jun 1885	Co D 25th
Russell	Wiley	Montgomery		Co K 34th
Russell	William H.	Person	27 Jun 1885	Co E 23rd
Russell	William M.	Randolph	30 Jun 1885	Co K 34th
Safley	William W.	Davie	2 Jun 1885	Co D 28th
Salmon	Joseph	Sampson	22 May 1885	Co B 56th
Salmons	William	New Hanover	2 Jun 1885	Co H 3rd
Sanders	J. B.	Wake	28 Apr 1885	Co K 4th
Sandford	J. W.	Wake	25 Jun 1885	Co F 47th
Sasser	Ira S.	Columbus	30 Jun 1885	Co H 18th
Sasser	Thomas H.	Johnston	6 Jul 1885	Co C 5th
Saulmon	John M.	Burke	5 Jul 1886	Co D 11th
Saunders	Absalom W.	Stanly	2 Jun 1885	Co H 38th
Saunders	Jesse	Moore	1 Jun 1885	Co F 3rd
Sawyer	Samuel L.	Washington	12 Jun 1885	Co A 32nd
Scott	Blany	Wilson	29 Jun 1885	Co A 55th
Scott	G. W.	Davidson	7 Jul 1885	Co A 21st

date and place soldier was wounded	type of wound	other details
17 Sep 1862 Sharpsburg MD	right hand	
15 Aug 1863 near Rocky Mount NC	left knee crushed when he was thrown under a RR car	
2 Jul 1863 Gettysburg PA	lost right eye	
5 May 1863 Chancellorsville VA	left hand	
9 May 1864 Spotsylvania Courthouse VA	lost right arm	
13 Dec 1862 Fredericksburg VA	lost fingers & thumb of right hand	
22 May 1862 Hanover Courthouse VA	lost left eye	
8 Sep 1863 Cumberland Gap TN	saber cut above eye	
2 Apr 1865 Petersburg VA	left foot	
10 Jun 1863 Fort Anderson NC	paralyzed by disease	
6 Apr 1865 & 6 Jun 1862 Richmond VA	shoulder & right thigh & left side	
30 Jun 1864 Petersburg VA	lost right eye	
27 Aug 1864 Petersburg VA	lost left eye	
2 Jun 1864 Cold Harbor VA	head; partial loss of eyesight	
Oct 1863 Bristoe Station VA	lost left foot	
	blind	
18 Jul 1864 Snicker's Gap VA	lost left eye	
Jun 1864 Cold Harbor VA	both legs	
18 Apr 1864 Plymouth NC	right leg	
13 Sep 1864 near Charlestown VA (now WV)	right leg	
3 Jul 1864 Wilderness VA	lost right arm	
1 Sep 1862 Germantown VA	left hip	
17 Sep 1862 Sharpsburg MD & 3 May 1863 Chancellorsville VA & 8 May 1864 Wilderness VA	right shoulder & right arm	
May 1863 Chancellorsville VA	foot	
15 Apr 1864 Liberty Hill VA	lost right eye & right leg	
14 Mar 1862 New Bern NC	left side	
Jan 1865 Fort Fisher NC	lost left eye	
25 Jul 1864 Ream's Station VA	lost left arm	
20 Dec 1864 Fort Branch NC	leg	
6 Oct 1864 Payne's Farm VA	left leg	
3 Jul 1863 Gettysburg PA	lost right leg	
18 Jul 1864 Snicker's Gap VA	lost right arm	
17 Sep 1862 Sharpsburg MD	under right eye	
6 Feb 1865 Petersburg VA	neck & right cheek	
Jul 1863 Ream's Station VA	hip	
2 May 1863 Chancellorsville VA	lost right leg	
1 Jun 1863 Harper's Ferry VA	lost left eye	
24 Jan 1865 Petersburg VA	lost left eye	
Aug 1862 Manassas VA	lost hearing in left ear from head wound	no application, just affadavits
2 Sep 1864 Winchester VA	left hand	originally enlisted Co B 12th
1 Aug 1862 Manassas VA	head & arm	
27 Jun 1862 Gaines' Mill VA	lost left leg	
7 Aug 1864 Petersburg VA	left shoulder	
2 Jul 1863 Gettysburg PA	right thigh	
31 May 1862 Seven Pines VA	3 times in each leg	
3 Jul 1863 Gettysburg PA	right thigh	
30 Jun 1862 Frazier's Farm VA	lost foot	
30 May 1862 Seven Pines VA	right shoulder & neck	
1 Jul 1863 Gettysburg PA	right foot	
26 Jun 1862 McLeansville VA	right leg	
20 Jul 1863 Winchester VA	left thigh	
2 Apr 1865 Petersburg VA	lost right arm	
1 Apr 1863 Suffolk VA	lost left arm	
May 1863 Chancellorsville VA	left thigh	

Soldier's Last Name	Soldier's First Name	County of Application	Date of Application	Company & Regiment
Scott	W. D.	Durham	14 May 1885	Co D 13th
Scroggs	Amos	Iredell	29 May 1885	Co C 48th
Scroggs	David	Iredell	2 Jun 1885	Co C 48th
Scroggs	William A.	Macon	16 May 1885	Co I 39th
Searcey	A. W.	Rutherford	27 May 1885	Co C 60th
Searcey	J. A.	Transylvania	13 May 1885	Co I 1st
Seawell	Eli P.	Macon	1 Jun 1885	Co H 26th
Segle	L. M.	Madison	4 Sep 1885	Co G 1st
Self	Anderson	Cleveland	6 Jul 1885	Co F 55th
Sessoms	Alexander	Sampson	30 Jun 1885	Co B 36th
Sexton	William	Pasquotank	29 Jun 1885	Co G 17th
Shambley	William	Durham	7 Aug 1886	
Sharp	C. T.	Alexander	13 Jun 1885	Co G 38th
Shaver	Embery	Wilkes	22 Jun 1885	Co B 38th
Shaw	Daniel	Columbus	27 Jun 1885	Co G 51st
Shearin	S. C.	Halifax	1 Jun 1885	Co A 14th
Shearin	Thomas W.	Warren	6 Jul 1885	Co B 30th
Shepherd	George W.	Jones	6 Jul 1885	Co K 59th
Sherrill	J. A.	Lincoln	25 May 1885	Co G 52nd
Shields	Thomas R.	Person	17 Jun 1885	Co A 13th
Shinn	John A.	Cabarrus	3 Jun 1885	Co A 33rd
Shipman	J. J.	Transylvania	2 Jul 1885	Co E 25th
Shires	E. L.	Gaston	26 Jun 1885	Co D 1st
Shook	J. A.	McDowell	25 May 1885	Co B 54th
Shore	Edward H.	Forsyth	2 Jul 1885	Co I 33rd
Shouse	Wiley	Forsyth	2 Jun 1885	Co E 21st
Show	Albert	Halifax	6 Jul 1885	Co K 1st
Shuford	Francis A.	Iredell	1 Jun 1885	Co C 4th
Shuford	Noah F.	Catawba	6 Jul 1885	Co I 11th
Shuler	Emsley F.	Guilford	6 Jul 1885	Co B 27th
Shultz	C. A.	Guilford	2 Jun 1885	Co E 21st
Sibbett	G. W.	Moore	2 Jun 1885	Co C 35th
Sikes	David A.	Randolph	1 Jun 1885	Co H 3rd
Sills	L. T.	Montgomery	18 Jun 1885	Co F 7th
Simmons	Alexander	Cumberland	6 Jul 1885	Co A 18th
Simpson	George W.	Alamance	18 Jun 1885	Co K 6th
Simpson	Jacob	Cabarrus	2 Jul 1885	Co G 5th
Simpson	John R.	Pamlico	1 Jun 1885	Co K 2nd
Sims	William Miles	Orange	30 May 1885	Co D 56th
Sinclair	A. D.	Anson	8 Jun 1885	Co I 43rd
Sinclair	Lot	Anson	25 May 1885	Co A 4th
Sisemore	James	Buncombe	2 Jun 1885	Co A 58th
Sisk	R. H.	McDowell	2 Jun 1885	Co F 58th
Skeens	John Y.	Caswell	3 Jul 1885	Co F 54th
Skidmore	J. T.	Gaston	30 May 1885	Co M 16th
Sloan	Alexander	Chatham	1 Jun 1885	Co D 61st
Sloop	M. S. S.	Rowan	20 Aug 1885	Co F 8th
Small	Robert P.	Perquimans	6 Jul 1885	Co H 27th
Small	Sylvester	Jones	1 Jun 1885	Co F 66th
Smathers	Daniel	Haywood	27 Jun 1885	Co E 16th MO
Smith	Calendar S.	Stokes	8 Jul 1889	Co G 45th
Smith	Frederick	Chatham	4 Jul 1885	Co G 48th
Smith	Green	Montgomery	3 Jul 1885	Co E 28th
Smith	Hiram	Moore	23 Jun 1885	Co F 3rd

date and place soldier was wounded	type of wound	other details
1 Jul 1863 Gettysburg PA	lost right foot	
17 Sep 1862 Sharpsburg MD	lost left leg	
Feb 1865 Petersburg VA	left arm	
18 Jun 1864 Marietta GA	lost right leg	
30 Dec 1862 Murfreesboro TN	hand	
4 Jul 1863 Morris Island SC	lost right leg	
5 May 1864 Wilderness VA	lost left leg	
1 Aug 1863 Brandy Station VA	right shoulder	
3 Jul 1863 Gettysburg PA	thigh	
15 Jan 1865 Fort Fisher NC	foot	
7 Sep 1862 Washington NC	lost right eye	
	lost eye	just affadavit saying he lost the eye before the war
30 Jun 1862 Frazier's Farm VA	left leg	
18 Sep 1862 Sheppard Farm VA	right knee	
16 May 1864 Drewry's Bluff VA	lost right arm	
4 Jul 1864 Harper's Ferry VA	left arm	
12 May 1864 Spotsylvania Court House VA	right thigh	
1 Jul 1862 Malvern Hill VA	right ankle	
1 Oct 1864 Petersburg VA	lost left arm	
3 May 1863 Chancellorsville VA	right arm	
3 Jul 1863 Gettysburg PA	right shoulder	
1 Jun 1862 Kinston NC	chest & abdomen crushed by falling flour barrel	he was with the commissary wagon
26 Jun 1862 Ellyson's Mill VA	right leg	
13 Dec 1862 Fredericksburg VA	lost right arm	
12 May 1864 Wilderness VA	lost right arm	
1 Feb 1864 Batchler's Creek NC	lost right foot	
27 Jun 1862 Cold Harbor VA	ankle	
10 May 1864 Spotsylvania Courthouse VA	left shoulder	
1 Jul 1863 Gettysburg PA	left leg & ankle	
14 Oct 1863 Bristoe Station VA	left hip	
2 Apr 1864 Petersburg VA	lost left arm	
20 May 1864 Petersburg VA	left shoulder	
3 Apr 1862 & Jul 1863 Gettysburg	right shoulder & elbow	
3 Jul 1863 Gettysburg PA	thigh	
27 May 1862 Hanover Courthouse VA	right shoulder	
1 Jul 1862 Malvern Hill VA	lost right arm	
12 May 1864 Spotsylvania Court House VA	lost left arm	
12 May 1864 Spotsylvania Court House VA	lost arm	
20 May 1864 Bermuda Hundred VA	right leg	
2 Jun 1864 Gaines Farm VA	lost left arm	
6 Aug 1863 near Culpeper Courthouse VA	right arm	
31 Oct 1864 Jonesboro GA	left arm	
20 Sep 1863 Chickamauga GA	right hand & arm	
6 Apr 1865 Dinwiddie Courthouse VA	hip	
23 May 1864 Hanover Junction VA	right wrist	
14 Dec 1862 Kinston NC	right arm	
18 May 1864 Clay's Farm VA	left hip	
17 Sep 1862 Sharpsburg MD	left arm & chest	
1 Jun 1864 Cold Harbor VA	right arm	
1 Jan 1865 MO	right side	lived Haywood Co NC before war
19 Oct 1864 Cedar Creek VA	lost 3 fingers on left hand	
10 Apr 1864 Bristoe Station VA	lost 2 fingers on left hand	
12 Dec 1862 Fredericksburg VA	right arm	
2 May 1863 Chancellorsville VA	right hand	

Section II — Disabled Soldier Applications

Soldier's Last Name	Soldier's First Name	County of Application	Date of Application	Company & Regiment
Smith	Jesse B.	Haywood	1 Jun 1885	Co E 29th
Smith	John	Cleveland	3 Jun 1885	Co K 42nd
Smith	John E.	Person	1 Jun 1885	Co F 34th
Smith	L. B.	Harnett	15 Jun 1885	Co E 26th
Smith	N. J.	Iredell	18 Jun 1885	Co I 7th
Smith	Nathan N.	Cumberland	25 Jun 1885	Co E 44th
Smith	R. B.	Alexander	27 Jun 1885	Co G 37th
Smith	Robert P.	Henderson	19 May 1885	Co G 56th
Smith	William D.	Stokes	2 Jun 1885	Co K 48th
Sneed	John	Cabarrus	1 Jun 1885	Co K 43rd
Snider	James	Buncombe	5 Jul 1885	Co A 60th
Snider	Thomas L.	Swain	4 Jul 1885	Co C 5th
Snotherly	Jacob	Randolph	12 Jun 1885	Co F 44th
Snow	James	Alexander	5 Jul 1885	Co G 37th
Snow	Miller W.	Surry	30 Jun 1885	Co I 18th
Sparks	James G.	Jones	18 Sep 1885	Co E 6th
Spaugh	Simon	Forsyth	19 May 1885	Co K 21st
Speaks	E. L.	Iredell	1 Aug 1885	Co E 54th
Spears	M. O.	Cabarrus	29 May 1885	Co B 20th
Speece	J. W. M.	Iredell	13 Jul 1885	Co H 4th
Spencer	Lemuel	Randolph	1 Jun 1885	Co F 46th
Spivey	A. A.	Northampton	9 Jul 1885	Co D 54th
Stafford	D. R.	Johnston	5 Jul 1885	Co H 20th
Stafford	G. W.	Davidson	1 Jun 1885	Co F 7th
Stallings	Urias	Caldwell	1 Jun 1885	Co I 24th
Stallings	W. P.	Warren	1 Jun 1885	Co C 46th
Stamper	W. H.	Halifax	2 Jul 1885	Co D 43rd
Stancill	C. J. H.	Edgecombe	20 Jun 1885	Co B 44th
Stanley	John	Guilford	27 Jun 1885	Co E 22nd
Stanton	A. F.	Vance	6 Jul 1885	Co E 15th
Starnes	D. A.	Union	12 Jun 1885	Co H 30th
Starnes	Thomas H.	Union	11 May 1885	Co B 43rd
Staton	Anderson R.	Henderson	1 Jun 1885	Co G 35th
Staton	William	Mitchell	1 Jun 1885	Co C 10th
Steele	Stephen	Guilford	4 May 1885	Co C 45th
Steele	W. H.	Randolph	1 Jun 1885	Co E 2nd
Stephens	Thomas	Watauga	6 Jul 1885	Co E 37th
Stevens	J. A.	Sampson	1 May 1885	Co D 38th
Stevens	Thomas	Watauga	15 Jun 1885	Co E 37th
Stewart	W. N.	Rockingham	8 Jun 1885	Co G 45th
Stikeleather	M. W.	Rowan	3 Jun 1885	Co B 4th
Stokely	Charles L.	Pasquotank	21 May 1885	Co A 8th
Strickland	Haywood	Cumberland	18 Jun 1885	Co B 20th
Strickland	W. D.	Durham	4 Jul 1885	Co H 31st
Stroud	Daniel	Lenoir	15 Jun 1885	Co D 27th
Sturgeon	C. S.	Mecklenburg	6 Jul 1885	Co B 13th
Stutts	Andrew J.	Montgomery	2 Jun 1885	Co D 48th
Stutts	H. W.	Moore	6 Jul 1885	Co D 48th
Sullivan	Lemuel L.	Duplin	4 Jul 1887	Co C 51st
Summerlin	A. J.	Wayne	8 Mar 1880	Co G 55th
Summers	Y.	Iredell	18 May 1885	Co C 4th
Summersett	Samuel J.	Brunswick	30 May 1885	Co G 20th
Sumner	Asa	Duplin	28 Apr 1885	Co B 3rd
Sumner	Robert B.	Randolph	19 May 1885	Co B 3rd

date and place soldier was wounded	type of wound	other details
19 Sep 1863 Chickamauga GA	lost 1 finger on left hand	
Mar 1863 Cold Harbor VA	left elbow	
13 Aug 1864 Petersburg VA	lost sight in left eye	
14 Mar 1862 New Bern NC	right hand	
Oct 1862 Germantown VA	above left eye	
	lost sight in right eye & use of right leg & lost foot from diseases	
13 Dec 1862 Fredericksburg VA	lost left eye	
16 May 1864 Drewry's Bluff VA	lost 1 finger on left hand	
Oct 1862 Orange Courthouse VA	lost eye after being struck by stone while repairing a road	
21 Aug 1864 Bunkers Hill VA	left ankle	
1 Dec 1864 Columbia TN	right hand	
13 Dec 1863 Petersburg VA	lost left foot	
14 Oct 1863 Bristoe Station VA	thigh	
25 Dec 1864 near Danville VA	fell through a RR bridge	
3 Jul 1863 Gettysburg PA	left arm & shoulder & right thigh	
7 May 1862 Seven Pines VA	left hip	
18 Jun 1864 Lynchburg VA	right thigh	
4 May 1863 Chancellorsville VA & Jun 1863 near Richmond VA	left leg & left eye	
27 Jun 1862 Cold Harbor VA	right leg	
17 Sep 1862 Sharpsburg MD	left breast	
5 May 1864 Wilderness VA	left elbow	
25 Aug 1864 near Charlestown VA (now WV)	lost left leg	
1 Jul 1862 Seven Pines VA	left hand & left foot & right leg	
20 Sep 1864 Wilderness VA	head & left wrist	
3 Jul 1863 Gettysburg PA	lost left eye	
12 May 1864 Spotsylvania Court House VA	right arm	
4 Aug 1864 near Charlestown VA (now WV)	lost left leg	
25 Aug 1864 near Petersburg VA	lost right arm	
3 May 1863 Chancellorsville VA	right foot	
11 Feb 1865 Orangeburg SC	lost arm	
17 Jul 1864 Snicker's Gap VA	lost right leg	
18 Jul 1864 Snicker's Gap VA	lost left arm	
Feb 1863 Plymouth NC	right lung	
19 Mar 1865 Bentonville NC	lost left arm	
3 Jul 1863 Gettysburg PA	left breast	
22 Sep 1864 Fisher's Hill VA	left arm	
3 May 1863 Chancellorsville VA	left knee	
1 Jul 1863 Gettysburg PA	lost left arm	
3 May 1863 Chancellorsville VA	leg	
10 May 1864 Spotsylvania Courthouse VA	lost vision & one eye	moved to Guilford Co
31 May 1862 Seven Pines VA	right shoulder	
17 Apr 1865 Johnston Co NC	right arm	
19 May 1864 Spotsylvania Courthouse VA	lost right arm	
24 Jun 1864 Petersburg VA	lost left foot	
14 Oct 1863 Bristoe Station VA & Sep 1862 Sharpsburg MD	groin & left shoulder	
27 Jun 1862 Seven Days VA	lost left leg	
23 Jun 1862 Seven Pines VA	lost right leg	
17 Sep 1862 Sharpsburg MD	both hands	
14 May 1864 Drewry's Bluff VA	right shoulder	
1 Jul 1863 Gettysburg PA	lost left arm	
31 May 1862 Seven Pines VA	left leg	
3 Jul 1863 Gettysburg PA	lost both eyes & both hands	
2 May 1863 Chancellorsville VA	lost left leg	
17 Sep 1862 Sharpsburg MD	left knee	

Section II — Disabled Soldier Applications

Soldier's Last Name	Soldier's First Name	County of Application	Date of Application	Company & Regiment
Sutton	Freeland	Alamance	13 Jun 1885	Co E 1st
Sutton	Jesse	Jones	20 Apr 1885	Co C 27th
Swain	James W.	Perquimans	6 Jul 1885	Co F 11th
Swindell	Anson M.	Beaufort	1 Jul 1885	Co I 2nd
Swindell	Thomas M.	Hyde	13 Jun 1885	Co I 4th
Swink	Edward	Rowan	21 May 1887	Co F 7th
Swink	Peter J.	Rowan	May 1885	Co K 8th
Taber	A. H.	Henderson	1 Jul 1885	Co G 56th
Tallent	Jesse	Burke	12 Jun 1885	Co F 55th
Talton	S. W.	Cabarrus	8 Jun 1885	Co K 42nd
Tant	Lee W.	Franklin	20 Jun 1885	Co B 47th
Tathan	Thomas N.	Jackson	6 Jul 1885	Co K 39th
Tatum	John H.	Guilford	10 Jul 1885	Co E 2nd
Taylor	B. F.	Rockingham	12 Jun 1885	Co G 14th
Taylor	David A.	Craven	22 Jun 1885	Co C 2nd
Taylor	George W.	Caldwell	4 Jun 1889	Co H 58th
Taylor	J. W.	Mecklenburg	2 Jun 1885	Co B 53rd
Taylor	Jackson J.	Moore	7 Jul 1885	Co H 30th
Taylor	Jesse	Wayne	24 Jul 1893	Co K 27th
Taylor	Lewis	Duplin	1 Jun 1885	Co B 1st
Taylor	Lewis G.	Craven	2 Jun 1885	Co F 2nd
Taylor	M. C.	Currituck	2 Jun 1885	Co G 4th
Taylor	W. G.	Montgomery	15 Aug 1885	Co K 34th
Taylor	W. I.	Lenoir	20 Jun 1885	Co F 5th
Taylor	W. J.	Harnett	6 Jul 1885	Co A 30th
Teachey	Jacob T.	Duplin	2 Jun 1885	Co E 30th
Teague	V. S.	Alexander	13 Jun 1885	Co G 37th
Tedder	Matthew	Columbus		
Temple	John	Pasquotank	22 Jun 1885	Co A 8th
Tew	John L.	Duplin	22 Jun 1885	Co E 20th
Thagard	Alexander	Cumberland	18 Jun 1885	Co E 44th
Tharranton	W. H.	Franklin	1 Jun 1885	Co G 15th
Thaxton	Ditson W.	Person	3 Jun 1885	Co H 24th
Thomas	B. M.	Richmond	21 Jul 1887	Co E 52nd
Thomas	Calvin	Duplin	13 Apr 1889	Co A 38th
Thomas	Isaac H.	Iredell	25 Jun 1885	Co H 4th
Thomas	J. H.	Mitchell	2 Jun 1885	Co I 29th
Thomas	John M.	Mecklenburg	6 Jul 1885	Co D 42nd
Thomas	John W.	Guilford	3 Jun 1885	Co F 54th
Thomas	Logan	Yancey	1 Jun 1885	Co C 16th
Thomas	M. G.	Chatham	6 Jul 1885	Co D 61st
Thomison	E. D.	Madison	7 Jul 1885	Co A 64th
Thompson	F. M.	Orange	12 Jun 1885	Co A 66th
Thompson	George R.	Bladen	2 Jun 1885	Co K 40th
Thompson	John A.	Orange	15 Jun 1885	Co F 33rd
Thompson	John J.	Onslow	13 May 1885	Co B 3rd
Thrower	Jesse H.	Richmond	2 Jun 1885	Co E 38th
Tilly	James L.	Surry	1 Jun 1885	Co A 28th
Tilly	James M.	Ashe	2 Jun 1885	Co K 37th
Tilly	Thomas J.	Surry	30 Jul 1886	Co E 53rd
Tipton	Johnathan	Yancey	26 May 1885	Co G 58th
Tomberlin	E. M.	Union	20 Jun 1885	Co C 9th Cavalry
Townsend	C. F.	Robeson	28 May 1885	Co F 51st
Travis	Reuben	Catawba	10 Jun 1885	Co E 57th

date and place soldier was wounded	type of wound	other details
17 Sep 1862 Sharpsburg MD & 3 May 1863 Chancellorsville VA	lost part of jaw & arm	
14 Oct 1863 Bristoe Station VA	neck & right shoulder	
1 Oct 1863 Bristoe Station VA	leg	
14 May 1864 Spotsylvania Courthouse VA	right thigh	
3 May 1863 Chancellorsville VA	head	
17 Sep 1862 Sharpsburg MD	left arm & chest	
Apr 1864 Plymouth NC	lost left leg	
17 Jun 1864 Petersburg VA	lost part of jaw	
5 May 1864 Wilderness VA	right shoulder	
25 Dec 1864 Sugarloaf NC	head	
3 Jul 1863 Gettysburg PA	thighs	lost toes to frostbite while POW
18 Jun 1864 Pine Mountain GA	lost eye	
12 May 1864 Spotsylvania Court House VA	left breast	
17 Sep 1862 Sharpsburg MD	lost left arm	
18 Oct 1861 Fort Macon NC	left shoulder	accidentally shot himself
15 May 1864 GA	lost 1 finger on left hand	
1 Apr 1864 Spotsylvania Courthouse VA	right arm	
6 May 1864 Wilderness VA	left foot	
15 Jun 1864 Malvern Hill VA	lost leg	
8 Mar 1865 Kinston NC	right hip	
Jul 1862 Malvern Hill VA	left arm & shoulder & left hip	
19 Jun 1863 Middleburg VA	lost right leg	
22 Jun 1864 Petersburg VA	lost right foot	
27 May 1862 Hanover Courthouse VA	left leg	
3 May 1863 Chancellorsville VA	left shoulder	
18 Jul 1864 Snicker's Gap VA	left side	
27 Apr 1862 Hanover Courthouse VA	left elbow	
		empty folder
3 May 1846 Drewry's Bluff VA	left shoulder	
3 Jul 1863 Gettysburg PA	right shoulder	
14 Oct 1863 Bristoe Station VA	left arm	
1863 Malvern Hill VA	left arm	knocked down & run over by cavalry charge
1 Oct 1862 Sharpsburg MD	elbow	
3 Jul 1863 Gettysburg PA	spine	
29 Aug 1863 Manassas VA	hip & right foot	
May 1864 Spotsylvania Courthouse VA	right shoulder	
14 Oct 1864 Little Rock AR	right thigh	
20 May 1863 Drewry's Bluff VA	head	
4 May 1863 Chancellorsville VA	left side	
3 Jul 1863 Gettysburg PA	lost left leg	
26 Aug 1863 Morris Island SC	jaw	
Mar 1863 Deep Creek TN	internal injury from carrying a caison up the mountain	
23 Jun 1864 Petersburg VA	right arm	
14 Jan 1865 Fort Fisher NC	lost 2 fingers	
2 May 1863 Chancellorsville VA	lost left eye	
3 May 1863 Chancellorsville VA	left arm	
13 Jun 1864 Riddley's Shops VA	hand & wrist	
Jul 1862 Seven Pines VA	right leg	
13 Dec 1862 Fredericksburg VA	left elbow	
1 Jul 1863 Gettysburg PA	knee	
15 May 1864 near Dalton GA	lost right arm	
23 Jun 1864 Black and White Station VA	lost left arm	
Sep 1863 Charleston SC	lost right arm	
13 Dec 1862 Fredericksburg VA	lost right arm	name was Travenstedt or Traffenstedt before war; see widow's files on Noah & Joseph Travis

Section II — Disabled Soldier Applications

Soldier's Last Name	Soldier's First Name	County of Application	Date of Application	Company & Regiment
Trevathan	W. H.	Edgecombe	23 May 1885	Co F 7th Confederate Cavalry
Trexler	Allen	Rowan	5 Jun 1885	Co D 10th
Triplett	George W.	Caldwell	15 Jun 1885	Co B 37th
Trogdon	Stephen W.	Randolph	6 Jul 1885	Co M 22nd
Troutman	N. B.	Cabarrus	8 Jun 1885	Co K 4th
Troutman	N. G.	Rowan	18 Jun 1885	Co D 42nd
Troxler	George	Alamance	6 Jul 1885	Co I 13th
True	John H.	Person		
Trull	J. H.	Union	30 Jun 1885	Co I 53rd
Trull	John W.	Haywood	6 May 1885	Co F 25th
Tucker	Adam M.	Cabarrus	5 Sep 1887	Co C 33rd
Tucker	Charles J.	Stanly	6 Jul 1885	Co C 33rd
Tucker	Richard R.	Randolph	6 Jul 1885	Co I 22nd
Turbyfill	Francis W.	Lincoln	12 May 1885	Co K 23rd
Turner	Edmund D.	Guilford	6 Jul 1885	Co G 4th
Turner	G. W.	Anson	23 May 1885	Co A 59th
Turner	P. L.	Burke	1 Jun 1885	Co H 23rd
Turner	R. A.	Polk	1 Jun 1885	Co K Holcomb's Legion
Turner	William	Camden	6 Jul 1885	Co B 32nd
Tuton	Walter J.	Lenoir	13 Jun 1885	Co G 67th
Tuttle	J. G.	Stokes	13 May 1885	Co D 52nd
Tuttle	James H.	Pasquotank	6 May 1885	Co A 68th
Tyce	Joseph	Columbus	6 Jun 1885	Co H 51st
Tysinger	Alexander	Davidson	18 Jun 1885	Co A 21st
Tyson	A. G.	Cumberland	5 Jul 1885	Co G 24th
Tyson	B. Y.	Moore	5 Jul 1885	Co I 19th Cavalry
Tyson	Joseph	Columbus	22 Aug 1885	Co H 51st
Usery	Jesse R.	Anson	6 Jul 1885	Co H 43rd
Vestal	O. D.	Chatham	1 Jun 1885	Co E 25th
Vines	Henry	Columbus		
Vinson	G. W.	Alamance	9 Jun 1885	Co G 26th
Wadsworth	W. J.	Moore	1 Jun 1885	Co H 46th
Walker	J. W.	Macon	20 Jun 1885	Co I 55th
Walker	James	Orange	1 Jul 1885	Co E 35th
Walker	L. J.		23 Jul 1866	Co B 13th
Walker	Richard W.	Watauga	26 Jun 1885	Co K 53rd
Walker	William A.	Rockingham	26 Jun 1885	Co K 13th
Wallace	D. S.	Gaston	30 May 1885	Co H 23rd
Wallace	James	Johnston	20 Jul 1887	Co I 24th
Wallace	W. T.	Halifax	6 Jul 1885	Co D 24th
Walsh	John L.	McDowell	14 May 1885	Co K 6th
Walters	Aaron	Robeson	4 May 1885	Co A 31st
Walters	David Parks	Cabarrus	1 Jun 1885	Co C 33rd
Walton	Samuel H.	Gates	7 Jun 1885	Co E 33rd
Walton	Tizdell M.	Buncombe		
Ward	Felton	Perquimans	3 Jun 1885	Co D 17th
Ward	James	McDowell	2 Jun 1885	Co B 22nd
Ward	Joshua	Columbus	4 May 1885	Co E 2nd
Ward	Nathan O.	Gates	1 Jun 1885	Co C 2nd
Ward	William H.	Alamance	9 Jun 1885	Co E 13th
Warren	L. D.	Iredell	1 Jun 1885	Co K 7th
Warren	William B.	Person	2 Jun 1885	Co E 23rd
Warters	Benajah	Duplin	2 Jul 1885	Co B 51st
Watkins	David	Wake	26 Jun 1885	Co E 14th

date and place soldier was wounded	type of wound	other details
9 Jun 1864 near Petersburg VA	thigh	also in Co C 16th
1 Jun 1862 Seven Pines VA	lost 1 finger	
1 Sep 1862 Ox Hill VA	elbow	Sgt
1 Jul 1863 Gettysburg PA	lost leg	Co M became Co D
3 May 1863 Chancellorsville VA	lost leg	
17 May 1863 Bermuda Hundred VA	right shoulder	
3 May 1863 Chancellorsville VA	hip	
	lost both arms	
22 Sep 1864 Fisher's Hill VA	lost left arm	
13 Dec 1862 Fredericksburg VA	left foot	
3 Jul 1863 Gettysburg PA	lost left eye	
3 Jul 1863 Gettysburg PA	right hip	
1 Nov 1862 Montgomery Co NC	ankle	
1 Jul 1863 Gettysburg PA	lost right eye	
31 May 1862 Seven Pines VA	right thigh & right arm	
11 Oct 1863 near Brandy Station VA	head	
11 Oct 1862 Rapidan River VA	lost left leg	
15 Sep 1864 Petersburg VA	groin	fell into a ditch trying to escape capture
16 Oct 1864 Strasburg VA	abdomen	
9 Mar 1865 near Kinston NC	right side	
3 Jul 1863 Gettysburg PA	lost right arm	
3 Aug 1864 Perquimans Co NC	abdomen	
30 Sep 1864 Fort Harrison VA	lost left leg	
8 Aug 1862 Cedar Mountain VA	lost right leg	
28 Nov 1864 Petersburg VA	lost right eye	
15 Aug 1864 Gum Swamp VA	leg	
30 Sep 1864 Fort Harrison VA	lost leg	
1 Jul 1863 Gettysburg PA	left thigh	
14 Oct 1863 Bristoe Station VA	left arm	
	lost both legs	
1 Jul 1863 Gettysburg PA	lost left arm	
5 May 1864 Wilderness VA	right shoulder	
18 Aug 1864 Petersburg VA	left arm	
Apr 1864 Plymouth NC	head	
	lost left leg	just a receipt for an artificial leg
19 Sep 1864 Winchester VA	left arm	
5 May 1862 Williamsburg VA	thigh	
5 Feb 1865 Hatcher's Run VA	lost right arm	
20 Aug 1864 Ream's Station VA	left leg	
29 Aug 1864 Petersburg VA	right leg	
27 Jun 1862 Gaines' Mill VA	right foot	
30 Sep 1864 Fort Harrison VA	right wrist	
3 May 1863 Chancellorsville VA	lost right leg	
14 Dec 1862 Fredericksburg VA	lost right eye	
	blind	
1 Mar 1865 Kinston NC	foot	
14 May 1864 Spotsylvania Courthouse VA	left leg	
1 May 1864 Spotsylvania Courthouse VA	partial loss of sight	
7 Jul 1862 Hamilton NC	right leg	
Apr 1862 Hampton Roads VA	head	
Jun 1862 Seven Days Battle VA	lost eye	
27 Nov 1863 Mine Run VA	left shoulder	
13 May 1864 Drewry's Bluff VA	right shoulder	
1 Jul 1863 Gettysburg PA	lost right arm	

Section II — Disabled Soldier Applications

Soldier's Last Name	Soldier's First Name	County of Application	Date of Application	Company & Regiment
Watkins	James R.	Warren	17 Jun 1885	Co G 43rd
Watkins	Wiley W.	Wake	29 Jun 1885	Co E 14th
Watts	James M.	Alexander	3 May 1885	Co F 52nd
Weatherman	Samuel	Mitchell	15 Jun 1885	Co A 58th
Weathers	John A.	Lincoln	4 Jul 1885	Co H 52nd
Weathington	W. P.	Beaufort	4 Jul 1885	Co G 40th
Weaver	Elias	Davidson	6 Jul 1885	Co H 48th
Welch	Davis	Davidson	6 Jul 1885	Co G 7th
Wells	D. J.	Sampson	6 Jul 1885	Co I 18th
Wells	William Boney	Duplin	27 Jun 1885	Co E 67th
West	B. H.	Henderson	2 Nov 1885	Co E 25th
West	John N.	Anson	9 May 1885	Co I 43rd
West	William Riley	Buncombe	27 May 1885	Co K 11th
Westbrook	Robert H.	Person	6 Jul 1885	Co B 45th
Wetherington	Abner B.	Craven	6 Jul 1886	Co F 2nd
Whaley	Phineas	Jones	2 Jun 1885	Co K 61st
Wheeler	Christopher C.	Granville	15 Jun 1885	Co I 5th
Wheeler	Joseph H.	Anson	6 Jul 1885	Co C 14th
Wheeler	William S.	Guilford	19 Apr 1885	Co G 22nd
Wheliss	John W.	Anson	Jun 1885	Co I 43rd
Whichard	Joseph J.	Pitt	2 Jul 1885	Co G 8th 1 Jun 1864
Whitaker	Henry C.	Surry	4 Jul 1885	Co B 2nd
Whitaker	L. D.	Yadkin	11 May 1885	Co B 21st
Whitaker	W. S.	Buncombe	2 Jul 1886	Co H 25th
Whitaker	William	Martin	9 May 1885	Co B 40th
White	James Ross	Hertford	23 Feb 1881	
White	Lewis M.	Robeson	20 Jun 1885	Co D 51st
White	William Henry	Chatham	22 Jun 1885	Co D 35th
Whitener	L. M.	Haywood	6 Jul 1885	Co K 46th
Whitford	Stephen E.	Craven	6 Jul 1885	Latham's Battery
Whitley	Josiah	Lenoir	28 May 1885	Co D 5th
Whitley	T. L.	Martin	3 May 1885	Co K 10th
Whitlock	John H.	Yadkin	3 May 1885	Co G 4th
Whitlock	William	Montgomery	2 Jun 1885	Co G 40th
Whitlow	John N.	Caswell	1 Jun 1885	Co D 13th
Whitted	Thomas B.	Rockingham	22 Jul 1885	Co G 27th
Whittington	James W.	Cabarrus	18 Jun 1885	Co H 42nd
Wicker	Benjamin F.	Cumberland	6 Jul 1885	Co D 61st
Wicker	Christopher W.	Currituck	2 Jun 1885	Co B 61st
Wier	Giles M.	Vance	11 Jul 1885	Co E 15th
Wikle	Thomas L.	Swain	1 Jun 1885	Co I 39th
Wilkerson	Malcom	Robeson	4 Jul 1885	Co E 51st
Willey	Wilie	Surry	4 Jun 1885	Co I 40th
Williams	David L.	Beaufort	6 Jul 1885	Co A Reserves
Williams	G. W.	Brunswick	8 Jun 1885	Co F 3rd
Williams	Henry	Madison	30 Jun 1885	Co K 11th
Williams	James M.	Bertie	11 Jun 1885	Co C 1st
Williams	John P.	Stokes	10 May 1886	Co G 42nd
Williams	Nathan L.	Polk	22 May 1885	Co G 60th
Williams	R. D.	Moore	6 Jul 1885	Co K 4th
Williams	T. G.	Forsyth	29 Apr 1885	Co I 33rd
Williams	Thomas A.	Orange	6 Jul 1885	Co G 44th
Williams	Tilman F.	Hyde	25 May 1885	Co H 33rd

date and place soldier was wounded	type of wound	other details
12 Jul 1864 near Washington DC	lost left leg	
3 May 1863 Chancellorsville VA	lost left arm	
1 Jul 1863 Gettysburg PA	lost arm	
31 Aug 1864 Jonesboro NC	left arm	
3 Jul 1863 Gettysburg PA	lost arm	
1862 Fort Fisher NC	right arm	
17 Sep 1862 Sharpsburg MD	right thigh	
3 Jul 1863 Gettysburg PA	left hand	
27 Mar 1865 Petersburg VA	lost left leg	
8 Mar 1865 Kinston NC	lost right arm	
25 Oct 1863 Warm Springs NC	jaw	
1 Jul 1863 Gettysburg PA	head	
1 Jul 1863 Gettysburg PA	head	
1 Jul 1863 Gettysburg PA	right shoulder	
May 1864 Wilderness VA	near the spine	
30 Sep 1864 Fort Harrison VA	lost right leg	
27 Sep 1864 near Petersburg VA	lost right leg	
19 Sep 1864 Winchester VA	left knee	
3 May 1863 Chancellorsville VA	lost right arm	
25 Mar 1865 Petersburg VA	lost right arm	
Cold Harbor VA	groin	
1 Jul 1863 Gettysburg PA	lost left arm	
29 Aug 1862 Manassas VA	lost left eye	
17 Jun 1864 Petersburg VA	left thigh	
1 Apr 1865 Fort Anderson NC	leg	
Jan 1865 Fort Fisher NC	lost leg	only an affadavit; company & regiment not given
18 Jul 1863 Charleston SC	left shoulder	
13 May 1864 Drewry's Bluff VA	lost left eye & partial vision in right eye	
6 May 1864 Wilderness VA	right shoulder	
14 Mar 1862 New Bern NC	right knee	
5 May 1862 Williamsburg VA	right elbow	
15 Jan 1865 Fort Fisher NC	lost right arm	
19 May 1864 Spotsylvania Courthouse VA	lost right hand	
15 Jan 1865 Fort Fisher NC	partial paralysis; lost left eye	lost eye from disease while a POW at David's Island NY
21 May 1864 Spotsylvania Courthouse VA	right elbow	
5 May 1864 Wilderness VA	lost left eye & partial vision in right eye	
Jun 1864 Cold Harbor VA	left arm	
29 Aug 1863 Fort Wagner Charleston SC	lost right arm	
19 Aug 1864 Bulger's Mill VA	right arm	
13 Dec 1862 Fredericksburg VA	right arm	
1863 Loudon TN	left arm	
15 Jul 1862 Fort Wagner SC	lost left leg	
Mar 1865 Bentonville NC	left hand	
1 Oct 1862 Augusta GA	lost right leg in RR accident	was conveying prisoners to Macon GA
5 May 1863 Chancellorsville VA	left hip	
12 May 1864 Spotsylvania Court House VA	side	
6 Apr 1865 near Burksville VA	lost right eye	
Dec 1864 Fort Fisher NC	lost left leg	
29 Nov 1864 Columbia TN	lost right leg	
30 May 1862 Seven Pines VA	lost sight in right eye & two fingers of right hand	
3 Jul 1864 (sic) Gettysburg PA	lost leg	
10 May 1864 Spotsylvania Courthouse VA	left arm	
3 May 1863 (sic) Wilderness VA	left hip	

Section II — Disabled Soldier Applications

Soldier's Last Name	Soldier's First Name	County of Application	Date of Application	Company & Regiment
Williams	W. D.	Yancey		
Williamson	A. L.	Mecklenburg	15 Jun 1885	Co B 53rd
Willis	Abner	Jones	11 Jun 1885	Co B 2nd
Willis	Henry C.	Guilford	1 Jun 1885	Co B 45th
Willis	Henry J.	Cleveland	28 May 1885	Co F 55th
Willis	William	Mitchell	13 Jul 1885	Co I 29th
Wilmoth	Calvin	Surry	20 Jul 1885	Co C 21st
Wilson	B. J.	Transylvania	16 Jun 1885	Co E 25th
Wilson	F. R.	Madison	1 Jun 1885	Co F 60th
Wilson	Henry T.	Mitchell	6 Jun 1885	Co I 29th
Wilson	Joseph	Henderson	6 Jun 1885	Co C 54th
Wilson	Phillip P.	Mitchell	19 Jun 1885	Co I 29th
Wilson	Richard J.	Orange	1 Jul 1885	Co E 31st
Wilson	Samuel T.	Yancey	27 Jun 1885	Co C 16th
Winsett	Zack	Jones	25 May 1885	Co H 55th
Winstead	T. T.	Wilson	29 Jul 1885	Co I 30th
Winters	John F.	Halifax	5 Jun 1885	Co A 1st
Wise	Franklin	Catawba	15 May 1885	Co G 57th
Wise	James M.	Buncombe	24 Jun 1885	Co I 25th
Wood	Daniel F.	Madison		Co C 69th
Wood	J. W.	Forsyth	28 May 1885	Co G 21st
Wood	Ransom	Surry	2 Jun 1885	Co A 28th
Workman	William J.	Orange	13 Jun 1885	Co G 44th
Worley	William M.	Johnston	6 Jul 1885	Co E 24th
Worsham	William R.	Caswell	4 Jul 1885	Co F 45th
Wortman	David	Burke	4 Jul 1885	Co G 30th
Wright	F. Hilsey	Gates	2 Jul 1886	Co E 33rd
Wright	George	Cleveland	7 Jul 1885	Co F 34th
Wright	Newton	Cleveland	6 Jul 1885	Co F 34th
Yarboro	L. H.	Polk	2 Jun 1885	Co H 28th
Yarbrough	David B.	Montgomery	13 Jun 1885	Co E 52nd
Yelton	Charles	Madison		
York	James A.	Iredell	18 May 1885	Co H 4th
Young	D. C.	Johnston	4 Jul 1885	Co E 24th
Young	T. L.	Haywood	6 Aug 1885	Co I 25th
Yount	Reuben L.	Catawba	2 Jun 1885	Co E 32nd
Yow	Timothy	Stanly	6 Jul 1885	Co D 28th

date and place soldier was wounded	type of wound	other details
	blind	
5 May 1864 Spotsylvania Courthouse VA	head	
10 Apr 1863 Orange Courthouse VA	head & left shoulder & left leg	
14 Oct 1863 Bristoe Station VA	lost left leg	
Jun 1864 Petersburg VA	right hand	
Mar 1865 Spanish Fort AL	left leg	
18 Sep 1864 Winchester VA	right thigh	
25 Jun 1864 Petersburg VA	right hand	
29 Dec 1862 Murfreesboro TN & 2 Dec 1863 Chickamauga GA	left foot & neck	
8 Aug 1864 Atlanta GA	shoulder	
15 Jun 1862 Gaines' Mill VA	foot	
29 Mar 1865 near Mobile AL	left eye	
Sep 1864 Fort Harrison VA	right arm & head & thigh	
May 1862 Seven Pines VA	lost left hand	
1 Jul 1863 Gettysburg PA	right leg	
1 Jul 1863 Gettysburg PA	lost right leg	
10 Feb 1864 Chester Station VA	head	hit in head with ax by another soldier
4 May 1862 (sic) Chancellorsville VA	lost right arm	
16 Jun 1864 Petersburg VA	left arm	
	lost both eyes	
12 Nov 1864 Fisher's Hill VA	right shoulder	
3/4 Jul 1863 Gettysburg PA	right shoulder	
2 Jun 1864 Cold Harbor VA	left arm	
13 Dec 1862 Fredericksburg VA	lost right arm	
20 Mar 1865 Petersburg VA	left leg & right arm	
Nov 1863 Mine Run VA	right thigh	
May 1863 Chancellorsville VA & Sep 1862 Sharpsburg MD	lost finger on left hand & wounded in left shoulder	
1862 near Culpeper Courthouse VA	right hand	
Jun 1862 Gaines' Mill VA	lost 3 fingers on right hand	
3 May 1864 Wilderness VA & 2 Apr 1865 Petersburg VA	left hand & wrist	
7 Feb 1865 Hatcher's Run VA	left leg	
	blind	
May 1864 Spotsylvania Courthouse VA	left thigh	
1864 Plymouth NC & Petersburg VA	right arm & left side	
17 Sep 1862 Sharpsburg MD	left leg	
1 Jul 1863 Gettysburg PA	lost arm	
26 Jun 1863 near Richmond VA	elbow	

Section III: Other Applications

This section contains abstracts for 11 files that do not fit neatly into Sections I or II. Several of these files appear to pertain to men who served in the Federal army, not the Confederate army. Why these documents are here, not in the National Archives, poses an interesting mystery.

Surname	First Name	County	Date of Application	Company & Regiment
Able	James R.	Haywood	10 Sep 1887	Co C Thomas' Legion
Brothers	Benjamin	Pasquotank	24 Jun 1885	
Gregory	Alexander	Pasquotank	10 Jan 1896	Co A 36th US
Lamb	Jerry	Elizabeth City	26 May 1898	Co F 35th
Moore	Henry	Hertford		Co A 37th US Colored regiment
Pendleton	Benjamin		15 Aug 1891	
Pike	Nathan R.	Wayne	Feb 1864	
Poole	Elizabeth	Davie	Jun 29 1911	
Sanders	J. P.	Pasquotank	14 Dec 1895	
Sawyer	Andrew J.	Pasquotank	11 Aug 1897	
Sutton	Rosetta	Pasquotank	20 Dec 1895	

Other information	Miscellaneous
gave an affadavit in support of H. P. Scott	see Humphrey P. Scott
claim filed for benefit of orphan children; mostly just forms not filled out	
claim filed by father Robert Gregory; soldier d. 1866 or 1869; file consists of correspondence from federal pension bureau	
letter from Washington says Jerry Lamb has six children: Martha b. Sep 1872 d. 15 Sep 1873; James Edward b. 10 Dec 1878; Millie b. Dec 1880 d. 8 Aug 1881; Sarah Jane b. 1882 d. 9 Dec 1884; Jersey b. 30 Oct 1883; Tessie b. Oct 1884; Jessie b. Oct 1884; Lessie b. 4 Aug 1885; Jordan b. 24 Jul 1886 d. 2 Aug 1886; reference to a widow's claim dated 7 Aug 1890 but widow is now dead; soldier was married twice, first wife d. 1862, remarried Aug 1869	
application made by guardian of minor child Olive Moore; father d. 14 Oct 1865 Wilmington NC of disease; mother remarried Jul 1867	
letter from pension office shows that he had given an affadavit for another applicant	
had minor children John & George Pike (apparently a war-time claim for father's back pay)	
letter from NC Treasury Dept concerning payment to Mrs. Elizabeth Poole of Davie Co	
letter from Washington DC concerning an affadavit he gave for a widow's application (federal pension?)	
	see Andrew J. Sawyer
apparently a federal pension for widow Mary E. Boyce (on behalf of first husband)	
apparently a federal pension; just 2 documents	

Section III — Other Applications

www.ingramcontent.com/pod-product-compliance
Lightning Source LLC
Chambersburg PA
CBHW051210290426
44109CB00021B/2408